假如炒股是一场荒野求生

程峰 著

羊城晚报出版社
·广州·

图书在版编目（CIP）数据

假如炒股是一场荒野求生 / 程峰著. —广州：羊城
晚报出版社，2019.3

ISBN 978-7-5543-0683-3

Ⅰ．①假…　Ⅱ．①程…　Ⅲ．①股票投资—研究
Ⅳ．①F830.91

中国版本图书馆CIP数据核字（2019）第028924号

假如炒股是一场荒野求生

Jiaru Chaogu Shi Yichang Huangye Qiusheng

策划编辑	谭健强
责任编辑	谭健强
特邀编辑	汤　佳
责任技编	张广生
装帧设计	友间文化
责任校对	杨映瑜　罗妙玲　陈英杰
出版发行	羊城晚报出版社
	（广州市天河区黄埔大道中309号羊城创意产业园3-13B　邮编：510665）
	发行部电话：（020）87133824
出 版 人	吴　江
经　　销	广东新华发行集团股份有限公司
印　　刷	佛山市浩文彩色印刷有限公司（佛山市南海区狮山科技工业园A区）
规　　格	787毫米×1092毫米　1/16　印张21.75　字数400千
版　　次	2019年3月第1版　2019年3月第1次印刷
书　　号	ISBN 978-7-5543-0683-3
定　　价	57.00元

让金融变得通俗易懂

互联网浪潮风起云涌后，中国的硬件制造、软件开发、互联网技术等水平开始赶超世界各国，一场由科技引领的新动能革命肇始于此时。随着新技术的广泛应用，科技创新和实践极大地促进了新生产力的爆发式发展。在这场"科技催生的新动能革命"推动下，经济生态环境中没有旁观者。"ABC"技术（AI人工智能，Big Data大数据，Cloud云计算）作为一种强有力的工具，迅速踏上赋能各行各业的新征途。一场借助ABC技术开展的"新商业+新金融+新财资"的服务转型已然开启，而目前最有效最便捷的切入点就是金融。

金融在我们生活中有多重要？

大到企业基金股票千万级投资，小到个人吃饭坐车的资金管理，都与金融息息相关。无论是企业还是个人，每一次资金投入都慎之又慎，毕竟一个决定可以让企业立于不败之地，也可以让人的积蓄付之一炬，这个时候对金融行业的了解就显得至关重要了，只有足够了解才能立于不败之地。

本书作者程峰——程大爷，从事金融工作多年，积累了深厚的金融业务功底，对金融行业动态可以说了如指掌、入木三分。本书收录了作者2018年在"券商中国"刊发的有关金融市场、行业变化、企业动态、国际经验等文章，从房地产限购政策出台、二手房降价对楼市的影响，到债券市场违约事件频发，再到金融政策的解读，作者通过浅显易读的文字结合自身独到的见解将前因后果落于纸上，宣之于大众，让金融变得通俗易懂。

近年来，互联网金融成为热门的话题，其中直销银行是主要的关注焦点。作为民生银行互联网金融业务的管理者之一，我亦是程先生的忠实读者，每篇文章皆准时观看转发，篇篇精彩、受益良多。在众多信息报道当中，我更关注与自己紧密相关的银行业金融信息，多了解行业动态、同业信息、用户需求、市场前瞻。只有不断了解前沿资讯，在知识更新中领悟和洞察中国互金行业发展趋势，我们才能为互联网金融领域提供更丰富、更便捷、更人性化的服务。

民生直销银行作为中国老牌的直销银行，一直秉持着自律、自新、自强的发展准则，几年来从未停歇"小步快跑"的发展节奏，将民生直销银行打造成了拥有2000万客户的行业第一互联网金融品牌。从服务上讲，我们围绕着C端客户、B端客户真切的金融需求，推出国内首家开放式综合金融云服务平台。科技支撑方面，我们上线了国内首家分布式核心系统，兼顾"降本增效"和"海量接纳"的特性，保障系统更加稳定和安全。截至目前，民生直销银行已完成了由1.0版本向3.0版本的进化。全新的民生直销银行3.0版本构建了"云+开放平台+链接器"的综合金融服务平台，打造"BBC开放式金融云""开放银行""ISV开发者生态""产融结合方案库"等众多创新服务和商业模式。目前，我们已成功与百余家平台和企业客户深度合作，其中覆盖了三大通讯运营商、BATJ、华为、顺丰、小米、360、东方航空以及多家城商行。未来，民生银行将充分发挥自身纯线上金融领域的先发优势以及强大的金融科技实力，更好地满足个人客户、企业客户的个性化金融需求，贯彻普惠金融、服务实体经济，助推企业改革转型升级，为我国的经济发展贡献力量。

更多精彩内容，请参见程先生作品集。最后，预祝《假如炒股是一场荒野求生》出版大卖，也预祝广大读者投资顺利！

中国民生银行直销银行事业部负责人　罗　勇

是犀利财评，更是诗性散文

程峰，"程大爷"，他的"假如炒股是一场……"系列图书今年推出"第三季"了，前两季分别是《假如炒股是一场修行》和《假如炒股是一场恋爱》，第三季就是大家看到的这一本《假如炒股是一场荒野求生》。

无疑，程峰写的是财经评论，更准确地说是以证券市场以及券商行业为主线，也涉及财经圈以外话题的财经评论。什么是财经评论？有人这样定义：财经评论是比普通新闻评论多出经济学方面的理论要求的，且要求深入浅出和见解独到的评论。按照这样的标准，以百分制打分，程峰的"假如炒股是一场……"系列就可以打120分，它不仅仅是满分的财经评论，还是一篇篇诗性散文，不仅葆有乃至强化了财经评论的犀利性，而且融入了极强的文学性、文艺性，写出了自己的境界。

不知道你读过这样的财经评论没？

"在股民的眼里，世间最美的山水，莫过于一浪更比一浪高的上证指数K线图；世间最美的人儿，莫过于那些1年10倍、10年100倍的大牛股。

"所以，就有那么些多愁善感之人，时常惦记着6124君与5178君。一想起十年生死两茫茫，就不思量，自难忘；就千里孤坟，无处话凄凉。每每把股民搞得泪眼蒙眬。

"6124君已仙逝10年多，她的俏模样已随风飘远；而5178君，出走3年多，音容宛在，总让人牵肠挂肚，只是，那一天之后，上证指数已跌去了40%，创业板指数更是跌去了超过60%，一大批个股跌幅惊人，绝大多数投资者损失惨重。"（《A股早就进入"看脸"时代》）

文采斐然，在程峰而言那是信手拈来的事情，毕竟年轻时的"程大爷"是中南财经大学的桂冠诗人。但光靠文采没有思想文章立不起来，财经评论更是如此，它必须有料，让人读后有所裨益。古语有道是"世事洞明皆学问，人情练达即文章"，在这本诗性散文般的财经评论集里面，你随时随地可以看到一个通达世务，尤其是通达金融圈、财经圈子里面那些世务的睿智的财经人。

清末民初大学者王国维在《人间词话》中说："词以境界为最上。有境界，则自成高格，自有名句。"程峰的财评虽然不是"词"，但道理是一致的，也才能写出他自己的特色来。王国维还说："有有我之境，有无我之境。有我之境，以我观物，故物皆著我色彩。无我之境，以物观物，不知何者为我，何者为物。"从这个角度衡量，程峰的财评仍和天下的所有财评一样，均属于"以我观物"，但他既有行内人的专业便利和观察便利，更具备个人的才情和个性，便能境界自出，所述所论遂"物皆著我色彩""自成高格，自有名句"。

大V，是网络兴起之后的产物，往往被视作"意见领袖"。然而，如今的大V已经异化为一个名利场，衍生出种种光怪陆离的乱象。对此，程峰是把大V们的把戏毫不留情地揭穿给你看的，一针见血，不藏不掖，体现出他的练达和风骨："大V博眼球的招数可多了，风格千奇百怪，形式推陈出新，大体上可以归纳为四大绝招：第一，邪招——造谣；第二，毒招——抹黑；第三，狠招——放炮；第四，媚招——跪舔。"他进一步指出"大V是一门危险的生意""有些大V总是在代表民意的幌子下，夹带私利。其实，可以在商言商，不要动不动就以'人民的名义'说事。从头到尾，网络大V就是一门生意"。至此，那些喜欢跟风，惯于"起哄"的人们，可以清醒一点了吧？（《这是一个名利场，大V太多了，真相不够用》）

基金业绩排名，每个季度末都会引来各方投资人士的强烈关注，然后就是基金的持股情况，也和季节一样准时地引发舆论的一片热议。对此，程峰幽了一默："看完具有代表意义的各大基金持仓报告，我的脑海中忽然冒出了两个动物的影子：刺猬与狐狸。当刺猬受到威胁时，他永远只会以一种方法来对应：卷成一个球。相反，这个时候的狐狸则表现得异常灵活，他总是会想到一个聪明的办法，能够灵活巧妙地应对各种麻烦。

"没错，正是古希腊诗人阿寄洛克思的妙语——'狐狸知道很多的事，刺猬则知道一件大事'触动了我。于是，我想，从投资策略上看，管理着几千只产品的，其实只有两个基金经理：一个如狐狸般多机巧，一个似刺猬仅一招！"（《所谓业绩排名不过是刺猬与狐狸的战争》）哲学课说，要透过现象看本质，程峰不仅看本质，他还把本质这个"硬块"还原到了文学的可见境界，此等能力常常令人嫉妒。

程峰能做到这一点，有一条很重要，就是他爱读书。都说中国人不爱读书，一年的读书率在世界排名靠后，但程峰绝对是这方面的一个大大的"另类"。他是券商老总，但他办公室大大的班台台面上，却有一半地方被一摞一摞堆成小山的非专业图书占领，全然不顾金融行业是不喜"书（输）"的。也因此，在他的文章里面，我们常常能见到"程大爷"变身"程老师"，给我们讲解各种前沿理论、哲学、心理学、社会学、文学、经济学……诸如此类，接踵而至，还让你在此基础上和他一起建立起有根有基的思维观念大厦。

关于乐视网和贾跃亭事件，程峰告诉我们，"任性的人是多巴胺的奴隶"，因为"……人类的欲望是无穷的，所以，很多时候，我们误把渴望当成了幸福。科学家詹姆斯·奥尔兹和彼得·米尔纳在一次实验中无意中发现了大脑里一处未被开发的区域——一个受刺激会产生强烈快感的区域，这里产生了渴望、被诱惑以及上瘾的种种体验，现在的神经学家将它称为中脑的'奖励承诺系统'。多巴胺会告诉大脑其他的部分需要注意什么，怎样才能让贪婪的我们得手。原始的中脑'奖励体系'驱使人们成了多巴胺的奴隶，从此欲罢不能。不同的人会被不同的事物刺激多巴胺的分泌，美食、美酒、美色、网游、手机、金钱、权力，当然还有无边无际的梦想，它们会吸引人们的注意力，给予你奖励的承诺，强迫你去寻求满足感。"

据此，程峰马上回到财评的本色："人类的自控力能否像智能机器人那样理性？答案是否定的。但是，无论如何，让自己的行为变得更具可预测性，倒是有助于自我摆脱多巴胺的控制。……有时候，真的不需要太多的梦想，认真地慢下来，专注地做一件事，也是一种幸运。"（《乐视危机启示录：任性的人是多巴胺的奴隶》）

研究随机性的纳西姆·尼古拉斯·塔勒布在他的名著《黑天鹅》中说："现存的人类天性不愿理解抽象事物，我们需要具体背景。"又说："人们很难看到月亮的阴面，照亮它是花费能量的。同样照亮没有被看到的事物，既费力又劳神。"程峰应该是自觉地或者说是下意识地要扛起这个"照亮月亮阴面"的工作，所以他的文章总是不厌其烦得有时不免啰唆，就真像了一个恨铁不成钢的老父亲一般有喋喋不休之嫌，一篇文章动辄四五千字甚至更长，苦口婆心，知道"大爷"苦心的为他动容，不知道的难免要有烦言。故从文章之道出发，亦愿"大爷"未必有话都说尽，就像下围棋，在文势汹涌中常留"余味"，给读者思考留出空间，给读者自我发挥留下足够"脸面"，更可得"言有尽而意无穷"之妙。

当然，也不要因此就以为程峰不过一介学究，若牵扯到娱乐界的事情，他照样信手拈来毫不费劲。说起对于华尔街的认识，他先说起"20世纪90年代，一部《北京人在纽约》风靡全国"（《华尔街已死，去了云端》）；说到职场的话题，他马上想起蜘蛛侠那句经典台词："能力越大，责任越大！"（《打工的最高境界就是跟对了老板》）；提起谁是随机漫步的傻瓜，他说起电影《东方不败》里有句让人喷饭的台词："你有科学，我有神功！"（《生活总是更乐意调戏有故事的人》）；人类如何摆脱被手机控制的命运？他又叫我们听听《星球大战》导演卢卡斯是怎样解释科技的两难境地的：看看科学的曲线以及一切已知的东西，它们像火箭一样向上猛冲，我们就坐在火箭上，循着垂直的线条完美地冲向恒星。（《天底下最傻的事莫过于此》）……

程峰斯文书生的外表内是充满娱乐细胞的，但他不是肆意的、疯狂的、歇斯底里的，他是有节制的、有深意的。可以这么说，他的每一次"娱乐"每一次"文艺"，笑脸的上方是一双从不迷失的眼睛。

2018年，爆款电影《我不是药神》成了全民话题，程峰不能免俗也来"娱乐"了一下，他写道："当电影遇上了股市，就像干柴遇上烈火，就像瞌睡遇上枕头……总之，不搞点刺激不擦点火花是决不罢休的，大致可以想象一下'金风玉露一相逢，便胜却人间无数'的场景。这周，尽管股市盘面绿油油一望无际，但也不能就此得出全盘尽墨的结论，何以证明我大A有永不气馁的梦想？那就看看北京文化的股价，一根周K线犹如一枝刺向苍穹的红缨枪，发出了对巨熊的一声嘶吼——尽管没有吓退巨熊，却吓了程大爷一大跳：一周涨幅高达52.97%，只用了13个交易日就从9.02直接干到15.97还封死涨停板，涨幅高达77.05%。"（《A股戒不掉的"伊索尔德魔汤"依赖》）

论实务，我们爱读财经评论；论审美，我们爱读文学，两者似乎是难以调和的，程峰却做到了，还做得天衣无缝，做得神采飞扬，做到现象级的境界了。

不常写序，这次也凑个热闹吧，是为序。

羊城晚报出版社副总编辑，财经专栏作家　谭健强（金谷明）

目录

CONTENTS

论山篇

为他们不仅提供交易行情软件，他们在做本来是由券商做的事情。从开户、交易、理财产品销售到研究和咨询，全面进入。

并不是所有的梦想都伟大，有的人一谈梦想会让人肃然起敬，有的人一谈梦想就会让人发笑，觉得是在吹牛皮。人与人之间，做个梦的差距咋就这么大呢？

他们创造性地发明了一种写朦胧诗的方法：我公告了，但是你看不懂未来我到底是要买还是要卖，你必须要有足够的想象力，才能摆脱上市公司公告中布下的陷阱。

尽管有无数的实证研究表明，随机性是股票投资过程中的最终裁判，但是，无论是投顾还是客户仍然对这个领域中的专业技能抱有热切的幻想。

生活本来就是无常的，无论你哭天抢地怨天尤人，还是封闭自己否认现实，生活的变化都会如约而来。我们不能改变无常，我们能改变的只有对待无常的态度。

既然不确定性是人生的常态，远方有远方的风险，眼前有眼前的风险。生命中绝大部分的内容，都不是一成不变的，所以不应该害怕生活偏离了原有的轨道，而是要勇敢地接受不确定性。

俗话说，天生我材必有用。劳动人民的智慧是无穷的，硬币作为"一般等价物"不受待见，但是，在货币职能之外，硬币不仅找到了自己的用武之地，在有些场所，它们简直成了与香烛一样的"神物"。

论川篇

自己掏出真金实银来购买卖方的研究成果与服务，才能把有真才实学的研究大神与徒有虚名的"南郭先生"区分开来，才能彰显卖方研究的尊严与价值。

至于那些行业中的金牌营业部总经理，他们不仅具有专业才华，具有极高的人际沟通能力，尤为重要的是，还具有持续学习的能力，永远跟得上行业发展的趋势。只有富于激情理想又具备综合素质者，才能成为行业中的佼佼者。

在投资过程中，我们偶尔会因为一些漂亮的交易而沾沾自喜，觉得老子就是投资天才；也会因为一些愚蠢的交易而痛心疾首，觉得老天爷有眼无珠，简直就是一个白痴。

其实都不是！你就是一个智商正常的普通人，在一个长的时间跨度里，你的好运气与坏运气大概率是均衡的。

请记住，成功者在这一点上是相似的：有着天马行空的理想，并且，一直坚持下去。因为好运气永远只会光顾那些有准备的头脑。

随着金融行业对外开放的步伐加快，券业的外部竞争者纷纷进入抢食，整个行业不可避免会堕入白热化的竞争环境，回到过去那种一团和气的格局更加没有可能。

我们都是普通人，区别是，优秀的人认识到自己的平凡但是不甘于平凡，然后以进取的精神状态追赶时代的步伐，让自己永远与时俱进，最后甚至可以引领潮流。

论湖篇

论海篇

市，只要有增速估值就不会低，为此，近年来独角兽都在不断忙于收购或者内部孵化热门项目来扩充体量。但上市后，二级市场认不认这个模式是个问题。

假如炒股是一场荒野求生

LUN SHAN PIAN

论山篇

这是一个名利场，大V太多了，真相不够用

> 放眼望去，热闹非凡的网络世界，大V熙熙攘攘，而大家与大师却寥若晨星。比比皆是既没有思想也没有灵魂只会随风摇曳的芦苇，那些骑在资本的墙上，"头重脚轻根底浅"的芦苇，有奶便是娘的芦苇。

不管怎么说，韩志国老师最近上头条的次数明显多过了孔令辉。当然，两者之间其实也没有可比性，一个是财经网络的大V炮手，另一个是叱咤风云的乒乓国手。非要把他们扯到一起的话，有个牵强附会的理由是，这"两只手"凑巧都跟"赌场"（巴菲特在2017伯克希尔股东大会上当着5000名漂洋过海去参会的中国粉丝的面公然"诋毁"我大A像是一个赌场）搭上了那么点关系。

前者本来做好了撕破脸的打算去炮轰监管部门，不曾想，不仅一炮而更红（本来就红），吸粉无数，还"轰"来了一顿让众大V羡慕嫉妒恨的主席午餐。这也就罢了，更让人眼红的还在后头，韩老师微博自爆以"虽千万人吾往矣"的勇气去吃了那顿饭，然后，股东减持新规就应声落地了，俨然神炮手。

后者老早就是体育界大腕了，说他名震寰宇有点夸张，但是，驰名全国肯定实至名归。名与利都不缺，放着波动率远高于百家乐的我大A不玩，放着我大A的"顶级玩家"不做，却舍近求远，跑去新加坡的金沙赌场，理想信念立场跟着就跑偏了。风险管理明显没有做好，赌红了眼，找"大耳隆"借钱，典型的场外配资乱加杠杆，然后，就爆仓了。欠的钱没还清，人家才不管你国手不国手，毫不留情告上法庭，国手一夜之间，声名狼藉。

炮手春风得意，国手黯然神伤，因为"赌场"，天上人间。这没有什么好奇怪的，天上的事情咱不去瞎猜，人间的规律大概率就是这样：但凡在外面叫

骂的多成人生赢家，跑去里面参赌的必成输家，无论是近在咫尺的我大A还是远在天边的新加坡金沙。

大V是怎样炼成的

股市一波动，人心就躁动，眼看着这不可多得的"吸粉"良机，一向嗅觉灵敏的各路大V，铆足劲儿地奔股市来收割了。

乱世多出幺蛾子，所以，指数的波动率是大V们特别关注的指标，波动率越大，股民内心的不安定感就越强烈，就越需要有人来"指点江山，激扬文字"，替自己排解心中怨恨。

借助微博与微信的巨大传播力量，以意见领袖自居的大V们生意越来越好，不信，随便打开他们的博客看看，准会有一条内容类似"31岁，离异，晚上好无聊……注意，她距离你只有387米"的香艳广告跳入眼眶，总让人觉得这简直就是一门财色兼收的活儿。

大V博眼球的招数可多了，风格千奇百怪，形式推陈出新，大体上可以归纳为四大绝招：

第一，邪招——造谣。

早期的大V们为了博眼球，经常不惜用造谣这样的邪招，极尽危言耸听之能事。比如当年的秦火火、立二拆四这样的大V就编造散布过"7·23"动车事故赔偿外籍游客2亿元、雷锋生活奢侈、张海迪拥有日本国籍等谣言。央视等媒体在报道薛蛮子微博传谣事件时，将薛蛮子曾在微博上发布的"舟山人头发里汞超标""自来水里含避孕药""南京猪肉铅超标""惠州猪肝铜超标"等内容定性为"不实言论"，并"给当地产业发展带来了严重影响"。这些想象力可以上天的大V们搬起石头砸自己的脚，最后都被抓了。

第二，毒招——抹黑。

现在有些做得比较大的自媒体平台都吸引了VC与PE砸出真金白银去投资入股，但是，广告价格与收入要看点击率的面色，财经自媒体与微博大V深谙对上市公司进行"破坏性报道"远比正面软文更能吸引眼球，更具有轰动效应，甚至还可以趁机敲诈一下上市公司，让老板投放广告，付点封口费，所以，以财务分析为幌子，以猜测加臆想为内容，以合理质疑为借口的各种"抹黑"文章此起彼伏，真假难辨，搞得股民人心惶惶。

第三，狠招——放炮。

看客们多以为大V们为了博眼球（据说也有出于正义感的）只会炮轰监管部门，其实他们也时不时地互相炮轰一下，结果是交战双方的粉丝都增加了不少。韩志国老师大约是尝到了甜头，吃完主席午餐后，又把"减持新规出台的神炮手"光荣称号收入囊中，面子与里子都赚到了。可是，神炮手们都有一个特点，就是一发起炮来就不怎么收得住，攻击性易放难收，炮管子还发烫，兜里还剩几颗炮弹没有打出去，像是撒尿撒到一半被突然闯进来扫地的阿姨给打断了，说不出有多不爽。继续炮轰监管部门不仅不好意思（吃人家的嘴软嘛），而且也没有理由（新规马上就落地了），那怎么办？调转炮口，对准同行——同为大V的财经名博但斌同学，以迅雷不及掩耳之势，开了几炮，还要限定但同学24小时之内就自己长期强力推荐贵州茅台股票做出道歉。

俗话说，同行如冤家。一时间，大V互撕，决战在嘴上，财经圈硝烟弥漫，就像一场场炮兵部队的军演。

第四，媚招——跪舔。

在一个自媒体高度发达的社会中，机会主义者简直是赢家通吃，所以，我们得慢慢习惯某些教授以"叫兽"的方式说话，某些玉女以"欲女"的风格行事。网络大V深知粉丝就是财富的道理，为了"吸粉"，十八般武艺都要会一点，总不能天天造谣、抹黑吧？搞不好就要造到大牢里去了。也不能天天放炮吧？放多了没准有一天把自己炸了。《孙子兵法》曰："水因地而制流，兵因敌而制胜。故兵无常势，水无常形，能因敌而取胜者，谓之神。"大神级的大V要么不出招，一出就是大招、奇招。在"正确"的时候对着"正确"的人隔空"示爱"，撒撒娇，说点甜言蜜语啥的，比没日没夜地开炮更能哗众取宠。比如，财经圈有个奇女子，不仅上通天文下通地理，只要是个事她都敢以专家的身份指点一番，该"美女"大V过去一直是个"毒舌妇"，最近突然发了羊痫风似的，脸绽媚笑，口吐莲花，成功地招来骂声一片。吸引眼球的目的确实达到了，好久没有这么多人关注她，只要能涨粉，骂就骂吧，反正这一生本来就没什么节操，也没有立牌坊的计划。

皇帝的新装

大V一炮轰，小散一起哄，监管一收紧，莫非新政出台也有套路？

在实用主义者看来，政策都是"逼"出来的。资本市场的每一项重要制度安排都离不开财经大V们的推波助澜，当然，也少不了他们争相认领"功劳"的嘴炮。

就像韩志国老师的自我感觉，这么多年来，无数的专家学者呼吁应对大股东减持进行严格规范，嗓子都喊破了，总也不见长效机制的大招落地。而韩老师在微博上喊一嗓子，骂了几声，然后，故作惊讶地跟主席吃了顿午餐，就搞掂了！他肯定相信，咱们大V就是有力量。

有的制度推出后，发现根本就不是那些言之凿凿的大V说的那样"趁热的吃了，包好"，而是感冒治成了痨病，跟江湖术士有得一拼。

例如，从十多年前开始，就有大V成天鼓吹，咱大A牛短熊长，疲软乏力，皆因没有股指期货。他们的逻辑是，由于持有股票的机构没有股指期货可以用来对冲风险，一遇市场下跌就只能抛出股票，无期指无恒心啊。千呼万唤之后，股指期货出台了，但是，出乎意料的是，股市不仅没见好转，反而跌得更厉害了。2015年股市高位坠落，期指还给了"恶意做空"的境外势力以可乘之机，他们利用先进的算法交易程序操控股指期货，成为股市连续暴跌的重要推手。

由此可见，股指期货不仅未能平缓A股市场的剧烈波动，反而成了"恶意做空者"的致命武器。面对着啪啪打脸的现实，又有财经大V跑出来说了，股指期货之所以没有发挥价格发现与风险对冲功能，是因为A股实行的是T+1，与期货交易的T+0不能保持同步，言下之意，A股也要修改交易规则，实行T+0。

大爷家乡有句老话——"谋士多了要翻船"，太多人出主意，一会儿掉头，一会儿拐弯，这船就没法平稳地开下去，不翻才怪呢。

再例如，熔断机制的火速推出，跟许多财经大V不遗余力地鼓吹也有一定关系。设想还是挺完美的，人家美国股市实行好多年了，效果那是杠杠的。通过这种方式，可以阻止投资者在市场下跌的极度恐慌情况下发生"踩踏"事故，但是，由于A股的交易制度中一直都有涨跌停板制度的设计，现在又加多一个熔断机制，等于让一个已经做了"结扎手术"的男人还要带上避孕套干活，结果可想而知，A股版的熔断机制从实施到暂停，也就一个星期，成为史上最短命的一个新政。

利用粉丝们的盲目崇拜，许多大V都有一种类似薛蛮子所说的"看粉丝留言有一种皇帝批阅奏章的快感"，他们情愿活在一个由动辄千万数量级粉丝构成的虚拟王国，因为，在那个臆想中的王国里，他可以斩钉截铁，一言九鼎，一呼百应，甚至还可以指鹿为马，颠倒黑白，造谣惑众，而完全不管现实人生如何卑微猥琐，首鼠两端。

网络大V们基本上都是机会主义者，与其说他们代表大众，不如说他们总是通过盲目的粉丝扩散自己的观点，进而去迷惑很多局外人，最终绑架舆论，让自己的意见成为大众的意见。

需要警惕的是，不是谁胆子大、嗓门大谁就掌握了真理，更不是谁脸皮厚、更偏激谁就更有水平。

所以，我们需要对这些看起来具有道德与正义合理性的大V多一层辨识。

意见领袖的意见是一时冲动而逞口舌之快，还是经过冷静思考，确实有真知灼见替市场鼓与呼？是为了博眼球赢得注意力圈更多的"粉"，还是真出于良心和正义感为资本市场的发展献计献策？

有些大V敢于指点从政治、宏观经济、文化交流、外交到股市、期货、外汇银行一切领域的政策得失，俨然万事通，甚至还自诩为著名经济学家，让人啼笑皆非。

政策制定者一定要有自己的定力，一旦被目的性强的大V的言论所困扰，打乱了自己的出牌顺序，就会给民众造成一种这样的错觉：制度性建设无须调研论证审慎决策，只要大V跑出来喊一嗓子，就可落地。这种错觉带来的后果不堪设想：一是，大V会利用影响力来倒逼政策出台，进而影响市场的运行节奏。由于大V们的道德与专业水平参差不齐，加之个人利益纠缠其中，屁股决定脑袋，你怎么能指望这些人可以客观公正，实事求是？二是，普通民众会把

个体愿望的达成寄托于少数大V的"铁肩担道义"，建设性的批评与建议慢慢会变形为大V炮轰、小散起哄这种情绪化的模式，会影响相关部门的公信力。

因新规颁布的时间点与韩志国老师在微博上呼吁相关政策出台以及他本人透露与刘主席吃饭的时间点非常巧合，一些投资者自然联想此项措施正是韩老师吃饭的功劳。

然而，据券商中国的分析，大家只要略加思考就可以消除这种误解。韩老师在微博上发布和刘主席吃饭的消息是5月24日，证监会表态将修改减持规则是26日，而股东减持新政的出台是27日。如此重大的政策，从制定到发布只需要两天时间？再高效的政府部门显然也不可能做到吧？

大V是一门危险的生意

让人不安的是，有些大V总是在代表民意的幌子下，夹带私利。其实，可以在商言商，不要动不动就以"人民的名义"说事。从头到尾，网络大V就是一门生意。

当年红遍大江南北的大V薛蛮子，原本并非"公知"，而是一个如假包换的商人。他一直做投资，有了微博之后借助参与微博打拐行动才提升了影响力，成了网络红人。

商人的逻辑是"得付比"，看投入和产出合适不合适。当老薛看到网络的影响力有利于他的生意，让他得到无论怎么有钱都得不到的尊重时，他就加大投入，撒钱雇人把影响力做到极致。

特别是用造谣的方式制造并评价公共事件的微博，让薛蛮子终于如愿以偿地从一个天使投资人转型为网络意见领袖。

在自媒体上做公益或转发各种监督政府和为民生呼吁的言论，是网络大V黏住粉丝并扩大话语权的有效手段。作为一个职业投资人，眼光精准的薛蛮子显然精明地领悟到了这一传播秘籍。

微博活跃度节节攀升的时代，无论是运营《蛮子文摘》还是投资草根账号都是一门有利可图的生意，然而，这也渐渐成为一门危险的生意。

成为大V后被架得下不来了，为了继续"吸粉"，进一步提升自己的网络影响力，薛蛮子不惜在微博上造谣并不断转发各种社会底层民众愿意看的内容，竭力把自己塑造成一个平民代言人的形象。

在一些熟悉薛蛮子的人看来，他在出事前不断通过微博塑造热衷公益的意见领袖形象，不过是在自己的商人本质上披了一件华丽的戏服。

这么多年来，尽管网络大V的意见大多没啥营养，但还是受到了政府相关部门的重视。所以，这次韩志国被刘主席邀请去共进午餐顺便谈谈自己对中国资本市场的建议，其实是一件再正常不过的事情，领导干部走群众路线一直是我党的光荣传统。

比如4年前，国家互联网信息办公室（简称国家网信办）主任鲁炜就曾经邀请纪连海、廖玒、陈里、潘石屹、薛蛮子等十多位网络名人座谈交流。据说，那场座谈会更像是一个微博大V的社会责任论坛。由于很多大V说话不负责，而这些人又都具有一定的社会影响力，鲁炜就提出了七条底线，目的是让这些大V能够注意自己在网络上的言行，平时说话都收敛一些。

鲁炜希望薛蛮子继续在网络上发挥正面作用，薛蛮子也表态一定严格遵守七条底线，杜绝网络谣言。座谈会结束后，参会大V都被央视邀请到财经频道的《对话》栏目，谈如何破解网络谣言。

面对央视，春风得意顾盼自雄的"首席"大V薛蛮子发言称，在网络上造谣没有成本，还可以捞到粉丝，这个谣谁不造啊。薛蛮子甚至提出要让造谣者付出代价，如果造谣一次罚款100万元，就不会有人造谣了。瞧这成功商人的本色，真是三句话不离钞票！

好吧，后边的故事想必大家都知道了。"对话"13天后，薛蛮子在北京安慧北里一小区因为嫖娼被北京警方抓获。《人民日报》和新华社分别发表文章警告网络大V"要以薛蛮子为戒""坚守道德、法律底线"。还真是分量十足，《新闻联播》竟然用了3分钟播出薛蛮子嫖娼被抓的新闻。

微博无限好，大V近黄昏

当年参加国家网信办座谈会的那十几个网络大V，如今继续保持活跃的，其实也没剩几个了。

2013年秋天，SOHO中国董事长、新浪微博粉丝超过1600万的潘石屹和拥有1500万粉丝的地产大亨任志强在微博上一唱一和。潘石屹微博发问：你说这微博是好东西，还是坏东西？任志强回答：微博无限好，大V近黄昏。

真是一语成谶，任大嘴的炮管子没过多久果然就被强拆了。他现在也只能偶然在一些小聚会上冒个泡，发点小牢骚，有效杀伤力武器基本上被收缴殆尽。

早在4年前，最高人民法院召开新闻发布会公布《最高人民法院、最高人民检察院关于办理利用信息网络实施诽谤等刑事案件适用法律若干问题的解释》，明确了"利用信息网络诽谤他人，同一诽谤信息实际被点击、浏览次数达到5000次以上，或者被转发次数达到500次以上的，应当认定为刑法第246条第1款规定的情节严重，可构成诽谤罪"。

让自媒体大V们感到如芒刺在背的是2017年网信办1号令的发布，再次明确了非新闻单位不得通过微博、公众号、网站发布新闻信息。1号令已于6月1日起正式生效了。

除传统门户网站外，应用程序、论坛、博客、微博客、公众账号、即时通信、网络直播等新的网络应用形式不断涌现和普及，新《规定》明确将其统一纳入规范和管理范围，适应了网络信息技术及应用迅猛发展形势的需要。

值得格外关注的有以下几点：

第一，自媒体需要取得互联网新闻信息服务许可证，这个门槛其实不低，不是随便谁都可以拿到。要注意的是，涉及相关话题，不仅仅是不能报道，评论也不行，不仅仅是采编发布不行，转载、传播也不行；

第二，新闻信息包括了有关政治、经济、军事、外交等社会公共事务的报道、评论，以及有关社会突发事件的报道、评论；

第三，互联网新闻信息服务，包括了互联网新闻信息采编发布服务、转载服务和传播平台服务；

第四，处罚严厉，根据不同的违规程度，处五千元以上三万元以下罚款；构成犯罪的，依法追究刑事责任。

300多年前，法国思想家帕斯卡尔说，人只不过是一根芦苇，是自然界最脆弱的东西，但他是一根能思想的芦苇。因而，我们全部的尊严就在于思想，我们要努力好好地思想，这就是道德的原则。由于空间，宇宙囊括了我并吞没了我，有如一个质点；由于思想，我却囊括了宇宙。

人既不是天使，也不是禽兽，但不幸就在于，想表现为天使的人却表现为禽兽。

一直困惑帕斯卡尔为何要把人比做芦苇而不是别的什么东西，比如石头、番薯、胡萝卜啥的。现在终于懂了，这个比喻的绝妙之处正在于，只有芦苇的摇摆才配得上人类普遍的机会主义的信念与立场。

读小学时，教室的石灰墙上写着这样一副对联——"墙上芦苇，头重脚轻根底浅；山间竹笋，嘴尖皮厚腹中空"，当年老师一本正经地教导我们说，上联讲的是生而为人一定要有自己的态度与立场，而不可唯利是图、见风使舵、左右摇摆；下联讲的是，出去混，还是要先操练点真才实学，切忌腹中空空如也，嘴上滔滔不绝。

当年懵懂无知，还嫌老师啰唆，嗤之以鼻。几十年过去了，看尽人生百态，才发现老先生远见卓识，深以为然。

放眼望去，热闹非凡的网络世界，大V熙熙攘攘，而大家与大师却寥若晨星。比比皆是既没有思想也没有灵魂只会随风摇曳的芦苇，那些骑在资本的墙上，"头重脚轻根底浅"的芦苇，有奶便是娘的芦苇。

三流券商抢客户，一流券商抢数据

> 无论企业还是个人，最大的敌人从来就不是对手，而是自己；最大的机遇永远不在明天，而在今天。

俗话说得好，没有永远的朋友，也没有永远的敌人，只有永远的利益。最近，有两个财富金字塔顶端的男人，竟然为了一个"数据接口"，剑拔弩张，几近翻脸。

本来，王卫与马云的惺惺相惜，一直以来都是中国商界的一段佳话，甚至于还有"王卫是马云最佩服的男人"一说流传坊间，所以，顺丰与菜鸟的亲密合作，也就是水到渠成的事儿。不过，生意人的友谊都是有前提条件的，那就是，你千万别把筷子伸到我的碗里。

这个"数据接口"所涉利益真的可以大到让大佬为之翻脸的地步？尤为值得关注的是，两个大佬的掐架，竟然引来电子商务领域内的几乎所有头面人物快速选边站队，大有把掐架演变成群殴的趋势。一群如此有钱有身份有江湖地位的男人，为何纷纷冲冠一怒为数据呢？

其实，只要去了解一下阿里巴巴集团技术委员会主席王坚关于数据的高见，就非常容易理解BAT等互联网巨头为何要从战略高度对数据进行提前布局。而这种战略上的认识与布局，正是被传统金融企业所忽视的。

得数据者得天下

互联网、数据与计算是推动数字时代与社会进步的三大支柱。互联网成为基础设施，数据成为生产资料，计算成为公共服务。移动互联网带来的真正影响，是人们的大部分时间都消耗于在线社会上了。

对于亚马逊这样的互联网巨头来说，其真正的价值就在于数据。贝索斯从一开始就知道，公司的力量存在于数据中，所以，他花了将近20年的时间史无前例地积累了大量关于个人和集团购买习惯的统计数据，其中包括两亿活跃买家的详细个人信息。

从心理学博士到CTO，从微软到阿里，王坚对数据的认识与贝索斯如出一辙。他认为，数据是世界的新财富，是生产资料，甚至可以说是自然资源。数据是积攒下来的，就像石油和煤炭是经历几十亿年沉淀下来的太阳的能量。互联网的出现，让数据真正变成世界的自然资源，因为数据沉淀变得极其容易了。

近年来，很多互联网企业都在谈论"大数据"，"大数据"成了一个热词，一种时尚，而王坚却说"大数据"这个名字叫错了，它没有反映出数据最本质的东西。

其实大数据很早以前就有，只是那时的"大"还没有意义。世界上最大的数据应该跟互联网半毛钱关系都没有，它可能存在于欧洲核子研究组织，那里的对撞机中运算的数据一辈子都算不完。数据的意义并不在于"大"，真正有价值的是数据变得在线了，这恰恰是互联网的特点。所有东西都能在线这件事远比"大"更能反映本质。

在线的世界里，没有大数据，只有云数据，只有流动的数据才有价值。而王坚或者说阿里所希望的是，没有公有云，没有私有云，只有公共云，所有的数据都能成为在线的共享资源，谁都没有数据的所有权，除了数据的生产者，只有每个人才是自己数据的真正主人，拥有自己数据的所有权或者说是隐私权，其他人与组织都只是数据的搬运工。

显然，当所有的数据都在线流动了，拥有强大计算能力的公司就可以赢家通吃，其他公司只能成为他们的附属，当然，这只能说是一个乌托邦。

问世间数据为何物，直教人撕破脸皮？因为事关企业未来的存亡。

菜鸟网络和顺丰速运数据之争闹得动静挺大，直闹得国家邮政局召集双方高层来京，就双方关闭互通数据接口问题进行协调，双方才同意全面恢复业务合作和数据传输。顺丰和菜鸟的公开争执先是菜鸟发布声明称顺丰关闭了物流数据接口，平台因此建议商家暂停顺丰发货。顺丰随即回应称菜鸟无底线染指快递公司核心数据，企业因此拒绝这一不合理要求。双方各执一词，争执的触发点直指数据连接、信息安全。

有分析称，快递业发展到现在，信息流、数据流越来越成为企业的核心竞争力。电商为快递提供了货源，助推了行业高速发展。但电商对核心数据的掌控以及不断跨界，也让快递公司有沦为"附庸"的担忧。

这一次，作为快递巨头的顺丰可以抵抗阿里的数据索取要求，而成千上万江湖无名的企业拿什么说不？而且，即便是顺丰，可能会抵抗多久？

网络巨头对金融业的渗透

十年前，移动支付还是一个充满争议的新事物，因为信息安全的考虑，用户总是心里不踏实。然而，现在人们对支付宝、微信支付的信任，已经与银行卡没有任何差异。

如果说互联网巨头与银行之间的合作暂时还可以平起平坐的话，那么，它们与券商的合作就很难放弃主导地位。

顺丰在快递行业中拥有领先优势，它可以对阿里说不，阿里不做快递，但是，它一旦掌握了快递公司的核心数据，那么，快递公司将都得为阿里打工。在现有的国内券商中，拥有顺丰这种行业地位的券商本来就没几家，拥有与阿里、腾讯这样的巨头讨价还价的能有几家？

近年来，互联网巨头对金融行业一边搅局，一边布局，保险、银行、公募基金，触角伸到了几乎每一个领域，深度介入券商行业也只是途径与时间问题。

保险是一个很传统的行业。开一个保险公司，必须要开设办事处。互联网巨头进入之后，全世界第一家没有办事处的保险公司已经出现在中国了，它不需要在纸上签署任何东西，在线就能做完所有事情。

虽然众安保险、微众银行、百信银行还处于起步阶段，与行业领先者在规模上没有可比性，但是，只要看看支付宝与微信的发展历程，你就不可忽视它们的存在。

它们的后发优势正是这些互联网巨头拥有的数据获取能力，而且是特别值钱的"在线数据"。

互联网巨头对券商行业的"入侵"其实早就开始了，事实上，它们已经牢牢地控制了券商核心数据的入口。

目前国内证券核心交易系统，金证股份与恒生电子是主要的市场参与者和竞争者。阿里巴巴全资收购恒生电子后，形成了恒生电子与金证股份两强对立的局面。几年前，马云已经成为恒生电子的实际控制人。控股恒生或者金证，意在抢占金融软件系统入口，为推出金融云计算服务创造条件。

眼看恒生已经名花有主了，金证的"归宿"就特别让人操心。

金证股份先是参与了阿里巴巴余额宝的开发，后来又与腾讯达成了QQ在线平台的合作，可谓是左右逢源，一度股价飞涨。由于金证与腾讯合作一直不断，甚至还不时有腾讯收购金证的传言。中国互联网界最牛掰的两个男人同时看上了金证，两个都分量十足，换谁都难以取舍，只好左右摇摆两边都好着，似乎就有那么点"劈腿"的意思吧？

控制了金融行业的关键交易软件入口，相当于控制了金融行业的核心数据资源。不管最后是哪个老马"抱得美人归"，都将是券商的噩梦。

专业就是把数据做成赚钱的生意

如果说云计算是工业时代的电，那么，大数据就是福特汽车的生产线，正如没有电就不会有大规模工业化生产一样，没有云计算，也就不会有大数据。王坚认为"云计算"这个名词的歧义在于：我们说云计算的时候，其实包括了云计算、大数据、云存储等所有的东西。到了最后，大家应该会忘记云计算，只看见福特生产线，也就是大数据。所以我说，看得见的前端，看不见的后台。我不相信有人会说，没有云我也能做大数据。没有云，那就是小作坊。

传统的银行，都不是靠大数据做起来的。银行仍然靠IBM来处理数据，它们处理数据的成本昂贵，而处理数据产生的价值可能无法覆盖处理数据的成本。

虽然，大数据真正了不起的地方，是靠最小的成本去产生最大的价值，但是，这并不是说，有数据的地方，就会有大数据业务的存在。阿里巴巴在数据方面做得最好的是金融，但金融不等于银行。阿里金融正在做的小微贷款，恰恰是银行做不了的。银行没有这些数据，银行做信用评级的成本极高，它不会做小微贷款。阿里金融上每天有很多人想贷几百块钱，甚至还有一个客户贷到了1元钱，就此写了一封感谢信给阿里，说这辈子从来没有人愿意只借给他1元钱，突然有人借给他1元钱，他就觉得自己的人生从此被尊重了。

数据是资源，就像6000米海底中的可燃冰，不是谁都可以将它开采出来，需要有非常专业的技术与装备，这就是数据的计算能力。

占据很多的数据资源是硬币的一面，有专业能力将数据转化为利润则是另一面，否则，钱不会自动跑到你的口袋里去。

当今世界，最成功的数据公司是谷歌。谷歌利用全世界每个人都可以获取的网络数据，依靠自己的处理能力，做成了世界上最大的生意。在谷歌的初创时期，它拥有的数据别人也有，只是别人没有它的处理能力和思想。

今天的数据远远超过以前的网络数据，所以可以想象的生意更多，而且肯定可以比以前做得更大。

证券公司实质上也是数据公司，无论是投行业务、资产管理、研究、投顾、经纪业务，都需要获取大量有效的数据资源。通过数据精准营销潜在客户，服务现有客户，为客户提供全方位的资产配置，都离不开数据。

过去的传统业务模式基本上是人海战术、电话轰炸、关系营销，获取客户各种信息资料。然而，信息不是数据，客户的在线数据才是核心。

假如有一家数据公司拥有全世界所有企业从创始到发展的每个阶段的动态数据，并且可以每天都计算它们的业务流水，并估算出它们的前景和投资价值，那么，全世界的创投公司都得成为它的"附庸"。

几年前券商热衷于开空户，确实获取了大量客户信息，看起来是一种跑马圈地的战略，实际效果就像很多自媒体花钱买来了一大堆"僵尸粉"，就是凑人头。

现在券商开始认识"活跃粉丝"的价值，纷纷要花大价钱去开"有效户"，因为有资金有交易行为的客户，Ta的信息才是在线的，是动态可追踪的，这个才是数据，它就具有较高的价值。

而空户之所以没有太大价值，则Ta的信息是静止的，不在线，你没法跟踪它，你找不到客户的需求所在，就没有机会。

谁会成为未来券商行业霸主

汽车行业原本是一个传统行业，但是，特斯拉来了之后，改变了消费者对这个行业的看法，股票市场的投资者用手投票，给予埃隆·马斯克式创新以高度信任，2016年仅有区区9万辆汽车年生产能力的特斯拉最近的股票市值已高达500亿美元，远超年产100多万辆车的通用与福特。

券商行业会跑出一个"特斯拉"这样的公司吗？一切皆有可能。

既有数据，又有计算能力，这样的券商才有成为"特斯拉"的机会。

正如许多行业已经发生的那样，互联网与人工智能将成为证券行业的颠覆者。

与互联网巨头日新月异的技术创新能力相比，国内券商的数据获取能力不在一个量级，更加不堪的是，数据的计算能力还处于原始状态，并不比刀耕火种的生产方式强多少。

现阶段，几大领先券商在移动交易系统上投入了大量的人力物力，进行了一系列的金融科技创新，成果主要体现在各自APP的活跃用户数量上。投资者在APP上不断制造在线数据，这些数据成为券商的宝贵资源。

正如王坚所说的那样，移动互联网创新可以超越APP创新的范畴，他认为APP上的创新，有点像在别人家的花园里种点花花草草。因为苹果和安卓已经圈了一个花园，你种点花草是没有问题的，但是你要想做点有生命力的东西，还是有挑战性的。你要跑到大森林里开拓，才能做有生命力的东西。不要忘了，花园是别人家的，你只是一个租客，哪天他不高兴了，叫你的产品下架就得下架。

无须讲大道理，再牛的租客也斗不过地主。最近有一批特牛的自媒体"大号"说消失就消失了，这个事儿，对APP们就是一记警钟。

我猜想不远的将来，券商行业的变化将会天翻地覆。特别是人工智能在金融行业中的应用，对行业而言，是挑战也是机遇：

第一，行业的垄断局面被打破，政策护城河最终会被填平；

第二，同质化业务的利润率趋于零，比如交易佣金率会无限逼近零；

第三，大多数缺乏技术含量的工作会被机器取代，员工的忠诚度会不断下降，失业将是金融民工的常态；

第四，资本的话语权得以提升，品牌的号召力在减弱；

第五，客户的所有数据会记录、沉淀、共享，隐私权保护，被遗忘权的诉求会成为新的风险点；

第六，重要的不是资产规模，而是拥有的有效数据规模；

第七，重要的不是客户的静态数据，而是客户的动态数据；

第八，重要的不是对数据的获取能力，而是对大数据的计算能力；

第九，重要的不再是资产、收入、利润，而是创新能力；

第十，未来上市券商的估值方法，将会摆脱传统的PE与PB模型，而会更靠近互联网等创新型企业的估值模型。

由于券商的核心竞争力在于两者的结合：在线数据的获得能力和处理能力。因此，券商之间的购并重组只是数据的叠加，并不会增加数据的处理能力，可以合并出一家巨无霸券商来，却无法合并出一个行业霸主。

目前券商不同程度地进行着互联网化的过程，互联网只是一种通用工具，券商无差异的同质化业务将成为一项基础服务，跟电力、煤气、物业管理一样，是一项项通用服务，它们不可能产生超额利润，甚至干脆就没有利润。

优势券商利用互联网与人工智能武装自己，原有优势得以巩固与提升，但是，竞争力差异越来越多地体现在数据资源与计算能力上。券商的计算能力过去主要依靠专业人才，未来则是人与智能机器的结合。

如何才能造就霸主？以下是几种可能的演变路径：

第一，拥有大数据资源的平台型互联网公司与券商行业中的领先者结合，"生出"超级券商；

第二，互联网平台控股拥有牌照的小型券商，类似阿里控股天弘基金那样，"速成"超级券商；

第三，互联网公司直接获取券商牌照，成长为超级券商。

第四，领先券商控制互联网平台公司，反客为主，快速拉开与其他同业竞争对手的差距，突围而出，成为超级券商。

斯坦福大学人工智能专家杰瑞·卡普兰指出，即将袭来的机器人、机器学习以及电子个人助手可能会开创一个全新的世界，在这个世界里，很多今天由人从事的工作将由机器完成。

金融行业正在用科技的力量去逐步颠覆或替代原本相对更高的劳动力成本。无论是行业分析师还是基金经理，未来所面对的对手很可能是一个不眠不休的智能机器人。对企业而言，无疑是利好，对从业人员来说是，肯定不是一个好消息。留给金融民工们转型的时间不会太多，因为任何行业都不需要昂贵且不可靠的人所做的工作。

但这不足以让人产生恐惧之感，因为由人从事的工作肯定不会消失殆尽。实际情况是，工作的本质将会发生改变，而重点会转移到那些人比机器完成得更好的任务上去。未来，这种工作将是那些需要和他人建立情感联系、展示同理心、演示特殊技能、制造美的物品、启发年轻人，以及激发有目标感的活动。我相信，未来工作的主要内容一定是那些需要人类独有技能参与其中的任务。

我们是会优雅地完成转型，还是会在这个过程中遍体鳞伤？目前并不确定。

未来派马云说，今天很残酷，明天更残酷，后天很美好，但是绝大多数人死在明天晚上，见不着后天的太阳。

当下派《功夫熊猫》则说，昨天是历史，明天是谜团，只有今天是天赐的礼物。

无论企业还是个人，最大的敌人从来就不是对手，而是自己；最大的机遇永远不在明天，而在今天。

A股早就进入"看脸"时代

> "漂亮"是件撒手锏，但还是有外在美和内在美之说。完美主义者当然希望找到内外兼修色艺俱佳的好公司，可惜，此事古难全。

在股民的眼里，世间最美的山水，莫过于一浪更比一浪高的上证指数K线图；世间最美的人儿，莫过于那些1年10倍、10年100倍的大牛股。

所以，就有那么些多愁善感之人，时常惦记着6124君与5178君。一想起十年生死两茫茫，就不思量，自难忘，就千里孤坟，无处话凄凉。每每把股民搞得泪眼蒙眬。

6124君已仙逝10年多，她的俏模样已随风飘远；而5178君，出走3年多，音容宛在，总让人牵肠挂肚，只是，那一天之后，上证指数已跌去了40%，创业板指数更是跌去了超过60%，一大批个股跌幅惊人，绝大多数投资者损失惨重。

然而，并不是所有的"美景"都跌残废了，还是有仅存的漂亮K线；也不是所有的"美人"都成了泪人，个别出落得更加亭亭玉立，例如，恒瑞医药、贵州茅台、中国平安为代表的漂亮50们。

虽说漂亮50成为我大A的"颜值担当"，无奈，矮丑挫的3000义无反顾地不断拉低我大A的整体"颜值"水平。

股市进入看脸时代

大爷我觉得，股价走势图就是上市公司的脸，"颜值"高低跟她的内在价值大小不一定正相关。

一说到我大A的价值投资，大致上就是"喝酒——吃药——买保险"这几个动作，谁说大象不会跳舞？你灌他一瓶酒试试，他跳起舞来，地球人都拦不住。

酒气冲天之中，还没喝醉的有识之士，突然发现了一桶油比不上一瓶酒、全部军工股市值加起来比不上三瓶酒（茅五洋）的醉人景象，就开始嚷嚷了。

股市中茅台的股价上天了，酒市中茅台酒的价格也随之水涨船高。以前只听说产品涨价了会推动股价上涨，现如今可以反过来演绎，股票涨价了酒价随之水涨船高。看样子，不管是茅台酒还是茅台股价，大有想怎么涨就怎么涨的任性。

有人说，茅台酒现在成了奢侈品，那也不是普通老百姓可以天天享用的；成了收藏品，可以像黄金白银一样保值增值；成了面子酒，宴请重要客人，不喝茅台没面子；成了保健品，有人煞有介事地分析说，赤水河的水含有多种矿物质与微量元素，喝茅台延年益寿云云。

又有人说，茅台现在没有公款消费了，私人也可以买得起。想想也是，只要你想喝，就算拿的是最低月工资，咬咬牙还是可以买得起一瓶的，广州的最低月工资标准差不多就是一瓶飞天茅台酒的价钱，所以，不贵呀！

再说了，面子可不是用金钱就买得到的，贵不贵要看自我的满足感。比如，当年上海的时髦女青年，为了买一个LV的包包挂在肩上，都可以吃半年方便面来攒钱，人家也不是贪图享受好吧，那是精神追求！LV一上肩，纺织女工也可摇身一变成名媛淑女。一件纺织女工都可以买得起的东西，你说LV贵吗？据说当年的上海美女是宁可家里被盗，也不愿自己摔跤。值钱的都穿身上了，摔坏了心疼，家里也没啥值钱的东西，小偷去了估计也白跑一趟。

"漂亮"是件撒手锏，但还是有外在美和内在美之说。完美主义者当然希望找到内外兼修色艺俱佳的好公司，可惜，此事古难全。

近期A股市场中这种由少数股票作为一个板块整体穿越牛熊可以持续小半年的现象，在过往的风格轮动中是极为罕见的，尤为罕见的是，这次市场表现出典型的马太效应，即漂亮的更加漂亮，要命的加倍要命。

于是，有人把这种极端走势看作是对价值投资者的持续奖励，同时对投机炒作者的加倍惩罚，是一种矫枉过正的投资者教育。

当然，给好公司以高溢价是成熟市场的一般规律，是一种普遍现象。毕竟市场的估值是对公司内在价值、成长性、股东回报的一种综合评价。让好公司长期享受高溢价，这应该成为股票市场的普世价值。

然而，这到底是一种长期趋势的开始，还是我大A的故伎重演？等大多数人信以为真的时候，重复一次剧烈的2～8抑或1～9阶段性行情风格的切换，对此，投资者应该保持一定的清醒。

如果说外在的漂亮表现为股价的上涨，那么，内在的漂亮当然是指它的投资价值。问题是，投资价值如何衡量？传统的估值模型中，市盈率与市净率是衡量"内在美"的两个核心指标，PE越低越有价值，这基本上是一个共识。

但这却无法解释美国股市高PE的科技股的强劲表现，亚马逊与特斯拉的上涨跟它们的PE与PB有什么关系？

股票投资走到现在这个科技与创新驱动的大时代，还死抱着市盈率这样的标准来衡量股票的"内在美"，确实有点过时。尽管A股市场要命的3000里，不知道哪些是真正的高科技公司，但是，更远的未来，中国的微软、谷歌、亚马逊、特斯拉肯定不会出自"茅五洋"们的酒窖里。

看得见美在脸上，看不见美在心里

塞思·卡拉曼在《格雷厄姆和多德永恒的智慧》中写道：市场对证券的估价并不总是正确的。事实上，从短期来看，市场可能是相当低效的，而且价格和基本价值之间具有较大的偏差。出乎意料的变化，不确定性的增强，以及资本流动的因素可以引发市场短期波动，使得价格可能会因此而被高估或低估。用格雷厄姆的话说，就是"证券价格常常是一个基本要素，因此，一只股票在某个价格水平上可能有投资价值，但在另一个水平上就没有"。

好公司与好股票经常不是一回事，古今中外的股票市场，概莫如此，只是，人们一般都不会坦诚自己是奔着好股票去的。作为投资者，谁都喜欢相貌漂亮（有着迷人的股价上升曲线）的股票。

投资者看股票的时候，基本上还是看形态，看趋势。看了老半天，你以为看的是价值，其实看的是颜值。

我发现，价值在股市中经常是一个投机因子。那些刻板的价值投资理念，即使在美国这样的成熟股市，也变得越来越不合时宜。

当我大A的分析师热火朝天大谈特谈价值投资的时候，最近美国的分析师却跟我们唱起反调，非常煞风景地宣称：如今的价值投资似乎没多少价值。

这种基于价值因素而购买股票的策略，简言之就是买入估值最低的股票，卖出估值最高的股票。这个策略被股神沃伦·巴菲特奉为圭臬，但是，根据高盛集团的一份报告，如果在过去10年坚持价值投资，投资者将累计亏损15%。在同一时期，标普500指数几乎翻了一番。尽管价值投资策略的拥趸们承受着大萧条以来最长的持续跑输大盘表现，但高盛表示，现在谈放弃还为时过早。

股票策略师Ben Snider牵头的高盛团队在发给客户的报告中称，价值回报的大环境在近些年尤为不友好，目前经济周期的成熟度表明，价值回报在短期内仍将保持低迷。最近的疲软很大程度上可归因于当前经济周期异常缓慢的增速和持续的时间可能会拉长。分析师提示投资者，周期性逆风有望减弱，成长型股票的短期前景看好。虽然Snider认为，只要人们继续做出投资决策，价值投资长期而言会有效。然而，随着被动投资基金和智能投资策略得到更广泛的认同与应用，意味着未来取得价值回报的难度在加大。

高盛认为，只有当经济全面增长且增速相对强劲时，价值型股票才会跑赢大盘，而这往往发生在经济周期的起始阶段；当经济形势疲软且增速低迷时，价值型股票会跑输大盘，因为低增长的所谓新常态放大了投资者对成长型股票的兴趣。"长期停滞"和"更久低速"等概念的涌现，激发投资者将极大部分资金配置到能够创造自我增长的股票，导致高成长型股票跑赢大盘，而价值型股票则表现不佳。

增长数据和通胀预期在2017年初达到最高点，也预示着价值因素跑赢大盘时代的结束，再往后走，价值因素会再度黯淡。长期来看，影响价值投资的最大因素是人类更持久投资缺陷的镜像：偏见和情绪影响资产配置过程的趋势。

Snider认为，在历史上，对价值效应的可能解释中，一个主要的主题是人类过于看重增长状况和其他股票特征的趋势。即使量化和被动策略的资产增长，人类存在不同的投资过程、风险容忍度、回报目标和心理偏见，也表明某种程度的价值效应将会持续下去。

"二八"转换还是"一九"，人为把股票分成了大票（大市值）和小票（小市值）。这哪里算得上是真正的价值投资理念与成长理念的对决呢？看来看去，大多数还是跟风投机一把，归根结底，价值也好，成长也罢，就是风格转换中押"大"还是押"小"，还是一个炒作的噱头，追涨杀跌，买涨不买跌，都是同一个道理。

干得漂亮不如长得漂亮？

你不要以为我在跟你谈职场，我其实是在跟你谈人生，不，是谈股市。

苹果公司最近招来了美国一些分析师的"同情"，原因是业绩如日中天的苹果，竟然没能成为科技股新贵俱乐部中的一员，更让人感觉悲愤的是，市盈率仅仅14倍的苹果竟然遭到了投资者的抛售，最多时两天就"掉价"了400亿美元。

几年前流行起来的首字母缩略词FANG中的A却不是苹果。FANG指的是Facebook（FB）、亚马逊（Amazon，AMZN）、Netflix（NFLX）和谷歌（Google）［现在是Alphabet（GOOG）］的首字母缩写。

在讨论科技股上涨过于迅猛之时，有为苹果"打抱不平"的分析师提出FAAMG概念，即去掉FANG中市值相对较小的Netflix，加上苹果和微软，可惜没人买账。

美国投资者对科技股的定义变得更为苛刻了，连苹果都入不了他们的法眼。科技新贵俱乐部FANG主要专注互联网服务及平台业务，而苹果和微软的硬件业务则占有更大比重。整体而言，投资者似乎把最大的热情留给了这些平台公司，而硬件公司有时候则被遗忘。

分析师评估公司价值的一个方法是看市盈率。根据这个指标，苹果的估值远低于美国四大科技公司FANG。苹果2018年预期市盈率为14.1倍，其中还包括巨额现金余额。相比之下，亚马逊和Netflix 2018年预期市盈率约85倍，而

Facebook和Alphabet预期市盈率约为25倍。与苹果更具可比性（都生产硬件）的微软2018年预期市盈率也有20倍。可见，市盈率并不是投资者最看重的指标。

从股价表现来看，2017年以来，苹果股价累计上涨25%，而美国四大科技公司的涨幅都在20%～30%（微软同期仅涨12%）。不过，从更长时间段来看，这四大科技公司的股票表现显著好于苹果。过去5年中，这四大科技公司的股价平均涨幅超600%，而苹果的股价涨幅仅100%左右。所以，股价的K线图漂亮不漂亮，直接关系到投资者对其未来价值的预期。美国股市也是看脸时代，不独A股如此。

苹果市值约为7500亿美元，高于四大科技公司和微软，而排在第二的Alphabet的市值约为6500亿美元，Netflix市值仅650亿美元，是其中市值最小的公司。Facebook、亚马逊、苹果、微软和Alphabet这些公司市值巨大，以至于标普500指数今年涨幅的40%左右都归功于这5家公司。

过去10年中，Netflix股价上涨逾5000%，远超亚马逊、苹果、Alphabet（Facebook上市才5年），说明小市值的成长型公司的股价更具弹性，长期看涨幅可能会远超大象。投资者还是觉得小鲜肉更漂亮，既然选择看脸，那干吗不挑个脸小点儿的？

你以为看到的是价值，其实是颜值

非此即彼，非黑即白，爱走极端，投资者的情绪钟摆很少在中间地带停留，不成熟的投资者都少不了这毛病。

对于情绪波动率比较大的散户而言，他们所理解的价值投资不过是另一种投机。风格转换的意思，就是说不能一根筋，要闻风而动，随风起舞，这不是投机又是什么呢？

风没吹到漂亮50的时候，她们都是一群灰姑娘，乏人问津，但等到风一吹掉她们脸上的"灰"，露出颜如玉，王子见了也怦然心动。任何一只灰头土脸的股票，只有等到股价上涨了一倍甚至更多的时候，分析师讲起她的价值时，就会斩钉截铁、不容置疑！

可是，过往股价低迷时，那些关于白酒塑化剂超标、银行不良率远高于账

面的担忧，随着股价的上涨，无须企业任何努力，就一夜之间化解无形，无人提及。为何价值投资理念总是在股价大涨之后才忽然像台风一样吹过来？而之前就没有几个人理解、认同，接受？股价一涨，那些十几年没想明白的道理，十几天就想明白了？股价再涨，几十年没人相信的东西，几十天大家都深信不疑了？

遥想当年，中石油上市首日被"价值投资者"炒到48块钱一股，现在是7块多一点。当时分析师们不是说它是亚洲最赚钱的公司吗？相信这个"硬道理"的人很多估计10年也没解套，这10年来，每逢月黑风高之夜，还有多少人在唱"问君能有几多愁，恰似满仓买了中石油"啊。

还有一个有关"时间的玫瑰"的旧故事，说的是与茅台有得一拼的古树普洱茶。10年前，据说既可以保值增值又可以延年益寿的古树普洱茶被炒到1000块一饼，有很多人卷入其中。终归是一场春梦，哪里有什么玫瑰，无非就是浪费时间，爱到荼靡，最后发现昨天的宝贝到今天100块都脱不了手。

分析师总是在解释为什么会上涨和下跌，他总得说点理由，不然看起来就不像是一个专家了。

过去很长一段时间，房地产的情形是，房子涨价，股票低迷，大爷我去年就断言，不是地产股股票价低估了，就是房子高估了，如果你看好楼市的未来，买房子当然不如买房地产股票。

现在茅台的情形是，股票暴涨，产品涨价。于是就有一位卖方分析师出研究报告，说茅台股价会到613元，另一位卖方分析师不知跟上一位是不是同学，也紧跟其后出研究报告，说会到615元，精确得很，可以媲美刘主席质疑过的那些"预测大盘指数精确到个位数"的分析师。

我大A的分析师最近又发明了一个新词——"价值博弈"，说是蓝筹股投资的低风险阶段已经过去，未来的蓝筹行情有可能从"价值投资"走向"价值博弈"，而"价值博弈"需要更强的个股鉴别能力和交易技巧。价值与博弈可以放一块说？这个说法听起来有点怪，好像是，某对电影明星夫妻非常相爱，不过，热恋的阶段已经过去，开始了"爱情出轨"的另一个阶段，"爱情出轨"需要更多的技巧。殊不知，娱乐圈的爱情只是演戏，生活却天天出轨。

正如约翰·加尔布雷斯所言，我们有两类预言家：无知的和不知道自己无知的。

什么事情一旦成为一种共识的时候，那么，接下来，它大概率会走向既有趋势的反面。这个市场的规律是，一致性预期基本上不会发生。

要记住，我们仍然是趋势投资者。价值投资也好，主题投资也好，都是一个趋势因子。好公司不等于好股票，烂公司也不等于烂股票，而且，好公司要在好的时点上才是好股票。

著名的橡树资本合伙人霍华德·马克斯在给投资者的备忘录中写道：对于价值投资者来说，必须以价格为根本出发点。投资最重要的事，买好的（标的），更要买的好（时机）。

马克斯发现投资最有趣的一件事是它的矛盾性：最显而易见、人人赞同的事，最终往往证明是错误的。

买进人人都喜欢的股票不会赚大钱，买进被大众低估的股票才会赚大钱。

如果人人都喜欢它，可能是因为它一直表现良好。多数人倾向于认为，迄今为止的优异表现能够预示未来的优异表现。事实上，迄今为止的优异表现往往是借用了未来的概念，因此，它预示着较差的未来表现。

如果人人都喜欢它，那么很有可能价格已经高到受人追捧的水平，增值空间可能相对较小。（当然，从"估价过高"到"估价更高"是有可能的，但我并不指望这种情况会发生。）

如果人人都喜欢它，那么很有可能这一领域已经被彻底发掘过，资金流入已经过多，便宜货也所剩无几了。

如果人人都喜欢它，一旦群体心理改变并寻求离场，就会面临价格下跌的显著风险。

杰出投资者能够识别并买进价格低于实际价值的股票，只有当多数人看不到投资价值的时候，价格才会低于价值。约吉·贝拉有一句名言："没有人愿意再光顾那家餐馆了，因为它太挤了。"

简而言之，杰出投资者有两个基本要素：

第一，看到别人没有看到或不重视的品质（并且没有反映在价格上）；

第二，将这种品质转化为现实（或至少被市场接受）。

通过第一点应明确的是，杰出投资的进程始于投资者的深刻洞察、标新立异、特立独行或早期投资。这就是为何成功投资者大多都很寂寞的原因。

长期来说，价值投资还是有价值的，因为，价值股其实赌的是投资者心理的缺陷。在历史长河中，投资者总是喜欢高估增长性因子，这使得价值效应在一定程度上会一直持续下去。

这让人想起了对冲基金大佬、特朗普顾问卡尔·瑟雷安·伊坎在推特的自我简介中所展露的智慧：有人通过学习人工智能变得富有，而我，通过学习人类的愚蠢来赚钱。

关于人类的愚蠢，这儿有个小小的段子，可以羞怯地印证一下——

一根大阳线，千军万马来相见；

两根大阳线，龙虎榜上机构现；

三根大阳线，散户追高不听劝；

四根大阳线，游资砸盘说再见。

由此看来，改变投资者信仰的，不是价值与成长，也不是投资与投机，而是，无数根漂亮的大阳线！

"第三方"正变成"第三者"

介于券商与投资者之间的软件商，正在成为"第三者"，因为他们不仅提供交易行情软件，他们在做本来是由券商做的事情。从开户、交易、理财产品销售到研究和咨询，全面进入。

科技的力量已经渗透到人类社会的每一个角落，没有人能够置身度外，也没有人可以回到从前。互联网、大数据与云计算领域的行业巨头，对传统金融行业的入侵、改造、碾压甚至颠覆的形势加速演进，这股洪流无人可以阻挡。

如果没有"牌照"这道堤坝的庇护，多少平庸的金融企业早已被科技创新的洪流所淹没，但是，面对不断上升的海平面，这道堤坝的作用日渐式微，越来越力不从心，终归有一天会化为乌有。

还记得五年前马云说过的那句话吗？——"如果银行不改变，我们就改变银行"，银行业的大佬们当年一定会嗤之以鼻，认为马云不过是痴人说梦而已，我们都是宇宙第一第二第三第四银行，说改变就改变？副部级的金融机构，你还要改变我，凭什么？但是，谁也没想到，身体上的"改变"来得如此迅速，以至于"感情"上还没有完全做好准备，人家改变你没商量，凭什么？凭技术！

从无视到蔑视，从敌视再到重视，不管是心甘情愿还是半推半就，银行业的"四大天王"终于放下身段，分别与互联网业界的四大高手"牵手"了，毕竟，千山独行不如抱团取暖嘛。

日前，中国银行——腾讯金融科技联合实验室挂牌成立。中国银行与腾讯集团将重点基于云计算、大数据、区块链和人工智能等方面开展深度合作，共建普惠金融、云上金融、智能金融和科技金融。

而几乎就在同一时间，百度与中国农业银行宣布战略合作，双方签署了框架性合作协议，同时揭牌金融科技联合实验室；中国工商银行与京东金融集团签署了金融业务合作框架协议，双方将在金融科技、零售银行、消费金融、企业信贷、校园生态、资产管理、个人联名账户等领域展开全面深入的合作。

三个月前，阿里巴巴集团、蚂蚁金服集团与中国建设银行签署三方战略合作协议。按照协议，蚂蚁金服将协助建设银行推进信用卡线上开卡业务，为此前无法覆盖的人群提供信用卡服务。双方还将推进线下线上渠道业务合作、电子支付业务合作、打通信用体系，共同探索商业银行与互联网金融企业合作创新模式。此前蚂蚁金服向外界传达，作为一家金融科技公司，未来将只做技术（Tech），支持金融机构做好金融（Fin）。

至此，四大银行终于被BATJ瓜分完了。金融行业中的巨头将会成为一家数据公司的趋势，看起来没有悬念。

无IT不券商

作为传统金融行业中体量相对较小的证券行业，看起来还挺羞涩，与互联网科技巨头的"勾兑"还不够热情，其实不然，部分券商与软件开发商的"合作"早已亲昵到了如胶似漆的地步，碍于监管规则的约束，他们早就"打枪的不要，悄悄地进村了"。

尽管这些年来，行业中的领跑者投入了大量的人力与财力提升自身的信息技术水平，打造基于互联网与大数据技术的管理、服务、营销、研发和风控平台，但是，领先券商与其他券商的技术优势并不明显，行业整体的金融科技水平仍然无法抗衡拥有强大数据与计算能力的科技公司，甚至，有大量的中小券商基本上放弃了自主研发，而带着自己的核心客户数据投向作为第三方的软件开发商的怀抱，给不确定的未来增加了更多的不确定性。

直到现在，证券行业还是有两个鲜明的特点留在人们的记忆中：

一是靠牌照吃饭。反正全国就这么100来家券商，在一个有着14亿人口的大国，有政策的护城河保护着，即使相互之间打打闹闹，平均来看，日子都过得不错，10多年来，不管牛市熊市，每一年，几乎所有的券商都是盈利的；

二是靠天吃饭。虽然无论天晴下雨，大年小年，这个行业也没怎么闹过"饥荒"，最多就是吃饭还是吃肉的问题。风调雨顺之时，无论大小券商，无不赚得盆满钵满，大块吃肉大碗喝酒，天天都像过年；风不调雨不顺的年头，有的少收了三五斗，有的少收了三五升，"地主"也分等级，有的继续吃肉喝酒，有的就只好吃饭喝粥了。

但是，这样的舒坦日子，终究难以持续，好事都让你们这帮人占着，别人不可能不眼红。

一方面行业开放的步伐开始加快，新设券商陆续进入行业的各大业务领域，证券行业的内部竞争加剧；另一方面，金融行业在投行、购并、债券、资产管理等领域部分业务变得同质化，证券行业与银行、信托、基金和保险之间从业务互补进入到业务合作与竞争并存的阶段，泛财富管理行业之间的竞争开始变得白热化。

然而，螳螂捕蝉，焉知黄雀在后，券商行业最强劲的对手其实并不来自行业内部，也不来自泛财富管理领域的其他行业，而是来自BATJ这样的网络科技巨头，来自恒生、金证、通达信、同花顺这样的软件开发商，以及类似东方财富、大智慧、雪球这样的财经信息服务商。

无论大型券商还是中小型券商，显然都已经开始意识到经纪业务所遭遇到的巨大竞争压力，但是，互联网巨头与软件开发商进入证券行业不会只停留在经纪业务，而是会进入研究、资管、投顾等更深入的领域，未来进入投行业务也是可以预期的事情。

为了加速各项业务的互联网化，各大小券商都开始行动起来，但是，应对策略却不尽相同。

多数券商已意识到IT投入的重要性，他们加大资金投入，并逐步建立自主研发团队。据"券商中国"记者了解，目前大型券商的IT投入会占到3～5亿元，但是拥有自主研发团队的却不多，目前应该不超过5家。这几家较大规模的领先券商从客户端到客户管理系统、信息系统等全部自主开发，并且已经开始为客户量身定制个性化的交易管理系统和信息资源系统。

从阴谋到阳谋，软件商捞过界

近几年来，金融科技引发了国际投资银行业务模式的深度创新。比如，高盛就明确定位"未来是一家科技公司"，而在国内证券行业，相信未来的龙头老大极有可能也是一家科技公司。

国内券商中的大块头到底是通过自己的投入与研发而成为金融科技公司，还是会步四大银行的后尘，主动寻找与科技巨头牵手的机会？估计很快就会有答案。

四大银行当年也是没把BATJ们放在眼里的，以"四大天王"的行业地位与资金实力，他们当然有理由相信BATJ们能做到的事情，我堂堂宇宙最强的四大银行怎么就做不到呢？所以，他们哪家没有加强自己的信息技术部门？哪家没有投入庞大的人力物力财力去做自己的应用研发？结果，面对BATJ们的进攻，连招架之力都没有。识时务者为俊杰吧，既然打不赢，那就不要打了，握手言和，组团去碾压那些更无抵抗之力的弱小对手。

金融科技是一项系统工程，不可能只在某些方面进行创新。平台型的互联网巨头布局早，投入大，具有强大的先发优势，所以，向银行业老大们学习，在监管合规的前提下，主动拥抱互联网巨头，不失为一条事半功倍的捷径。

在大数据与云计算领域，没有一家金融企业可以与阿里相提并论。因为早在2008年，马云就从微软挖来王坚博士做这件事，宇宙四大银行那会儿还在躺着挣钱，国内券商还在看天吃饭，怎么可能会去布局这种短期只烧钱不赚钱的长线投资？但是，现在人家就到收获期了，咨询公司Gartner最近发布的公共云行业报告，首次提及阿里云。IT研究小组指出，虽然中国的阿里巴巴相较于国际市场是新人，但与强劲对手亚马逊、微软和谷歌相比，仍然处于竞争的有利位置。在执行能力方面，阿里巴巴排名第四，领先于IBM和甲骨文等。这就是远见与实力的体现。

当然，券商行业中的软件开发商，并不满足只做技术（Tech），而是要跨界到业务领域做金融（Fin）。

在金融行业，马云控制的恒生电子最近也是动作不断。作为一家金融软件和网络服务供应商，正在聚焦财富资产管理领域，不仅为证券、银行、基金、期货、信托、保险等金融机构提供整体的IT解决方案和服务，还为个人投资者提供财富管理工具。

最近，恒生电子召开了"智敬未来赋能金融"人工智能产品发布会，重磅推出四大人工智能产品，涵盖智能投资、智能资讯、智能投顾、智能客服四大领域，探索人工智能在金融领域的应用。

而在恒生发布人工智能产品一周时间后，国内著名公募基金公司华夏基金与微软亚洲研究院举办战略合作发布会，宣布双方将就人工智能在金融服务领域的应用展开战略合作研究，此次跨界合作旨在探索智能投资的疆界，推动资产管理行业智能化转型。

再来看看通达信软件，它不是单纯提供行情，而是多功能的证券信息平台，为股民提供一定程度的咨询服务。例如，通达信有一个"在线人气"功能，可以了解哪些是当前关注，哪些是持续关注，又有哪些是当前冷门，可以更直接了解各个股票的关注度。这样的功能可以部分取代券商投顾的服务。

风头正劲的同花顺公司，不是只从事互联网炒股软件的开发和提供炒股数据，它也提供财经信息服务。旗下拥有同花顺金融服务网、同花顺爱基金投资网，并推出了一系列形式丰富、独具特色的创新增值服务。

根据国际权威的全球网站流量统计网站Alexa的统计，同花顺金融服务网在国内财经类网站排名一直稳居前十位；截至2016年12月31日，同花顺金融服务网拥有注册用户约32 357万人；每日使用同花顺网上行情免费客户端的人数平均约900万人，每周活跃用户数约为1300万人。

APP是同花顺的杀手级应用。注册用户、日活跃用户数是国内最牛券商APP的4倍，更可怕的是，这一差距还在不断拉大。

同花顺将旗下平台"爱基金"页面嵌入在同花顺中，代销产品包括券商、银行、保险等206家进入机构的理财产品。同花顺利用现有的综合优势强化营销推广网络体系的建设。截至2017年3月31日，上线92家基金公司，共计3867只基金产品。

同花顺跨入财富管理领域的力度还在不断加大，值得券商高度关注：

一是着力引进人工智能技术在公司现有业务线上产品的应用；

二是布局与基金公司、高校、科研院所和政府各部门开展深度合作，构建互联网金融大数据服务开放平台，合作生态较券商更为开放，突破了所有商学院的金融专业；

三是加快基金代销平台的建设，基金代销牌照让其展示理财产品又多了优势，这块收入占2016年总收入的16.39%。

截至2016年12月31日，同花顺广告及互联网业务推广服务收入3.95亿元，占其整体比例的22%，这个都成了它的主营业务收入了。

除此之外，行业内也有像雪球与平安证券这样的独家合作，可以有效防范客户被"卖猪仔"的事件发生，同时，有利于客户信息的保护，已经显示出较为独特的优势。

"第三方"正在变成"第三者"

在金融业科技化的趋势之中，加速拥抱互联网金融科技已然成为所有券商的共识。但是，以何种方式去拥抱，有成熟想法的并不多。

墨守成规不去拥抱肯定是等死，但是，饥不择食不加思索地"乱抱"一气，搞不好就是找死。

介于券商与投资者之间的软件商，正在成为"第三者"，因为他们不仅提供交易行情软件，他们在做本来是由券商做的事情。从开户、交易、理财产品销售到研究和咨询，全面进入。

软件商与券商和客户之间似乎已经形成了一种危险的三角关系。按照目前合作的方式继续下去，迟早有一天，券商恐怕会落得个"人财两空"的下场。

细思极恐，其路径大概是这样的：

第一步，通过免费与收费不同的交易软件来获取大量股民信息和数据；

第二步，为券商开户导流；

第三步，在不同券商之间转介绍客户，挑起券商之间的佣金率内斗，最后所有佣金率会趋近于零；

第四步，利用互联网与大数据技术提高客户黏性；

第五步，利用智能机器人和云计算做内容，比如各种投顾服务，咨询服务，取代券商的投资理财服务；

第六步，反客为主，与之合作的券商客户名义开户还在券商，但是，他们信任、依赖的是第三方，实质上便都成了"第三方"的客户。

面对客户被"卖猪仔"的情形，合作券商也是打落牙齿和血吞，没有办法控制，终止合作吧，每月1000多户的开户就没了，券商业务部门为了完成KPI考核，明知是杯毒酒，也只得仰头喝了。欲罢不能，欲言又止，最后，等于公司也被绑架了。

合规难题待解

证监会主席刘士余强调，证券公司不能光想着招揽客户、收取佣金，还要切实履行投资者保护责任。同时鼓励证券公司创新发展，"没有创新，证券行业就没有活力"，但切忌将创新作为规避监管的借口。

按照相关法律法规，为股票投资者提供开户及交易服务、代售理财产品、提供证券投资咨询服务，均需取得相应的牌照。

但是，目前来看，有的第三方一直都在做券商的事。更有甚者，开户送礼，佣金分成，收一遍资料，在多家券商开户，赚几道介绍费。

明里暗里，第三方发明了一种为券商导流客户，然后开户分佣+交易的盈利模式。例如，某软件商与老虎证券的合作，就是五五分佣，另外还有一笔固定的广告费用，同时接入交易。

有业内专家分析说，表面看，这边算是广告位（流量入口），如果广告上面并没有特别诱导开户的内容，只要最终开户页面、交易页面都是券商的，就不算是特大违规，存在的问题可以算营销不当；同时参与券商数量如此之多，可能已经到了法不责众的情况，如果出现问题，整改的时候也不太会统一大规模处罚。

目前新的适当性管理下，他们的一些展示存在一些不当，不过，如果在购买软件的时候对客户进行一系列的风险测评和匹配的话，问题应该也不大，各家对于适当性的解读是有差异的。

从合规管理的角度来看，券商与第三方合作主要涉嫌交易外接等违规行为如何认定的问题。

为进一步加强证券公司信息系统外部接入的风险管理，维护证券公司信息系统安全、稳定运行，有效防范风险，保护投资者合法权益，切实维护市场秩序，根据《证券期货业信息安全保障管理办法》（证监会令第82号），监管部门在2015年6月12日发布了《证券公司外部接入信息系统评估认证规范》。

第一条明确规定：证券公司使用外部接入信息系统，证券交易指令必须在证券公司自主控制的系统内全程处理，即从客户端发出的交易指令处理应仅在发起交易的投资者与证券公司之间进行，其间任何其他主体不得对交易指令进行发起、接收、转发、修改、落地保存或截留。

证券公司应加强客户端交易指令监控，如发现交易指令被第三方接收、转发等，应及时采取措施进行整改。证券公司不得直接或间接支持信息技术服务机构等相关方利用外部接入信息系统开展证券经纪业务。

第六条规定：除经国务院及中国证监会批准设立的合法证券交易场所及中国证监会认可的金融机构外，证券公司不得向第三方运营的客户端提供网上证券服务端与证券交易相关的接口。

第三方运营的客户端是指除证券公司、投资者之外，由第三方进行发布、升级等运营管理的客户端，不包括以下情形：

（一）客户端是证券公司与第三方公司签署正式协议购置或租用的，并经证券公司测试和验收后，由证券公司进行发布、升级等运营管理；

（二）客户端是客户自行开发或通过第三方购置、租用，且通过专线、互联网VPN等专用通信通道接入证券公司的，经证券公司评估系统安全性并正式认可后，由客户自行运行管理或授权证券公司确定的第三方运行管理；

（三）客户端是直连证券公司服务端的通用浏览器。

明确规定证券公司应当对上述客户端的合规性负责。

尽管不同主体对法规的理解存在较大的分歧，但是，即使不存在合规问题，目前火热进行中的多家券商对一家第三方的合作模式，于第三方而言，是低成本跑马圈地的聪明之举，而对于券商而言，既不能提升自己的IT技术水准，又不能构建与第三方的长期共赢发展关系，为了提升名义上的新增开户量，反而把自己线下辛辛苦苦积攒下来的客户一步一步地拱手让给别人，无异于饮鸩止渴。

去年底，一位倡导向财富管理转型的大型券商经纪业务负责人不无自豪地说：我们不创造财富，但是，我们是财富的搬运工。

现在看来，在财富管理的领域中，如果不思进取，不找到适合自己的转型之路，而是随大流，把自己的未来寄托于第三方的"关照"，最终可能会沦为名副其实的搬运工——只不过，再也没有人需要你去搬运财富（因为第三方取代你在搬运），你只能去建筑工地搬运泥沙砖瓦了。

任性的人是多巴胺的奴隶

> 并不是所有的梦想都伟大，有的人一谈梦想会让人肃然起敬，有的人一谈梦想就会让人发笑，觉得是在吹牛皮。人与人之间，做个梦的差距咋就这么大呢？

每一年总有那么几天，乐视刷屏了，喜欢生活在聚光灯下的贾布斯这回怕是过足了上头条的瘾。只是，这样的头条，几乎每一条都是抽在当事人心头的荆条，尽管贾布斯的公开信一如既往地流淌着万丈豪情，到了这个时候，不过是情非得已吧？

有人替贾布斯感到惋惜，说是"偌大一个资本市场竟然容不下一个梦想家""我们的资本市场从来不缺钱，但是缺梦想"；有人幸灾乐祸，看热闹不嫌事儿大，风凉话说得让人心凉，说什么"贾布斯为梦想窒息过头了，昏迷了"……

更让人心凉的是，自媒体上有一篇关于乐视的报道文章，读者留言区中，"乐视有难，八方点赞"一句竟然获得最多人赞同，不可否认，这里有着不少调侃的随意情绪在里面，但在某种意义上说，也反映了同情心的缺失，另一方面，是否也说明了乐视留在人们心中的形象确实有点不堪了？

投资者为什么不信任贾布斯

梦想是科学与艺术的永恒主题，人因为梦想而伟大，人类社会的进步离不开梦想的引导。从这个意义上说，作为梦想家的贾布斯是值得尊重的，他以乔布斯为人生楷模，以改变世界为己任，孤注一掷地追梦、造梦、织梦，虽九死其犹未悔，玉石俱焚万劫不复也不回头。

不过，这一程华丽的逐梦之旅，似乎离贾布斯想要的那个"圆梦"的目标越来越远，他把自己织进了一个梦中的魔法城堡，糟糕的是，不仅没有长出飞向天空的翅膀，连出城堡的门都找不到了。

所以，要注意哦，并不是所有的梦想都伟大，有的人一谈梦想会让人肃然起敬，有的人一谈梦想就会让人发笑，觉得是在吹牛皮。人与人之间，做个梦的差距咋就这么大呢？

有人说，做企业当然需要有梦想，只是社会太势利，总是以成败论英雄。成功了，什么狗屁都成经验；失败了，什么经验都成狗屁。成了经验的狗屁当然是伟大的梦想，而成了狗屁的经验，当然就成了吹牛皮。

乔布斯的梦想大不大？他要改变世界，起初大家都以为他在吹牛皮，但是，人家就是拿出了改变世界的第三只苹果，堵住了所有质疑他的嘴。美国的科技创新企业都是有梦想的，其创始人也都爱吹牛皮。亚马逊的贝索斯足够有梦想了吧？但是，他可以花20年时间专注于搜集并积累2亿消费者的数据，最终成为谷歌的强劲对手。

埃隆·马斯克的梦想可以说是上天了，但是，特斯拉汽车确实获得了全球用户的热捧，而且，他把可回收火箭发射愣是做成了一个产业，连美国航天局也得租用他的火箭，可见伟大梦想也好，吹牛皮也罢，关键在于有人信任你。

有人拉出马云来做对比，说是同样都爱搞PPT、爱吹牛皮，马云吹的牛皮都实现了，而贾跃亭吹的牛皮却近乎要破灭了，同样吹牛皮，结果却是天壤之别。

亚马逊20多年一直在烧钱，只是近几年盈利状况才出现转机，特斯拉也是如此，至今还没有闻到赚钱的气味，但是它的市值就已经蹦到600多亿美元了，全球的投资者似乎都毫无保留地信任贝索斯和埃隆·马斯克，为何对贾布斯的梦想却满世界都是疑惑呢？我想，主要有以下几个因素：

第一，胆气有余而理性务实不足。

王健林说，"什么清华北大，都不如胆子大"，说出了野蛮生长阶段中国企业的成功秘诀，但是，企业处于初创阶段，胆子大一点也许问题还不大，搞砸了也只是你自己的事情，毕竟，并不是所有的冒险家最后都能成为企业家。但是，当一个企业都做到了上市公司的规模时，胆子大就不是你一个人在冒险了，你的想法会影响到成千上万人的利益。

理性的追梦人，往往会从一个梦开始，专注于一件事，"夯实了，再撒上一把土，然后再夯实"，没有理性的胆子大，就是赌博。

第二，自我有余而责任担当不足。

我想要什么就干什么，我想怎样干就怎样干，这样的任性只适合企业规模不大的时候。乐视后来已经是一个规模庞大的大集团公司，特别重要的是，它旗下还控股了一家市值庞大、投资者数以十万计的上市公司——乐视网，当家人仍然我行我素唯我独尊，只顾自己玩得嗨，烧钱烧得尽兴，不顾投资者的利益与感受，责任与担当意识的缺失，怎么能赢得投资者的信任？

第三，愿景有余而专业专注不足。

贾布斯本身的专业背景是个大问题，从小县城一路打拼到北京，从小买卖做到大老板，贾布斯作为一个成功的生意人，以往的成功主要还是靠人脉而非商业模式与技术创新。乔布斯是个技术狂人，马斯克当然也是，比尔·盖茨与扎克伯格就更不用说了。国内的互联网巨头中，李彦宏、马化腾、丁磊、史玉柱、周鸿祎本身就是技术大咖，马云虽然称不上科技牛人，但是，他十年前就请来了王坚担任CTO确保了阿里在大数据与云计算领域的领先地位。按照贾布斯的梦想，他要做的事比这些技术大咖都要大得多，但是，仅仅靠人脉，靠几页PPT，如何让人信服？

一个公司或者个人，都有自己的强项和弱项，所谓闻道有先后术业有专攻，只有从自己的"专攻"出发，不断拓展自己的优势、有序地扩张自己的事业，这才是制胜之道

腾讯的专攻在于社交，在社交的基础上延伸出订阅号、服务号、小程序、微信支付等功能。阿里的专攻在于信用，在信用的技术上，延伸出交易诚信和安全约束服务。百度的专攻则在搜索，在搜索的基础上，延伸出大数据、无人驾驶、人工智能等服务。

在资源有限的情况下，企业当然需要作出取舍，有所不为才能有所为，要

把有限的资源聚焦在核心战略上，只有在核心战略上实现突破才能做到企业的长治久安。

东一榔头西一棒槌，什么都想做，什么都做成半拉子工程，贪大求全的所谓乐视生态，最后就煮成了夹生饭。

第四，激情有余而待人真诚不足。

谁都愿意展示自己最光彩照人的一面，谁都喜欢听别人对自己的赞美与欢呼，但是，看一个人是否值得信任，不要只看他春风得意的时候，还得看他如何面对那些黯然神伤的时刻。

贾布斯属于表演型的人，喜欢开发布会，展露自己性感的身材与磁性的歌喉，我甚至觉得，贾布斯干企业真是浪费人才，演艺界因此失去了一位影帝。

去年以来，乐视不断爆出负面新闻，但是，贾布斯从来都不肯认账，一律斥之为竞争对手的诋毁，即使是在被供货商围堵公司大门讨债的视频广为传播的情况下，他还是断然否认拖欠供货商货款，这样罔顾事实，不敢面对真相的做法，让人更加搞不清贾布斯的话，哪句真哪句假，信任的基础就彻底被动摇了。

贾布斯的不可预测性

由于涉及的企业与个人众多，乐视的危机已经不是贾布斯一个人的危机。眼看他起朱楼，眼看他宴宾客，眼看他楼塌了，乐视危机不是一夜之间爆发出来的意外，而是一种由基因决定了的宿命，归根结底，从来没有哪一个企业的死亡是因为外部原因所致，摧毁一个企业的力量从来都是来自内部。

决定了乐视宿命的未知基因，正是贾布斯本人的不可预测性。

第一，梦想成瘾，贾布斯的自控力不可预测。

戳不破的叫价值，一戳就破的叫梦想。

脑神经学家认为，我们只有一个大脑，但我们有两个想法，或者说，我们的脑袋里有两个自我，一个自我任意妄为、毫无节制；另一个自我则理性克制、深谋远虑。我们总是在两者之间摇摆不定，因此，我们可以这样来定义意志力的挑战——一方面想要这个，一方面想要那个，两个自我发生分歧的时候，总会有一方击败另一方。

显然，贾跃亭的心太野，放任了那个毫无节制的"自我"，可以为一个小概率的随机事件孤注一掷。哪个项目是热点、有发展前景，他就激情澎湃、大干快上。于是，从视频网站起家，到乐视体育、乐视手机、乐视电视，贾跃亭还不满足，乐视扩张到美国，做起了汽车。

谁能不知道贾布斯的能力圈到底有多大，这个真是个谜。

第二，乐视生态的故事步步惊心不可预测。

虽然美其名曰是生态体系，但是乐视很多项目之间，其实并没有密切的关联，乐视生态其实就是不相关多元化。

有分析师指出，贾布斯的梦想大得没有边际，乐视生态做成了，全世界的钱都是他的，做不成，那就是一个庞氏骗局。

上周乐视危机持续升级，贾布斯从乐视网辞职后，但是梦想不会偃旗息鼓，乐视超级汽车官微一刻也没耽搁马上就发布公告称，贾布斯将正式出任乐视汽车生态全球董事长一职，全面负责汽车融资、全球化管理团队搭建、公司治理、产品研发测试及生产保障等方面的工作，率领乐视汽车生态继续按照既定战略，实现变革百年汽车产业的梦想。

从表面看，乐视危机是由于资金链断裂，但是，往深层看，贾布斯这种漫无边际的激情和想象力，恰恰违背了企业发展的基本逻辑，乐视生态这种全面进攻多点开花的战略其实是一个不可能的任务。

第三，资金链问题错综复杂不可预测。

只要你持续关注乐视企业，你就不难发现，乐视的生态模式决定了它永远缺钱。

银行贷款、股权质押、债券融资、风险投资、关联担保……不仅外人搞不清乐视到底欠了多少钱，就连放言"乐视的问题就是差钱，我来了就是让它不再差钱"的融创中国老板孙宏斌其实也没搞清楚它到底差多少钱。

科技媒体36氪曾有报道，去年12月孙宏斌曾做了长达1个月时间的尽职调查，统计了除掉乐视汽车部分的乐视资金缺口，最后大概谈的价格是110亿元，之后觉得可能不够，又加到了150亿元。但在2017年3月底清点完各业务债务总额时发现远超这一数字：乐视总欠款约为343亿元，扣除保证金后仍高达263亿元。另据腾讯科技不完全统计，乐视供应商方面欠款总额约为8.95亿元。

一个偌大的企业，不仅赚多少钱看不清，就连欠多少钱都说不清，怎么可能做成伟大的公司？

第四，没有业绩支撑的乐视网股价虚高不可预测。

在2015年疯牛行情中，一度涨幅超过10倍的乐视网，最高峰的时候市值超过了1000亿元，贾布斯恰到好处地高位套现了100亿元，钱来得太容易了，这让他笃信只要故事讲得好，没有业绩也能把股价炒到天上去。

乐视生态的很多故事，其实就是为乐视网的炒作输送题材的，体育、影视、特斯拉，这可都是2015年二级市场最需要的"弹药"啊。

这两年来，动不动就任性停牌的乐视网，股价走势一直扑朔迷离，让人提心吊胆。

第五，乐视的财务信息常常真假难辨，贾布斯的信用不可预测。

前脚否认后脚就被证实，这样的公司信息实在让人无所适从。乐视的危机公关做得特别失败，对所有关于乐视的不利传闻与新闻报道从不敢正面回应，只知道言辞激烈地斥责别人毁谤，动辄要起诉媒体，糟糕的是，往往没多久这些"谣言"又被证实了，人们发现，辟谣的反而在撒谎，这样的信用怎么能不让人生疑？

这还不是最让人担心的。即使是上市公司乐视网的财务报表审计机构去年出具的都是非标意见，更不用说非上市公司体系的财务真实性了。

第六，金融机构与供应链最终谁为贾布斯的梦想买单不可预测。

股民、银行、券商、基金、供货商甚至于乐视高管，都被卷入了乐视的这场危机。孙宏斌入主乐视网能否力挽狂澜，有待观察。造梦的贾布斯干脆撂担子，跑去造车了。彼时的美丽梦想，此时的一地彩色碎片，只是不知道，最后的买单人是谁？

乐视危机启示录：任性的人是多巴胺的奴隶

如果一定要去探究乐视危机带给中国企业家特别是创业者的教训，那就是：保持自我控制的能力，在关键问题上，让自己变得可以预测，也就是说，我们绝不能蒙眼狂奔！

正如任正非所说的那样：华为25年来始终聚焦在一个目标上持续奋斗，从没有动摇过，就如同是从一个孔喷出来的水，从而产生今天这么大的成就。

但是，只有极少数人才会有这样的定力去专注于一个目标，因为人类的欲望是无穷的，所以，很多时候，我们误把渴望当成了幸福。

斯坦福大学备受赞誉的心理学教授凯利·麦格尼格尔揭露了大脑中的一个弥天大谎，我们任性妄为的冲动，竟然是因为多巴胺这个怪兽一直在脑海里捣鬼。

科学家詹姆斯·奥尔兹和彼得·米尔纳在一次实验中无意中发现了大脑里一处未被开发的区域——一个受刺激会产生强烈快感的区域，这里产生了渴望、被诱惑以及上瘾的种种体验，现在的神经学家将它称为中脑的"奖励承诺系统"。

奖励系统是怎样迫使我们采取行动的呢？当大脑发现获得奖励的机会时，它就会释放出一种叫作多巴胺的神经传导物质，这是一种用来帮助细胞传送脉冲的化学物质。这种脑内分泌物和人的情欲、感觉有关，它传递兴奋及开心的信息。另外，多巴胺也与各种上瘾行为有关。Arvid Carlsson确定多巴胺为脑内信息传递者的角色，使他赢得了2000年诺贝尔医学奖。

多巴胺会告诉大脑其他的部分需要注意什么，怎样才能让贪婪的我们得手。

大量的多巴胺并不能产生快乐的感觉，那种感觉更像是一种激励，它让我们进入一种警醒、清醒并且着迷的状态，让我们发现了如何才能得到快乐，并且愿意为获得这种快乐付出努力。

原始的中脑"奖励体系"驱使人们成了多巴胺的奴隶，从此欲罢不能。不同的人会被不同的事物刺激多巴胺的分泌，美食、美酒、美色、网游、手机、金钱、权力，当然还有无边无际的梦想，它们会吸引人们的注意力，给予你奖励的承诺，强迫你去寻求满足感。

人类的自控力能否像智能机器人那样理性？答案是否定的。但是，无论如何，让自己的行为变得更具可预测性，倒是有助于自我摆脱多巴胺的控制。

作为人工智能的先驱，马文·明斯基一直坚信机器可以模拟人类的思维过程，他在《情感机器》一书中说道，牛顿只用3个简单的定律就描述了各种物体的运动；麦克斯韦仅用4个定律就解释了所有的电磁活动；爱因斯坦则减少这些定律，使之变为更简单的公式，这一切都来自物理学家对以下真理的追求：为所有起初看起来高深复杂的事物寻找合理简单的解释。

那么，同样经过了3个世纪的发展，思维科学却为什么几乎没有取得任何进步？我认为这主要是因为大多数心理学家企图模仿物理学家，对精神活动中出现的问题也寻找着类似的解决方案。然而，心理学家的这些探索却没有发现能够解释人类思维的定律。

所以，你必须在某种程度上能够坚持不懈，否则难以实现任何目标。然而，你却不能仅仅"选择"坚持，因为不同想法和事件会在你决定坚持之后影响你心中的优先次序。因此，我们每个人都需要研究用什么方法能将较难冲破的约束强加给自己。换言之，我们需要使自己变得更具可预测性。

一旦踏入商场，人们就很难按照自己以前规划的路径走下去，走着走着，你会把自己走成曾经讨厌的样子。人在江湖，身不由己，一旦梦想撑破了现实，情怀遮不住名利，你终究还是会被凡俗的世界俘虏，被平庸的生活招安。

木心先生有一首小诗——《从前慢》：记得早先少年时／大家诚诚恳恳／说一句是一句……从前的日色变得慢／车，马，邮件都慢／一生只够爱一个人……

或许，一生也只够做一件事。把一件事做好了，就成了"好事"，把一件事做大了，就成了"事业"。乔布斯一生也只做成了"苹果"，比尔·盖茨也只做成了Windows，巴菲特一辈子也只专注于投资一件事，但是，他们都把所做的那一件事做成了伟大的事业，同时也把自己做成了世界上最有钱的人。

我们早已习惯自己的脚步被无穷的欲望驱赶得快速甚至跟跄前行，直到某一天摔得头破血流，才突然意识到，有时候，真的不需要太多的梦想，认真地慢下来，专注地做一件事，也是一种幸运。

股市太正经了，大股东成了朦胧诗人

他们创造性地发明了一种写朦胧诗的方法：我公告了，但是你看不懂未来我到底是要买还是要卖，你必须要有足够的想象力，才能摆脱上市公司公告中布下的陷阱。

本来炒股谈不上是件多正经的事儿，但规矩一多，难免就变得太正经了。

比如，投资者适当性管理制度正式实施后，办理高风险业务时，如果你对着摄像机镜头还是像平时对着美颜相机自拍时那般挤眉弄眼表情轻佻的话，立马就会有一个礼貌而又不失严厉的声音提示你：请严肃一点！这不是演戏，这是在双录！

再比如，你看着一只牛股涨停了，既然买不到，闲着无聊在涨停板价位玩玩委托—撤单游戏，不断下买单然后又迅速撤单，如此反复，自玩自嗨，不用多久，保准你就能收到一张来自交易所的警示函，说你涉嫌虚假委托申报，警告你以后再这么玩，就可能被暂停交易了。

所以，炒股的规矩多了，气氛就难免变得凝重。熟人之间，说个股票还得环顾四周压低声音，就像是在说领导的坏话一样，担心搞不好就内幕交易被抓现行。

好在还有段子和诗歌，偶尔跑出来插科打诨，活跃一下气氛。毕竟，盘面已经够沉闷的了，要是生活同样沉闷，那炒股可就真是一场文化苦旅了。

把诗写成公告的是脑残，把公告写成诗的是老板

每年的高考作文大多数都是文体不限的，可以写成议论文、记叙文、散

文，写成古文的还有机会得满分，但是，唯一被禁止的是把作文写成诗歌。这不能不说是一个遗憾。

生活需要诗和远方，可是高考作文却活生生地把诗歌从孩子们的生活中赶到远方去了，只留下没有诗意的眼前。

中国是诗歌的国度，但是，为何诗歌却总是不受高考待见呢？原因据说就是现在这个年代，写诗的比读诗的人还多，而且，越来越多的诗歌既不抒情也不言志，枯燥乏味像是上市公司的公告。

那个被高考赶走的诗意，无处藏身，只得来到了一本正经的股市，为拯救股民们的精神生活释放微弱的光亮。

没错，幸运的他遇到了一个有着浓郁诗人情怀的60后上市公司老板，让他以上市公司公告这样一种隆重的方式闪亮登上了舞台。一夜之间，万众瞩目，为诗歌赢得了荣耀，为股民滋润了心田，为公告增添了感性。

这个生于1964年的老板就是利亚德董事长李军，按照上周五的股票市值来算，身价90亿，不算最有钱的上市公司老板，但是，或许是最有诗人情怀的上市公司老板，因为，他是第一个在上市公司公告中写诗的老板。

在利亚德2016年半年报开篇，李老板就豪迈地写下这样的诗句：

匆匆半年风云急，
业绩翻番何所惧；
豪杰善举重信义，
开疆拓土何人敌。

可能是意犹未尽，诗歌后边还接了一段非常诗意的文字：半年时光短暂而美好，利亚德——似稚嫩而纯情的少女：含苞待放、亭亭玉立、知书达理、内外兼修、来日长成、芬芳四溢、倾国倾城，定会让您养眼心动，或许您会调侃说："自家孩儿，自然最喜、最爱而美不胜收。"各位投资大佬，且看利亚德半年之成长……

可能是大家太喜欢李老板的"公告诗"的缘故，在2017年3月发布的2016年年度报告中，李老板再次赋诗一首，以飨股民：

> 智能显示传捷报，
> 文化景观布局早。
> 三年翻番顺大势，
> 利德双赢又得道。

满满的自信与自豪！这次的诗后注释是：承蒙客户厚爱和各位的支持，利亚德2016年再次实现了收入和利润的双翻番。从而成为3000多家A股上市公司里实现净利润三年（2014—2016年）连续翻番的两家公司之一，尽显千里挑一之风采。我们进一步坚信：正确的发展方向、果断的战略布局、超强的执行能力以及分享的核心文化是我们从胜利走向更大胜利的坚强保障，让我们一起分享2016年的胜利果实……

李老板写诗的雅兴，既有60后这一代人心中都有一个永不磨灭的文学梦，按捺不住，一有机会就会跑出来梦游这个因素，同时也得益于利亚德这几年良好的业绩与不断创新高的股价。写这种豪放派风格的诗是要看心情的，老板心情好，说明公司经营得不错，所以，老板写诗传递的正能量没准真的会提升投资者的信心呢！

股市太正经了，分析师只好写诗

我发现，维尔弗雷多·帕累托在111年前说过的一段话到现在也没有过时：政治经济学的基础，或者从更广义的层面来说，每门社会科学的基础显然都是心理学。有朝一日，我们肯定能从心理学原理推导出社会科学的规律。

股票市场的问题，看起来是一个技术层面的问题，预测大盘指数，分析个股估值高低，有数学模型，有金融工程，有基本面分析，有技术分析，但是，到了最高层次，还是对投资者的心理活动分析更为有效。也就是说，股市的运行规律，也是建立在心理学这个基础上的。

这样说来，证券分析师干的其实就是一个察言观色的活儿，努力想从群体

运动的杂乱无章中观察出某种规律性的东西来，当然，大部分时间这样的观察只是徒劳。

可是，为稻粱谋，还是必须要"看出"某种似是而非的规律来的。好在股市不是上涨就是下跌，掷硬币也有百分之五十的胜率。

难怪白岩松有这样的聊侃，生活中，理想主义者和骗子很难区分，因为他们都在谈论"方向"。股市尤其是一个热衷于谈方向的地方。

于是，我们会看到这样的上市公司业绩预告：预计今年上半年业绩变动幅度为−50%～+50%，换句话说，业绩可能大幅增长，也可能大幅下降，跟天气预报说明天是大晴天，但也可能下大雨一样，说了等于没说。

有策略分析师煞有介事地对大盘指数做出如下预测：预计今年上证指数的核心波动区间为2000～5000点。

行业研究员严谨求实，案头研究加上实地调研之后，给出某家上市公司的股价目标：假如明年按20～40倍PE估算，12个月的目标价位为40~80元。

确实，这样的预测实在是太聪明了，很少有意外能超出给定的范围，要想测不准都难。

不过，这些耍弄文字功夫的预测，一旦遇上了诗歌，立马就相形见绌，弱爆了。

为了委婉地表达自己对创业板未来走势的预测，2015年9月，银河证券策略分析师深情作诗一首——《吻别神创板》：

前尘往事成云烟
消散在彼此眼前
就连说过了再见
也看不见你有些收敛
给我的一切
你似乎早已收回
你跌得越任性
我就会爱你爱得更狂野
总在刹那间有一些后悔
说好的十倍不可能会实现
就在一转眼发现你跳水
已经绿得不会再像从前
我的世界开始下雪
冷得让我无法多爱一天
冷得连隐藏的遗憾
都那么然并卵
我和你吻别在无人接的盘口
让庄家痴笑我不能拒绝
我和你吻别在狂乱的抛盘中
我的心等着迎接伤悲
想要给你的思念

就像风筝断了线

飞不进你的世界

也温暖不了你的视线

我已经看见

一出悲剧正上演

剧终没有喜悦

我仍然躲在你的梦里面

没有割肉

总在刹那间有一些失落

说好的反弹不可能会实现

就在一转眼发现你的K线

已经陌生无从辨别

我的世界开始下雪

冷得让我无法多爱一天

冷得连隐藏的遗憾

都那么的明显

我的心等着迎接伤悲

从当年的"吻别"到现在"伤悲",神创板从2000多点一路跌到1700点,没有给她的粉丝一点机会,确实是够决绝的了。

是不是这位分析师将他对神创板的神准预测"藏"在这一首诗里头了呢?似乎也并不是那么坚定,反倒是在绝望中透出了些许的侥幸与不甘。这点从他诗前的一段文字可以看出来:买股票不是谈恋爱,不是为了厮守,只是为了赚钱。神创板的形态,可参考苹果公司2012年至2015年的形态。如果风筝断了线,3500之上任性飞,就要参考2000年纳斯达克的形态了。

不管过程如何,结果倒是八九不离十。

尤其难能可贵的是,一首"藏头诗"胜却无数研究报告,说出了神创板两年来的走势。尽管还不能确定这哥们是不是分析师中写诗写得最好的,但是,基本上可以肯定他是诗人里边看大盘看得最准的，至少是之一吧？

减持新规把大股东逼成了朦胧诗人

如何在减持新政的约束条件下实现股东减持方案的最优化，据说这是近期上市公司大股东和大宗交易接盘方最操心的课题。

其实这也没有什么不对，毕竟，经济活动的所有主体都将追求最优化。

在监管部门打击信息披露违规的力度空前强大之后，股东特别是大股东要减持，必须提前披露减持方案。

一般来说，披露股东减持，对股价无疑构成重大利空；披露股东增持，对股价会构成重大利好。

如何既满足信息披露的合规要求，又不对股价构成重大利空呢？

这好比是让一个人去追跑向相反方向的两只兔子，看起来是不可能的任务。

但是，办法总比困难多，即便是这么高难度的挑战，还是有人做到了。

他们创造性地发明了一种写朦胧诗的方法：我公告了，但是你看不懂未来我到底是要买还是要卖，你必须要有足够的想象力，才能摆脱上市公司公告中布下的陷阱。

增持的时候不忘留下减持的"后路"，这个公告简直就是上市公司董秘认真学习的范本。

这个范本是上周中百集团贡献的。这则公告就像一首晦涩难懂的朦胧诗，摆在一脸懵圈的股民面前：

永辉超市不排除在未来12个月内继续增持中百集团股票的可能，或根据市场变化情况在法规允许的范围内减持中百集团股份。

看完这则公告后，多愁善感的著名诗人仓央"加错"默默流泪，完成了这首《减或不减》：

你减，或者不减持股票就在那里

不多不少

你说，或者不说

新规就在那里

不来不去

你爱，或者不爱

散户就在那里

不悲不喜

你跟，或者不跟

我的手就在你的兜里

不舍不弃

来我的股吧

或者

让我住进你的账户

默然减持

寂静增持

荐股是件瓷器活

尽管有无数的实证研究表明，随机性是股票投资过程中的最终裁判，但是，无论是投顾还是客户仍然对这个领域中的专业技能抱有热切的幻想。

不知道你有没有注意到，这年头还愿意主动给别人推荐股票的朋友越来越少了，当然，那些成天打电话给你，以热情介绍涨停板牛股为名行坑蒙拐骗之实的黑嘴除外。

早些年一见面就迫不及待地告诉你"有只股票主力马上就要拉升了赶紧去买点"的热心肠朋友多数变得沉默寡言，即便是你主动问他最近有什么好股票可以"搞一搞"时，他也会一脸严肃、金口难开，不会再轻易说出一个让人销魂的名字。毕竟，经历了2015年以来的几轮大跌之后，朋友们都意识到荐股不是一件技术活，而是一件吃亏不讨好的危险活儿。

但是，明知山有虎偏向虎山行的人还是有的，比如说卖方分析师和券商的投资顾问们，他们就像冒着塌方和瓦斯爆炸危险坚持在小煤窑挖煤的阶级兄弟，为稻粱谋，为一份还算体面的收入，也只能拼命忍住内心深处扑通乱跳的不安，面对这个残酷的世界，没有一点英雄主义精神，谁能微笑着走到最后？

投顾的定位偏差是因为专业技能错觉

尽管随时可能会被人骂是"大忽悠"，但是，冲着那个"一不小心就可获得的"金光闪闪的"大师"头衔，投资顾问们还是在勇敢地推荐股票，因为，他们自我定位就是靠荐股吃饭的金融民工。

随着股基交易佣金率的不断下滑，券商经纪业务被迫向财富管理全面转型，投顾被各大小券商寄予了殷切期望。各家券商对投顾在客户服务中要扮演的角色定位不尽相同，指导客户进行股票交易、向客户推荐股票和各式理财产品这些内容应该是基本一致的。在这样的预期之下，投顾也只好把荐股当成自己义不容辞的责任，而客户则把荐股当成投顾无怨无悔的义务。

尽管有无数的实证研究表明，随机性是股票投资过程中的最终裁判，但是，无论是投顾还是客户仍然对这个领域中的专业技能抱有热切的幻想。

关于预测在股票投资中究竟发挥着多大的作用这个问题，有研究人员经过大量实证研究之后，解答了关于预测的五个常见疑问。

第一，预测长期趋势准确吗？

答案是"否"。

第二，预测有价值吗？

准确预测到变化才有可能带来高额回报。

第三，预测来源于什么？

大多由推论而来。

第四，预测准确过吗？

答案是相当肯定的。

第五，如果预测有时候很准——准得一塌糊涂——那么我为什么这么抵触预测呢？

因为一次准确不重要，重要的是长期都能准确。

可见，我们面临着两难困境：投资结果完全取决于未来发生的一切，然而，在客户最需要预测的紧要关头，投资顾问却几乎无法预知未来将会发生什么。

尽管专业投资者有可能从韭菜一族身上赚到一笔数目可观的财富，但是，只有极少数人拥有可以年复一年地在股市上始终立于不败之地的能力。专业人士，包括投资顾问和基金经理，在一项基础能力测试中都很难成功，这项测试的标准是时间，即预测或者投资成功的持久性。对所有技能的研究结果都表明，个体成就的差异具有一致性，其中的逻辑很简单，如果任何一年中的个体差异完全是由于运气，那么，关于投资者、投顾和基金经理预测成功率或者投资收益率的排位就会不规律地改变，年与年之间的相关系数就是零。

研究人员对华尔街对冲基金的长期表现进行过长达50年的实证分析，得出的证据却令人绝望，对于大多数基金经理来说，选择股票更像是掷骰子，而不是像玩扑克牌，任何一年中，往往每三只对冲基金中至少有两只的表现要比该年度市场的平均表现差。每年成功的基金差不多都是靠运气，或者说他们掷骰子掷得比别人好一点。交易者的主观经验只不过是他们在很不确定的情况下做出的看似明智的猜测而已。不幸的是，在市场有效性相对较高的市场中，明智的猜测比瞎蒙也准不了多少。

基于以上分析，关于股市预测这个问题，大爷我归纳为以下几点：

第一，短期趋势可以预测，趋势具有一定的惯性。

第二，长期趋势不可预测，谁也不知道未来会发生什么。

第三，好的公司可以预测，假如信息是基本对称的，有一定投资经验的人识别一家好公司并不难。

第四，好的股票却不容易预测。因为好公司的股价经常会被过度一致性推到一个估值不再便宜的高位，也就是说，它不一定是一只好股票了。

目前国内券商对投资顾问的定位仅仅只是基于专业性技能错觉的一厢情愿罢了，假如投顾把荐股与预测大盘指数作为自己的核心竞争力，那么，绝大多数人都经不起时间的检验，其职业生涯之路只会越走越窄，最终走进死胡同。

投顾的委屈源于选择性记忆定律

预测者不是从来没有准确过，而是他们的成绩不足以激励客户根据他们的预测采取行动。作为预测者，他们很少回过头去严格并且客观地评估自己过往的预测记录。人们想当然地从对过去的解读中预测未来，总是忽视未来的不可预测特性。正如塔勒布在他那本著名的《黑天鹅》中指出的那样，我们更愿意构建和相信对过往的连贯叙述，这些叙述让我们很难相信自己的预测能力是有限度的。我们都知道后见之明这个道理，证券分析师们总是在每一件重大的财经事件造成股市的巨大波动之后才作出令人信服的解释。今天的后见之明中有价值的部分，其实昨天就可以预见到，我们不能抑制这种强烈的直觉，结果是，我们理解过去所产生的错觉会使我们对自己预测未来的能力过于自信。

有位券商营业部的投顾向大爷我大倒苦水，他为客户推荐股票时，建议了三次，客户都没有采取行动，第四次，客户终于决定应该相信投顾了，结果这一次买的股票却出现了下跌。投顾在心里说：跟你说了三次都对了你没听，偏偏错的这次你听了，这能怪我吗？可是，从客户的角度来看，前三次正确建立起来的信任，被第四次的错误彻底瓦解了。

要取得客户的信任，提高对客户的影响力，3∶1的准确率是远远不够的，如果把这个比例提高到300∶1，没准就可以让客户完全信任了，然而，这可能吗？

作为投顾，在心理上会倾向于记住自己预测对的时候，选择性地忘记自己预测错的时候；而作为客户，刚好相反，心理上会倾向于记住投顾预测错的时候，忘记投顾预测对的时候。

是什么原因造成投顾的自我评价与客户的评价出现如此大的反差？

这就是选择性记忆定律造成的一种错觉。人们根据各自的需求，在已被接受和理解的信息中挑选出对自己有用、有利、有价值的信息，然后储存在大脑之中。

人们总要根据自己的价值观念及思维方式而对接触到的信息做出独特的个人解释，使之同自己固有的认识相互协调而不是相互冲突。

选择性记忆往往属于无意识的行为。一般来说，人们并非由于某类信息合乎自己的口味而将它存入记忆中，而是人们记住某类信息正表明它能投其所好。

投顾的情商比智商更重要

如果预测是不可靠的，那么我们应该如何应对市场的变化呢？

霍华德·马克斯的回答很简单：努力了解我们身边发生的事情，并以此指导我们的行动。即使我们不知道会去向何方，至少应该知道我们身在何处。

如果一定要把投顾分成三六九等的话，依据荐股的收益率或者预测大盘指数的准确率肯定是不靠谱的，金牌投资顾问需要更多的理性，更少的激情，信

心的强弱并不会改变对市场预测的成功概率，反而敬畏之心更能降低判断失误时的损失。

对市场缺乏敬畏之心的人不适合做投顾，对专业技能抱有过度自信的人也不可能成为最好的投顾。通过预测大盘指数和推荐大牛股长期赢得客户是不可持续的，大爷我认为，那些有机会把自己的投顾生涯体面地延续到80岁以上的从业人员，首先需要走出成为股神的迷思。专注于客户的情绪管理，让客户的投资情绪钟摆不要过度地偏向恐惧与贪婪，做到这一点难度不小，但仍然比预测大盘与推荐大牛股要现实很多。投顾的存在价值就是赢得客户的信任，就像演员需要赢得观众才能得以继续靠演戏为生一样。

不依赖荐股与预测大盘这种瓷器活，投顾如何证明自己是拥有"金刚钻"的专业人员？我们似乎还在绞尽脑汁地幻想通过提高"荐股"的收益率和预测大盘的准确率来提高客户的黏性，从短期来看，运气好的话，说不定会有效，但是，从长期来看，这种押中牛股的概率一定还是会回归平均值的。

我们一开始就打算成为客户资产的管理人，这个想法是幼稚的，因为除了个别投顾，绝大部分投顾凭专业技能赢得客户的信任需要时间的检验，实话实说，他们一般来说都经不起长时间的检验。

如果把投顾的主要职责从客户的资产管理上先挪开，回到客户的情绪管理上，尝试去做客户的"理性"管理人，反而会是赢得客户信任的一条途径。

"理性"管理人相当于一个浴场救生员角色，对浴场环境非常熟悉，了解客户的"水性"，告诉客户哪里是深水区哪里是浅水区，提醒客户不要去到超出自己能力圈太远的"深水"，当客户不幸溺水的时候，你需要及时抛出一个救生圈。当然，你也没有必要陪着客户一起去游。

最近，有的优势券商对投顾的职能已经开始从"荐股与预测"转向为客户提供资产配置一揽子解决方案，可以说是朝理性管理人这个目标迈进了一大步。

资产配置与被动投资一样，都是对主动挑选股票这门传统"手艺"的放弃，如果不能改变市场的随机性，那就必须让自己变得更加理性。

只有能够管理好自己情绪的投顾，才有可能管理好客户的情绪，只有自己能够坚持某种信念的人，才能说服客户与自己的信念保持一致性，因此，对投顾来说，最重要的不是智商而是情商。

投资中的一些最重要的信念，其实根本就没有什么证据来证明其合理性，投资者怀有这些信念仅仅是因为他们所信任的人也持有同样的信念。也可以说，他们对自己信念的信心是毫无缘由的，尽管这种信念在投资过程中扮演着重要角色。

行为金融学有个重要发现，投资者对某个预测的主观自信并不是对这个预测正确概率的合理评估，自信是种感觉，它能反映出某条信息和处理该信息时所体现的认知放松的一致性。然而，由衷地承认不确定性乃明智之举，但如果有人声称自信满满，只能说明他在脑海里已经构建了一个连贯的情节，当然，这个情节未必是真实的。

刺猬型投顾会比狐狸型投顾走得更远

英国当代思想史家伊赛亚·伯林爵士1953年出版了一册86页的小书，也是他一生中写得最好最有名的一本书——《刺猬与狐狸》，他提出了一个十分有趣也十分重要的问题：文化名人的不同分类与治学过程中不同的追求目标。书名取自古希腊诗人阿寄洛克思之语——"狐狸知道很多的事，刺猬则知道一件大事"，意思是狐狸机巧百出通晓百科，刺猬则靠的是一计防御与见解深刻。

在这个寓言故事中，狐狸与刺猬的PK有点像兔子与乌龟的那场颇具屌丝逆袭意味的赛跑，最后胜出的总是看似愚钝的一方。

狐狸是一种狡猾的动物，能够设计无数复杂的策略偷偷向刺猬发动进攻，狐狸从早到晚在刺猬的巢穴四周徘徊，等待最佳袭击的时间，狐狸行动迅速，皮毛光滑，脚步飞快，阴险狡猾，看上去准是赢家。而刺猬则毫不起眼，遗传基因上就像豪猪和犰狳的杂交品种，他走起路来一摇一摆，整天到处走动，寻觅食物和照料自己简陋的家。

狐狸在小路的岔口不动声色地等待着，刺猬只想着自己的事情，一不留神瞎转到狐狸所在的小道上。于是狐狸扑向前去，只见他跳过路面，如闪电般迅速，刺猬意识到了危险，他立刻蜷缩成一个圆球，浑身的尖刺，指向四面八方。狐狸正向他的猎物扑过去，看见了刺猬的防御工事，只好知难而退，停止了进攻，撤回森林后狐狸开始策划新一轮的进攻……刺猬和狐狸之间的这种战斗每天都以某种形式进行，尽管狐狸比刺猬聪明，刺猬却总是屡战屡胜。

赛亚·伯林从这则寓言中得到启发，他把人划分为两个基本的类型，即狐狸型和刺猬型。狐狸同时追求很多目标，把世界当成一个复杂的整体来看待，伯林认为狐狸的思维是凌乱的或者说发散性的，它在很多层次上展开，却从来没有使他们的思想集中成为一个总体理论或统一观点，而刺猬则把复杂的世界简化成单个有组织性的观点，用一条基本原则或者一个基本理念发挥统帅和指导作用，不管世界多么复杂，刺猬都会把所有的挑战和进退压缩为简单的"刺猬理念"。对于刺猬，任何与刺猬理念无关的观点都毫无意义。其实，刺猬并不愚蠢，恰好相反，他懂得深刻思想的本质是简单，他拥有穿透性的洞察力，能够看透复杂事物并且认识到隐藏的模式，刺猬注重本质，而忽略表象。

赛亚·柏林的理论同样适用于股票市场中的各类型参与者，大爷我则很想用它来给目前如火如荼的券商投资顾问进行分类：狐狸型投顾喜欢卖弄机巧，看似博学多才，关键处却无计可施，对客户没有多大帮助；刺猬型投顾接受技能的局限性，深谙江湖的险恶，总是能引导客户躲过一次次的飞来横祸，从而获得职业的价值与人生的意义。

打工的最高境界就是跟对了老板

生活本来就是无常的，无论你哭天抢地怨天尤人，还是封闭自己否认现实，生活的变化都会如约而来。我们不能改变无常，我们能改变的只有对待无常的态度。

最近跟国内顶级富豪相关的新闻特别多，但凡一扯到房子与钱的事情，大家都像打了鸡血，莫名其妙地兴奋，尽管这事跟自己半毛钱关系都没有。

例如，腾讯、阿里、平安的股价都创历史新高了，"老马"家的财富又多了百亿还是千亿不是看点，让人无端后悔的是，面对市值突破3万亿港元大关的腾讯，假如13年前用22万元买入腾讯股票，现如今账户市值将超过1亿元，轻松实现1个亿的小目标，凑巧的是，13年前自己的股票账户上明明就有22万元现金，只不过，后来买了中石油……一念之差，就这样跟亿万富翁擦肩而过了。

例如，京东上周宣布升级员工福利，支持全国员工在工作地购房，京东提供最高100万元无息、无抵押、无担保（简称"三无"？）首套房首付款。这是京东5年前推出的员工福利"安居计划"升级版，彼时，京东设立4.5亿元专项基金，符合条件的员工即可享有最高100万元无押无息购房借款。

除了京东外，腾讯、阿里巴巴等公司也有员工购房福利。早在2011年，阿里和腾讯分别启动"iHome"无息置业贷款计划和员工安居计划，为员工提供免息借款，并随着房价上涨提高借款额。2016年，阿里还为员工在杭州地区建公寓，共380套，按低于市场价6折出售，腾讯还为职场新人发放租房补贴，而华为则在深圳总部附近为员工建了保障性住房，价格约为市场价的一半。

打工的最高境界就是跟对了老板

你可以意淫一下，当年要是跟了这几个"老马"中的任何一个，无论是在鹅厂上班、在平安大厦里卖保险还是在西湖边上做店小二，就有机会分得一把公司股票，无论多少，现在最起码也迈入高净值行列了。或者，在老板100万元首付款的慷慨支持下买一套属于自己的房子，就此摆脱无房一族的焦虑。

人比人气死人，也不是谁都有运气跟了"老马"混，轻松拿下多少个人生小目标的。绝大多数人还是跟了平庸忙碌的"老张"、胆小如鼠的"老李"、小气抠门的"老王"、只会开空头支票的"老赵"……干着一份食之无味弃之可惜的机械活儿，拿着不死不活的工资，在看不到任何前途的公司里苟且度日，还要拼命在朋友圈强颜欢笑，假装在为远大理想而努力奋斗。

其实，按照正态分布，普通智商+普通情商+加上普通运气，作为一名没有技术没有胆气也没有资本创业的普通打工者，你也就大概率会落在平庸的大多数这个区间，过着各种"假装"的生活。

能跟上"老马"拿股票的极佳运气算是一种"长尾效应"，一种可以忽略的小概率事件。

不过，你也可以为自己成功避开了另一条"长尾"而感到庆幸——13年前你明明有机会跟"老马"混的，却被一个比天还大的梦想所吸引，鬼使神差地跟了"老贾"混，后来还混成了乐视网的高管，没拿到原始股，却在股价即将崩盘的时候被"号召"自掏腰包增持公司股票拯救投资者濒临崩溃的信心，然后，表情麻木地目送"老贾"只身前往美国，挥一挥衣袖，不带走一分债务。当钱包里空余情怀与梦想，你准备透支"未来"，就在这个节骨眼上，银行及时给你发送了一条温馨短信通知，说你的"未来"只有1块钱可以透支了……这个时候，你没准开始羡慕跟老张老李老王老赵混的那些平庸的大多数了呢。

要么做一个好老板，要么跟一个好老板

虽说不想做老板的人不是一个好"工仔"，但是，做老板难，做大老板更难，做好老板则难上难矣。

做大老板不仅要有经商的天赋，还要有过人的勤勉，而做好老板，则在此基础上还要有高贵的品格。

一个人的成功固然有很大的偶然性，我们却毋庸讳言天赋对于成功的意义。足球巨星C罗在谈及自己的成功时就表示，做任何事情都需要天赋。不仅对足球，而是对任何事情，如果你没有天赋，那你最好别做了。当然，如果你有天赋，还不懈努力工作，你就会更出色，"我的整个职业生涯到目前为止都是这样，天赋加艰苦的训练才会获得胜利。下赛季我还会继续大量训练。对我来说，进球就是我的人生目标"。

可见，任何事情的成功，运气、天赋和努力都不可或缺。

假如做不了老板，找份好工作，安心做个打工者也不错。

那么，什么是好工作？记得曾经有人总结出好工作的四条标准：

钱多事少离家近，
睡觉睡到自然醒。
吃饭喝酒有人请，
打牌打到手抽筋。

富二代不会有这样的梦想，因为人家一出生过的就是这样的日子，更没有"好工作"这个概念，这大约就是普通人的人生追求吧？没有压力，舒服，有钱，有闲，有免费的酒喝，有牌打，天天可以睡懒觉。怎么感觉这样的好工作是一份让人颓废的工作？

老舍先生说过，一个人爱什么，就死在什么上。喜欢旅行的，会死在路上，喜欢喝酒的会死在桌上，喜欢睡觉的，会死在床上——所谓生在床上，死在床上，欲生欲死，还是床上嘛。

这样的"好工作"，只存在于官僚体制和半官僚体制的国企——因为你面对的只是老板的代理人，在这样的"好工作"中，真正的老板永远是缺位的，你也可以说那个隐形的终极Boss是上帝。

真正的好老板不会放弃原则养一群懒人，那样的老板也不可能做大做强一个公司。正如没有社会责任感与悲天悯人之心的老板不是一个好老板一样，没有进取精神不能为老板创造价值的工仔也不是一个好的工仔。

好老板与好工仔才有可能成就一家好公司。天下没有免费的午餐，好人都是因为懂得相互成全，才可以共享成功的果实。

老板有风险，入职需谨慎

在我们的打工生涯中，房价扶摇直上的时候，买房之路如果能摊上一个"老马"这样的好老板，算是幸运；

在股价屡创新高的时候，要是能摊上点"腾讯""阿里""平安"之类的股份，那就堪称幸福。

最倒霉的莫过于，老板欠了一屁股债跑路了，你却被摊上"银行信用没了"这等糗事，那就只剩欲哭无泪的憋屈。

最近建行将乐视员工信用卡的信用额度调至1元的新闻引发了网友的热议。有对建行的风控措施表示理解的，也有对乐视员工的遭遇表示同情的，不管怎样说，这件事传递了一个强烈的暗示，在乐视的工作经历即便不成为职业生涯中的一个污点，也不会是人生中的一段有效积累，损失还是蛮大的。

按江湖上的传统文化，做老大的需要有责任与担当。有本事讲义气的老大应该让手下有肉吃，没本事尽忽悠的老大就免不了让手下只有苦吃，"跟着老大混，天天挨铁棍"，肯定长不了。

一位近期离职的乐视高层证实，在其就职乐视的四年，公司没有兑现任何"期权和股权"，但他已经放弃索要的念头，"我能怎么办？总不能去逼他（老贾）吧？"

斯宾塞·约翰逊在《谁动了我的奶酪》中写到，"生活并不会遵从某个人的愿望发展。改变随时有可能降临，但积极地面对改变却会让你发现更好的奶酪。塞翁失马，焉知非福"。

生活本来就是无常的，无论你哭天抢地怨天尤人，还是封闭自己否认现实，生活的变化都会如约而来。我们不能改变无常，我们能改变的只有对待无常的态度。

跟对老板既靠运气也考眼光

蜘蛛侠有句经典台词："能力越大，责任越大！"

能力强大无比的漫威超级大英雄，比如蜘蛛侠、钢铁侠、美国队长、雷神托尔、绿巨人、金刚狼、神奇四侠、恶灵骑士、蚁人、复仇者联盟、X战警、银河守卫者等，他们的责任可不是让手下"有肉吃"这么微不足道，那都是小到拯救一座城市不被摧毁、大到保护地球上的人类文明不受外星邪恶生物入侵这类宏大叙事，是真正比肩上帝创世纪的大事。

位卑未敢忘忧国，能力大小是一个相对概念，快餐店的老板一般来说就比洗碗工的能力要大一点，于是，责任也同步放大。

周星驰电影《功夫》里那个小人物阿鬼，能力肯定不如蜘蛛侠大，然而，令人感动的是临死时他还念念不忘"能力越大，责任就越大"。

可见，做企业一开始就不会是一个人的事，做大了就是一群人的事。能力越大、企业越大、责任越大，就越不可任性，就越需要更强的自控力。

安德雷耶夫就曾说，一个人最大的胜利就是战胜自己。老贾能力不可谓不大，虽说跟"蜘蛛侠"还有一定差距，但是远超"阿鬼"想必没有问题，遗憾的是，他只是记住了自己的能力，却忘掉了自己的责任。实际上，造成乐视的今天这种局面与老贾的自控力有很大的关系。在面对一轮变数未定的融资时，他倾向于先认定成功，并且在此基础上考虑事态发展，忽视融资过程中可能出现的变数和失败。换句话说，All in有很大输的概率，只要有一丝成功的可能性，他会赌这件事情能成。

一位与老贾有过交集的人评价他赌性太强，不知道止盈也不知道止损，赌徒上了赌桌的结果是什么？就是一无所有。

老贾战略上的前瞻性导致公司浓厚的"一言堂"氛围，接近乐视的人甚至得出这样的观察结果，团队里的人都把老贾当成皇帝供着。当前四个决定都正确的时候，大家会认为他的第五个也正确。

优秀是一种习惯，责任也是。亚里士多德说，人是被习惯所塑造的，优异的成绩来自良好的习惯，而非一时的冲动。

能力不强的时候，责任大不了，因为没人敢把要承担责任的事交给你。能力强的时候，责任小不了，因为能让你承担的事不放心给别人。

正常情况下，越是能力强的人越乐意承担责任，反之，越平凡的人越不乐意承担责任。因为优秀本身，也是尽到了对自己的责任的结果。连自己都无法负责的人，又怎么可能愿意去承担其他？

"穷则独善其身，达则兼济天下"，两千多年前中国的思想家就说过社会责任的问题。时至今日，我国正处于社会大转型的历史时期，社会发展和财富分配是不平衡的，因此产生了一系列的社会矛盾，处理不好必将影响到经济的发展，中国的企业，无论国有企业还是民营企业都应该自觉担起各自的社会责任。能力越大，责任就越大，这是一些重量级企业家的共同体悟。

做老板的需要责任感，打工者亦应该如此，越有能力，越应该主动承担责任。前几天看《逻辑思维》，老罗说，不是能力越大活该承担更大的责任，而是承担更大的责任更符合能力大者的利益。说得有点道理。

好老板是一座学校，孬老板是一间赌场

如何让自己打过工的公司、跟过的老板成为自己人生的有效积累？这是打工人生需要尽早考虑的问题。所以，打份工还真不能仅看工资高低，还要看它的附加价值，比如公司的品牌形象，老板个人的江湖地位和公众口碑。

正如成为好人是上帝对好人的奖赏、成为恶人是对恶人的惩罚一样，跟对一个好的老板这件事本身就是一种福利，因为你得到的附加价值没法用金钱衡量。优秀的公司就是一所提升自身能力的大学，它可以让你的个人价值不断提升。类似毕业于世界名校是一种资本一样。创业圈内，曾经在BAT工作过的经历成了吸引投资者的闪光点。金融圈出身于高盛、美林、瑞银这类国际大行更容易获得客户的信任。

就算是国内投行，同样也有豪门与寒门之分。在券商投行人士看来，对于谁是第一梯队的券商，其实大家心里都有杆秤。很明显从职场跳槽的角度，出身中金、中信、华泰联合的投行人士很轻易就可以在其他家券商获得一个同等的职位甚至更高的职位，而比如在小型券商靠工作年限换来的升职，却不一定

能跳去同等职位的别家券商。

从职场的角度来看，好公司好老板会带来打工者"身价"的估值提升，而孬公司孬老板则会带来"身价"的估值下跌。

一位与乐视有过合作的人透露，公司人心老早就散了。老贾的核心团队肯定会掂量，自己的资金、未来和命运是继续捆绑在一个没有钱只有梦想的老板身上，还是重新找一个能让自己实现梦想又能带来利益的平台？

乐观主义者会拿培根的话说，幸运并非没有恐惧和烦恼；厄运并非没有安慰与希望。幸与不幸共同组成的才叫作人生。世间没有绝对的幸运与厄运，有的时候我们看问题的方式不同，结果也就不同，和塞翁失马的故事差不多。

确实，每一段经历都是人生的"财富"，只是不同的经历却有迥然不同的价值。有的经历是人生的资产，有的则是负资产，或者说负债。

但仍然有人对乐视心怀感恩。有一位从乐视转岗"易到"的李晓（化名）离职，看到"贾曾三次向张昭借钱，未果"的媒体报道，她心里难受，给老贾发了一条微信，大意是无论如何，会继续支持他。放下手机，李晓心里有些后悔，"这不是给人家添堵吗？"几天后，她收到了老贾的感谢回复。

在爱情里，执迷不悟的忠诚常常是一种勇敢，而在职场，不分青红皂白的忠诚没准只是一种愚昧。

或许是职场太过残酷的缘故，这个夏天，到处疯转着罗曼·罗兰在《米开朗琪罗》中的一段话（不好意思，大爷我改了两个字）：这世界上只有一种英雄主义，那就是，在看清了老板的真相后，还依然热爱老板。

假如炒股是一场荒野求生

既然不确定性是人生的常态，远方有远方的风险，眼前有眼前的风险。生命中绝大部分的内容，都不是一成不变的，所以不应该害怕生活偏离了原有的轨道，而是要勇敢地接受不确定性。

在风景最美处与一场地震不期而遇，那会是怎样的一种感受？没有身临其境的人，无法体味一次惊险刺激的旅行，有时候真的是拿生命在冒险。

如果可以选择，会有人欣然前往吗？

这不是一道假设题，而是真实的故事。这不是别人的故事，而是刚刚发生在程大爷和几个好友身上的真实故事。

你猜得没错，就在上周，程大爷和几位朋友确实亲历了发生在四川九寨沟的7.0级地震和新疆精河县6.6级地震中的后一场。

这两次地震发生的时间相差不到10个小时，地点虽然相距遥远，但是，震中都在风景最美的地点，前者在神奇的九寨沟，后者则有美得让人触目惊心的赛里木湖。

相同的恐惧，不同的策略

当我们从剧烈摇晃的酒店安全撤出后，惊魂未定的小伙伴们开始交流地震发生时那几分钟的逃生经历，都十分庆幸，活着的感觉真好。

某二爷相信我们当时所住酒店的建筑应该是可以抵御一定程度的地震的，所以，与其恐慌乱跑，不如选择原地等待。他总结出的逃生秘籍是：一个人要想从地震中成功逃脱，最关键的因素是房子结实抗震性能好！

某大姐说她在睡梦中被地震摇醒过来，第一个反应就是：这肯定是九寨沟地震的余震，所以，不会有太大问题，她决定靠近房间内的立柱避震。随着震动幅度越来越大，过道里慌乱的脚步声显示很多人在往楼下跑去，当她打开门时，看见有人裹着被子打着赤脚，有人穿着短裤拖鞋，还有人披头散发抱着孩子往楼下飞奔而去，她感受到恐慌正在整个世界弥漫开来。

于是，她放弃了在房间避震的主意，加入到出逃的人群中。当她走了几步路之后，一个看起来还不到10岁的小孩朝她喊道，"没事啦，别跑啦，地震已经过去了"，她竟然鬼使神差地停下了脚步，看见那个孩子一脸的镇定，她为自己的慌乱感到一丝不好意思。然后，她竟然听从那个小孩的建议，退回到自己的客房，并重新打量房间里的各个角落，寻找可靠的位置。显然，某大姐信任的是一个小孩子的判断。人在不知所措的情况下，会把任何人的建议都当成救命稻草。

精河地震前一晚，九寨沟地震的新闻报道就在朋友圈刷屏，与此同时，关于地震中如何自救的各种手册也争相传播。大爷我还相当认真地学习并且分享了这些手册。

原本以为地震离自己很遥远，没想到，第二天早晨地震果真就发生了。

在睡梦中感受到地动山摇并不是一件好玩的事，那一刻忽然明白，所谓泰山崩于前而色不变，那不是沉着，而是吓坏了。

而我则认为，从地震中脱险，固然有不可忽视的运气因素，但还是需要有逃生的策略。

从宾馆5楼客房的床上爬起来，第一个反应是有点懵，是地震发生了吗？如果是，那应该是九寨沟地震的余震，如果是余震，那就不会超过7级，如果低于7级，那跑还是不跑？

作为一位执业证券分析师，当时的感觉与股市中每一次猝不及防的股灾发生时的感觉颇为相似，脑海中并非一片空白，而是急速计算着跑与不跑的风险，权衡不能坐电梯的前提下，从楼梯跑下去的风险与在房间里寻找可靠位置避险的风险哪个更大。

然而，直觉告诉我尽快跑出去的风险与可能造成的伤害还是要小一点。山

摇地晃中，我快速穿好衣服，抓住手机和门卡，一头冲了出去，楼梯间有人大喊，不要慌，不是地震，这让我迟疑了片刻，但是，不是地震又是什么造成这样的震动？要知道，在这样的一个边陲小镇，不存在地铁施工现场。我没有被这个"噪音"干扰，继续按照既定的策略，一口气跑到了地面。

我坚持了自己的判断，并把快速制订的策略坚持了下去，没有半途而废，终于把自己置于空旷的草地上，获得了完全的安全感。

逃生后的感悟

难道是吉人自有天相？这次亲历精河地震，我们可以说是有惊无险，看风景的行程与心情都没有受到太大影响。

在确认大家都平安之后，或许是证券分析师的职业习惯使然，我们开始检讨各自的应对策略。虽然前一天九寨沟地震发生后大家都把防震自救的方法温习了一遍，甚至还在心里演习了好几次，但是，没有人会相信这样的事情真的会发生在自己身上。俗话说，事到临头不由人，我们实际上只是做好了这件事不会发生的准备，而不是它竟然发生了的应对准备。

一路上，尽管心有余悸，大家仍在热烈谈论自己做对了什么，做错了什么，如何做得更完善，如同刚刚经历了一场荒野求生的考验。记得每一次股灾后，我们总是在反思同样的问题。

第一，不要忽略那些毁灭性的小概率事件。

这一次，我们入住的饭店没有造成人员伤亡，好似一次股市的突然暴跌，造成了短时间的极度恐慌随后又快速反弹，收复失地，一切又都恢复了平静一般。

这样就造成了一个错觉，即听天由命也不会坏到哪儿去，采取积极行动也不会好到哪儿去，反正最后大概率是大家都没有事。

要知道，不是每一次地震最终都会造成惨重的伤亡，正如，不是每一次股市的突然下跌都会发展成股灾一样，大多数时候的"有惊无险"会让我们变得麻痹大意，忽视了那些随时可能造成无法挽回损失的小概率事件。

墨菲定律告诉我们，凡事有可能发生它就必定会发生！地震中的小概率事件之所以比一些大概率的意外灾难（例如车祸）更令人担忧，就是因为剧烈地震一旦发生，造成的伤害就是不可挽回的甚至是毁灭性的，这样的小概率事件相比车祸造成的后果更让人无法承受。

第二，股灾也好，地震也好，灾难突然来临时，不要问为什么，而要想怎么办。

突发事到来经常让人脑海一片空白，然后就是反问自己，为什么会这样呢？这样会错过采取行动的最佳时机，让自己变得麻痹与消极。

第三，策略不是万能的，没有策略万万不能。

惊慌失措，这个"措"就是指策略，好的策略并不是每一次都有效，但是，它可以帮助你抓住一切可能的机会，获得摆脱困境的主动权。

第四，逃生的行动力与技巧一样重要。

任何时候都不要轻言放弃，要有技巧，也要有行动，听天由命不可取。

第五，排除噪音干扰，按制订的计划行事。

当你制订好了策略并采取行动的过程中，会听到不同的声音，很多人都会不加甄别地轻易相信别人的意见，放弃自己的计划，最终付出惨重的代价。

第六，性命攸关的大事，宁可过度防备，不可应对不足。

做最坏的打算，按照最坏的结果去做准备，好过最坏的结果出现后无法承受。

第七，不要在大事上轻率，在小事上周密。

在精河县遇到地震时，在生死攸关的事情上，某大姐会听从一个黄口小儿的信口开河，从准备跑出饭店转而又退回到房间躲避，事后想想简直就是不可思议。

可是，当我们遇到无足轻重的小事时，反而又更加谨慎。地震发生后的当天上午，在去喀拉峻草原的路上，我们停车去买杏子吃。几块钱一斤的水果，我们却花了好一些时间去认真研究它的品质，比较几个小摊的价格，严谨细致，确保不上当受骗。

股市中同样有趣的一个普遍现象是，有的投资者只因为偶然听到一个"猛料"就毫不犹疑地买入价值动辄上百万元的股票，而去菜场买几棵大葱时却还要货比三家。

把生命的无常变成奇迹

从九寨沟与精河县前后接踵发生剧烈地震这个小概率事件来看，似乎是有风景的地方就有风险，莫非"无限风光在险峰"就是这个意思？

地震时，我内心有一个声音在喊，赶紧结束行程，打道回府；而另一个声音又告诉自己，此行还有向往已久的喀拉峻大草原没有抵达呢，半途而废实在太可惜呀。

既然不确定性是人生的常态，远方有远方的风险，眼前有眼前的风险。生命中绝大部分的内容，都不是一成不变的，所以不应该害怕生活偏离了原有的轨道，而是要勇敢地接受不确定性。有时候，感情、工作和生活就是因为这份由不确定性带来的风险，才有乐趣、才值得。因为，个人价值与所经历的挑战是成正比关系的。

我们不可避免地会为一些人生选择而焦虑操心，但事实上，没有任何一个明天是确定的。你需要的只是冷静地计划，然后朝着你认为对的方向勇敢尝试。要知道，选择本没有对错，所有的明天，都是前往明天的下一步。毕竟生命中的很多价值恰恰就是由不确定性所创造，我们要做的就是认清选择，坚持该坚持的，放弃该放弃的。

如果因为害怕股灾而不敢踏入股市，那么，你也就相应地关闭了一条让财富增值的通道。

因为害怕地震而舍弃险峰上的无限风光，那你也就只能画地为牢，故步自封，成为井底之蛙。

所幸，最终我们还是选择了坚持而不是放弃。当喀拉峻草原那摄人心魄的遍地野花与远处的雪山如同一幅幅风光大片在眼前打开之时，刹那间，亲历地震残留在心里的阴影就彻底烟消云散了，与此同时，这一路的艰辛随即被赋予了某种神圣的意义。

硬币的硬伤

俗话说，天生我材必有用。劳动人民的智慧是无穷的，硬币作为"一般等价物"不受待见，但是，在货币职能之外，硬币不仅找到了自己的用武之地，在有些场所，它们简直成了与香烛一样的"神物"。

每次出国旅行前，总是有人会告诉我，某某国是一个"小费国家"，意思是你得提前准备一些零钱，吃饭、住店、坐车，凡是有人给你提供服务，你得给人付小费。

原本以为只有新马泰这些东南亚小国才会流行这种小费文化，没想到美国这样的大国，小费也不是小事。兹事体大，加上又被在美国读研究生的某同学上纲上线到人格、国格及民族尊严的高度，大爷我自然也不敢马虎。

硬币的尴尬

活到这把年纪才第一次造访美国，内心多少还是有点忐忑，跟年轻时去泰国的心情差异明显，主要是担心有啥小费付得不够得体，被美国人民小瞧三分，大爷我的民族自尊心伤不起呀。

当飞机抵达洛杉矶机场还在滑行阶段，我第一时间不是去掏手机也不是解安全带，而是赶紧摸了摸裤兜里的美元零钱，顿时感觉内心的英雄气概翻江倒海，我知道，在世界上最牛掰的国家表现国民素质的时刻到了。

从机场出来后，搭上了一辆去租车公司车场的摆渡车。看见我们行李较多，开车的黑人大妈身手敏捷地从驾驶座位上起身，黑人广场舞般的一个滑步就到了车门边，一把接过我的大箱子摆到行李架上。

一元硬币，哈……

那一刻，我的心被加州热烈的阳光照得发烫，这个时候仅用言语表达感激之情是不够真诚的，二话没说，我果断地掏出裤兜里捂了13个小时还残留着体温的几枚硬币递给黑人大妈，出乎意料的是，大妈竟然没有伸手来接。

还是某同学反应快，以迅雷不及掩耳之势递过去1美元纸币，大妈爽快地装入口袋，脸上这才绽放灿烂的笑容，像一朵硕大无比的黑牡丹。

第一次出手就没赢得喝彩，某同学赶紧给我"补课"。在美国，要是给小费的时候丢给服务员几枚硬币，收钱的人是不高兴的，因为，在他们看来，硬币是拿来打发乞丐的!

忽然想起，有一年我们一家跟老友茶叶佬夫妇结伴去希腊旅游，在米高诺斯岛吃完晚饭，消费105欧元，我掏出200欧元递给过来结账的希腊大叔，他接过钱不知说了句啥，我那只会说一句英文——"OK"的老友习惯性说了好几个OK，希腊大叔转身离开后就没有回来了。我们左等右等也没等到他找回95欧元零钱，只好打电话给导游，一番交涉后，导游说希腊大叔他问过你们，剩下的95欧元是否给他的小费，你们很爽快地说OK了。我说没听懂他说啥，茶叶佬说"OK"只是不表示任何意思的口头禅，并不是同意付95欧元小费。随后希腊大叔拿过来找零的95欧元。为了安抚大叔的不悦，我拿走90欧元纸币，示意余下的5欧元硬币是给他的小费，没想到他竟然勃然大怒，断然摆手拒收，让我们莫名其妙。

当时纳闷，希腊大叔是不是嫌我们给5欧元小费太少，所以生气了。现在看来，没准人家忌讳我们给的是硬币罢了。

硬币的异化

某同学的"补课"，解开了大爷我心里的一个谜团。原来，有人喜欢到处抛硬币，莫非是出于一种"施舍"的心态？听到乞丐的碗里有几枚硬币蹦跶几下，咚咚的响声悦耳动听，施舍的人，就会获得一种居高临下的优越感。

相比纸币的面值，硬币就是几个买不了啥东西的零钱，广东人不屑地称之为"散纸"。

许多人儿时的记忆里，总会有一只样子很萌很卡通的储钱罐，那千奇百怪的各种材质的器皿里，贮存着一个孩子眼前无法实现的小小心愿——一个笔记本、一个新书包、一把吉他或者一双新球鞋。不过，在那个物质极度贫乏的年代，能够"流落"到孩子手上的硬币实在少之又少，一个小心愿得攒好长好长的时间还不一定能攒够。

不知不觉间，社会财富不断膨胀，规模与从前相比不可同日而语。人们手头的钱多了起来，与此同时，货币贬值的速度也在加快，连大面额的纸币都变毛了，更不用说面值本来就小得可以忽略不计的硬币了。

现在，就算拿着满满的一储钱罐硬币，估计也买不到一双耐克鞋，更不用说一部手机了。于是，人们口袋里的几个硬币，也就没有什么心情安放到储钱罐里了，有时候简直成了鸡肋，食之无味弃之可惜。

俗话说，天生我材必有用。劳动人民的智慧是无穷的，硬币作为"一般等价物"不受待见，但是，在货币职能之外，硬币不仅找到了自己的用武之地，在有些场所，它们简直成了与香烛一样的"神物"。

从普陀山的石缝、五台山的香炉、罗马的许愿池到佛罗伦萨的雕像，只要是有国人去过的名胜古迹，总会有硬币悦耳的叮当作响伴随着国骂四起的喧哗。国内的各大寺庙为了满足游客们爱抛硬币的嗜好并为游客排忧解难，让他们口袋里廉价且累赘的硬币找到一个有意义的出路，纷纷在大殿之外摆上一个巨无霸卡通"储钱罐"——有的是笑容满面的弥勒佛，有的是金光闪闪的大元宝，有的是招财进宝的聚宝盆，如果口袋里的硬币抛完了还嫌不过瘾，"储钱罐"旁还会专门设有硬币兑换处，可以让你一次抛个够。这个硬币抛洒活动既让游客满足了心愿，又让庙里额外得了一笔香油钱，可谓两全其美，达到了双赢的效果。

积少成多，聚沙成塔，那些游客口袋里恼人的钢镚儿，一年半载就可以汇成了一笔大钱。有报道称，意大利一位专门打捞水池硬币的清洁工，一年"捞金"上百万欧元的硬币，不炒股不炒房，轻松迈入高净值人群的行列。游客的举手之劳，成就了一位勤劳致富的清洁工，善莫大焉。

不久前，有位老太太把硬币的神奇功效推向了一个小高潮。她老人家创造性地发明了一种往飞机发动机抛硬币的祈祷方式，结果是害得飞机要停机维修检查并取出硬币，整架飞机上的乘客因此晚点了几个小时。要不是考虑到老人年过八十，按照法律追究刑事责任，怕是菩萨也救不了她。老太太发明的硬币新用法不仅愚昧无知而且害人害己，理所当然地招致社会各界的广泛批评与谴责，可谓多输。

最近一个街头硬币测试则火遍了全中国，而且人见人爱，皆大欢喜，可以说是一夜之间营造了一个多赢局面。这个喜大普奔的"如果有免费硬币出现在街头让你按需自取你会拿走多少个？"测试，每个城市摆放硬币的地点不尽相同，结果都是一模一样的"出人意料"！

《广州街头出现一箱硬币，供路人自取，结果出乎意料……》《把一箱硬币放在沈阳街头，供路人自取，结果出乎意料……》《我们把一箱硬币放在成都街头，供路人自取，结果出乎意料……》……相似的新闻、相似的标题。前一阵子，"一箱硬币"突然出现在广州、成都、沈阳、合肥、郑州、重庆、南昌、石家庄、无锡、萧山这些大大小小的城市，类似的新闻也在网络上疯转。

这股风潮从一线城市的广州刮到二线城市的合肥，后来竟然还刮到了大爷我的家乡湖北赤壁——一个勉强算得上四线城市的县级市，也紧跟时代潮流玩了一把"硬币测试"。让人无比骄傲的是，经过测试，赤壁人民的素质达到了前所未有的高度！而且，整个过程与结果同广州都是一模一样的，连当地媒体的标题也懒得改一下，还是"出乎意料"。

当我看见同学、亲戚、朋友带着抑制不住的喜悦在拼命转发这篇《我们把一箱硬币放在赤壁街头，供路人自取，结果出乎意料……》的自媒体文章以炫耀"赤壁人素质杠杠滴"时，我实在忍不住提醒道：亲，你确定没有被人忽悠？

被硬币消费

这场风靡全国的硬币测试，据说是受了英国绅士的启发。早些年，在伦敦街头的地上发现过硬币，而这些硬币正是由一些爱心人士有意无意丢在路上，目的是让伦敦的穷人或者迷路的孩子在极度困顿时，能够用这些硬币买一个面包充饥。

那么，这一段时间，到底又是谁在中国的各大小城市抛下这些意味深长的硬币呢？与伦敦街头的硬币不同的是，在俺们这儿，同样的"一箱硬币"，同样的"出乎意料"，不论发生在哪个城市，"一箱硬币"的过程和结果都是一样的，跟麦田怪圈一样神秘，有人甚至联想到了外星人。

隐藏的摄像头记录下街头硬币前的众生相：一些人觉得新鲜，驻足拍照发朋友圈，一些人响应号召，弯腰去拿硬币。视频中的人，无论是农民工模样还是学生模样，伸手去取硬币时都严格遵守取5个或5个硬币以内的约定。不仅如此，还有人把自己口袋里多余的硬币扔回箱子中，供有需要的人使用。有路过的家长，借此教育孩子要有助人为乐的爱心……据说到了后头，连投放硬币箱的人都被这项街头测试的结果暖到，一个满满正能量的测试成绩单出炉了，所有的城市中，不仅绝大多数路人自觉按需取用，更多人掏出自己身上的硬币往钱箱里扔。故事到这里简直美好得一塌糊涂。

然而，按照好莱坞一位著名编剧的观点，好的故事往往是"看起来是这么回事，实际上却是那么回事"的故事，如果这故事看起来的与实际上的完全一致，那么，这就是一个索然无味的糟糕故事。

假如看见了麦田怪圈，大家就一致猜测一定是外星人干的，过了一天，果然就在麦田里见到了摔坏的不明飞行物，还有外星人的尸体，那这个故事就没意思了。

如果有人见过隔壁老王经常半夜赶着牛扛着耙去麦田里忙整晚，于是猜测外星人不会这么无聊，而隔壁老王则有讨好村里寡妇董小姐而制造麦田怪圈博其一笑的动机，这个故事就有那么点意思了。

不出所料，多地"一箱硬币"的温暖故事，是一个好故事，按照好莱坞的标准，它看起来的与实际上的是矛盾的、冲突的。

据《每日经济新闻》记者的调查发现，这些"硬币"背后，藏着同一家公司。他们用了几枚钢镚儿，就办了别人扛几箱百元大钞也未必办得成的大事。

据报道，一家名为掌上互动科技有限公司策划了这起活动。该公司负责人表示，活动策划创意来自广州总公司，广州、苏州、郑州、重庆、成都等多地的公司陆续发起。

而在广州和郑州，"广州印象"和"郑州印象"两个微信公众号分别发布了标题与内容一模一样（仅仅地名不同）的文章。记者发现，这两个公众号分属于广东有点牛文化传媒有限公司和河南有点牛网络科技有限公司，而这两家公司的母公司都是深圳有点牛传媒有限公司。其官方网站介绍该公司主要从事城市新媒体业务，业务涵盖了营销策划、IP打造、广告推广等。

很多网友质疑，这些活动视频是作秀，视频经剪辑而成，全部正能量未必是真相，是否有一些类似"拿多了"的场景没有放出来？

曾经轰动一时的"罗一笑事件"被曝光是营销策划机构的一次炒作，人们惊讶地发现故事的主人罗尔并非自媒体文章说的那样陷于困境，而是有房有车的作家。让人感觉非常无趣的是，那些赚足了我们眼球、泪水甚至捐款的所谓爱心接力活动，事后总是被揭，不过是营销推手消费爱心、另有所谋的一次次忽悠。

这种忽悠带来的一个后果就是信任的崩塌。现在人们对保护动物、捐助绝症病人、资助失学儿童等活动开始变得更加冷漠，就是一朝被蛇咬十年怕井绳的心理反应。

不是不愿献爱心，不是不愿意扶起摔倒的老人，不是不愿助人为乐，而是，各式套路防不胜防，一不留神就被套进去了，老是被人当猴耍的滋味不好受。

硬币的硬伤

不要拿几枚硬币来测试人性的善恶，有本事你就搬一箱百元大钞放到人堆里试试。

有网友表示，知道了这些活动背后的故事，感觉挺恶心的。就跟雇主在家里偷偷装个监控探头，故意在地上丢一些钱，观察保姆是不是手脚干净，如果保姆没有见钱眼开而是物归原处，于是又发个微博表扬保姆品德多么高尚似的。偷拍本来就是不道德，我们的自媒体也就会这么点小聪明的所谓策划能力。

满满正能量的原因是有人知道这是在作秀，知道肯定有摄像机，知道自己只需投入几枚硬币就有成名的可能。作秀成本这么低，谁不愿意去做呢。

为了制造新闻与点击率，以几枚硬币就把广告策划的效果做成这样，这个"得付比"简直就是一本万利的好买卖。

多年前读过挪威易卜生的一段话，每个人对于他所属的社会都负有责任，那个社会的弊病他也有一份。

为何有那么多人明明知道这些廉价的正能量不过就是在作秀，却乐于被人利用，帮人传播扩大影响，不知不觉中成为这类低俗策划机构的帮手？

因为"假装相信"是一桩没有成本的生意。

这有点像是人们对上帝的信仰。对上帝的崇拜是一桩没有风险只有收益的投资：假如上帝真的存在，他就会宽恕我们干过的坏事，让我们不必担心受到惩罚；假如上帝不存在，我们也没有任何损失。所以，我们都乐于把自己归于高尚的一个群体，都机智地把自己从一个低俗的群体中剥离出来。

正如米兰·昆德拉所指出的那样，他们只有在愚蠢的时候才是真诚的，在安全的时候才是勇敢的，在免费的时候才是慷慨的，在浅薄的时候才是动情的。

那些相信几枚硬币可以成为城市居民素质高低"试金石"的人，要么是真傻，要么是装傻。

迪特里希·朋霍费尔认为，对于善来说，愚蠢是比恶意更加危险的敌人。面对愚蠢，根本无法防卫，要反对愚蠢，抵抗和力量都无济于事，愚蠢根本不服从理性。假如事实与一己的偏见相左，那就不必相信事实，假如那些事实无法否认，那就可以把它们干脆作为例外推开不理。

愚蠢是一种道德上的缺陷，而不是一种理智上的缺陷。有些人智力高超，但却是蠢人，还有些人智力低下，但绝非蠢人。愚蠢是养成的，而不是天生的，愚蠢是在这样一些环境下养成的，在这种环境下，人们把自己养成蠢人，或者允许别人把自己弄成蠢人。

我们还进一步注意到，比起不善交际或孤寂独处的人来，在倾向于或注定要群居或交往的个人或团体当中，愚蠢要普遍得多。由此看来，愚蠢是一个社会学问题，而不是一个心理学问题，是特定的外部因素的一种心理副产品。不论是政治革命或宗教革命，都似乎在大量的人当中造成了愚蠢的大发作。一方的力量，需要另一方的愚蠢，是力量的高涨已变得如此可怕，它剥夺了人的独立判断，人们放弃了（或多或少是无意识地放弃了）自己评价新的事态的努力。一旦他交出了自己的意志，变成了纯粹的工具，就再也没有什么罪恶的极限是蠢人所不会到达的了，但他仍然始终不可能了解那是罪恶。

硬币的救赎

圣经上有一句话，对上帝的畏惧，就是智慧的开端。换言之，治疗愚蠢的唯一办法，是灵性上的救赎，因为唯有这样，才能使一个人像上帝眼中负责任的人那样生活。

不过，在对人的愚蠢的这些思考中，也有一点可慰之处。我们没有任何理由认为，大多数人在所有的环境中都是愚蠢的。

硬币除了用来测试人的素质、打发乞丐、抛到石缝与水池中，其实还有很多用途，比如，可以用它来预测股市的涨跌。大爷我一直觉得，那些长篇大论的股市策略报告很多时候只值一块钱——假如一元硬币的正面表示大盘看涨反面看跌，你要做的不是在电脑键盘上敲个不停，而是把一枚硬币抛到地上。当你拿不定主意要不要买入某只股票时，取出一枚硬币，正面买，反面不买，也是很好用的。

在洛杉矶的那几天，随着裤袋里的硬币越攒越多，我决定抛一枚硬币来决定所有硬币的归宿——是反面朝上，于是，我把它们都丢进了一位露宿街头的流浪汉的碗里，奇怪的是，那一阵叮叮当当的声音蛮响的，竟然没有惊醒他裹在一床破棉被里的甜梦。

当然，硬币还有一些比较另类的用法，比如，有对年轻的夫妻，就经常把一枚硬币当作玩具放到孩子手掌上。

这是一个情趣低俗的段子。说是因为住房窄小，一家三口只能睡在一张大床上。年轻夫妻晚上要亲热只能等5岁的儿子睡着了才能办事，为了测试孩子是否睡着了，每次他们都拿出一元硬币放在儿子手心，如果儿子没睡着，他就会把硬币攥紧！如果睡着了，他就会继续摊开手掌，如此再三，屡试不爽。

有一次，他们看到孩子像睡着了的样子，于是掏出一元钱硬币放在他手心，孩子手掌摊开，毫无反应，果然是睡着了。

于是夫妻俩开始亲热，玩得正嗨时，儿子忽然一屁股坐了起来，吓得夫妻俩不知所措。

孩子生气地把一元硬币抛到父母面前，一脸严肃地说："嘿嘿，你们这些大人也太小气了点吧？办这么大的事，每次才给我一块钱！"

假如炒股是一场荒野求生

LUN SHUAN PIAN

论川篇

华尔街已死，去了云端

> 我在想，国人对华尔街的误解有多深，华尔街对中国的误解就有多深。我们对华尔街的认识更多的是停留在过去，而华尔街对中国的认识同样如此。什么时候我们学会以平视而非仰视的目光去看待华尔街的历史与现实，我们对世界金融市场的认识才会趋于理性成熟。

20世纪90年代，一部《北京人在纽约》风靡全国。

美国对那个年代的大多数中国人来说，是一个遥远陌生的国度，来自大洋彼岸的各种信息为人们提供了盲人摸象的素材。有人摸到了摩天大楼，就说那里是天堂，有人摸到了地下室，就说那里是地狱。

当年还特流行一个装逼上天的排比句式——如果你爱一个人，就送Ta去纽约，因为那里是天堂；如果你恨一个人，也送Ta去纽约，因为那里是地狱。

现在看来，别人的天堂也可以是你的地狱，天堂地狱，存乎一心。一群内心特自卑外表特励志的屌丝来大城市捞世界的故事，搁北上广深，那就是悲惨。摆到纽约，立马就洋气了几分，那就成了悲壮。

可见那个年代崇洋媚外的氛围有多浓厚了。

华尔街被废

要说崇洋媚外的重灾区，则非华尔街莫属。自有股票市场开始，国内但凡搞证券投资的，言必称华尔街如何如何，档次很快就上去了，不懂华尔街历史的人，赚再多钱那也只能算民间高手。

曾经在华尔街混过几天，在国际大投行里哪怕做过端茶倒水打扫卫生的活儿，一回到国内就会身价倍增，高管任做骏马任骑，华尔街海归精英一度成为各大金融机构的抢手货。

大爷我这次来美国，本来租了辆车在西海岸的荒漠与小镇玩得不亦乐乎，然而，毕竟还是俗人一个，没能经受大都会的诱惑，拐弯抹角还是跑来纽约看高楼大厦。

非得亲自吸上一口地铁里呛人的汗臭味儿、亲眼看一眼哈德逊河畔的狗尾巴草和蛐蛐草长得跟珠江边上的别无二致、亲自被时代广场泛滥成灾的LED广告污瞎了眼睛并在唐人街的正宗川菜馆内捧着一盆重庆辣子鸡像久别重逢的亲人……才得以验证虚荣心的虚无。

我在想，电视剧中北京的大提琴家王起明和妻子郭燕没事跑这儿打拼是一件多不划算的事儿啊，在纽约挣了20年的钱现在回北京没准还买不起一套像样的房子。

就像练武功的人路过嵩山不进少林寺朝拜一下似乎失礼，作为一个20多年来与股票厮混得不清不楚的男人，到了纽约而不去探望一下华尔街，怕是要背上"薄情寡义"的骂名。

出租车司机竟然不知道华尔街在哪，某同学只好用百度导航带路，司机七弯八拐地把我们送到目的地，满脸不屑地嘟囔了一句：啊哈，原来是这个鬼地方！

还真是，相见不如怀念啊。

这条宽不过11米长500多米的简陋小巷，一直以世界金融中心而闻名于世，如同少林寺在武林中的名望那样。

然而，盛名之下，其实难副。眼前的华尔街不知不觉地变成了一座金融废墟，只是人们不愿意面对它行将就木的现实而已。那些成就它一世英名的金融界大佬，要么早就死了，如摩根、洛克菲勒；要么退隐江湖不问人间事，如彼得·林奇；要么根本就跟华尔街没啥关系，如巴菲特和芒格。财经节目中看到的那一大群身披马甲、表情丰富、手势优雅、反应灵敏、擅于"抢帽子"的场内交易员早已不知所终。

华尔街的衰落远比我们看到的要早，最早可以追溯到1971年NASDAQ的出

现。一个绕不过去的事实是，当今全球最具魅力的科技股几乎都不在位于华尔街的纽交所上市。它们扎堆于华盛顿的纳斯达克证券市场，这家由全美证券交易商协会创立并负责管理的交易市场与华尔街有着迥然不同的基因，它是全球第一个电子交易市场。

2017年纳斯达克指数迄今涨幅惊人，而对纳指上涨贡献最大的5只股票分别是苹果、Facebook、亚马逊、微软和谷歌，5家科技巨擘合计贡献约40%。

如今的华尔街，肉身已死，徒留一条干瘪的木乃伊。她的魂灵枯槁，如鲍勃·迪伦在风里飘。

华尔街对于股市的意义，就像少林寺对于功夫。少林寺的功夫仍然名声在外，方丈俨然网红，据说分号都开到澳洲了。然而，现在的年轻人谁还会千里迢迢跑到嵩山去学功夫？他们从小就开始在网游中操练功夫、飞檐走壁、刀枪不入，在互联网的世界，他们可以一夜之间变成"绝世高人"。

华尔街的遗产

华尔街还剩下什么？纽交所大楼那几扇跟广州一德路海鲜档口的卷帘门极

为相似的小门半天也看不见有几个人进出，远不如旁边的川普大楼那俗气得让人作呕的土豪金外墙引人瞩目。

至于那座人尽皆知的铜牛，其实不在华尔街，而且，它的设计者跟股票半毛钱关系都没有。

华尔街铜牛的设计者是一位来自意大利西西里岛的艺术家，名叫阿图罗·迪·莫迪卡。这哥们来美国多年后，老想做一件东西一鸣惊人，好出人头地。有一天，他突然想到华尔街是世界金融的心脏，如果有自己的作品放在这里定会引人注意。于是，莫迪卡开始创作一头铜牛，打算在1989年圣诞节的时候摆在华尔街证券交易所前面，祝福股市来年一牛冲天。

由于有碍交通，铜牛最后被搬到与华尔街斜交的百老汇大街上安了家。本来源于一个艺术家纯粹功利的动机，结果被那些热爱名利的粉丝奉为"力量和勇气"的象征，他们幻想借由铜牛的加持，股市就能永保"牛"市。看来，不只是我大A股民喜欢搞封建迷信啊。

网上经常出现所谓海外中国人素质低下，丑态百出的新闻。比如，有人拍到了中国游客骑在华尔街铜牛上摆出各种造型照相，一些媒体于是借题发挥认为这是中国人缺乏公共道德、无视自身形象的例证。然而，我在现场看到的情况则是，骑在华尔街铜牛上照相的外国人比中国人要多得多。我在铜牛旁待了一个多小时，看到所有与铜牛合影的中国人都只是靠近铜牛或者摸着牛角照相，反倒是老外不断地爬上牛背。更让人觉得滑稽的是，有很多洋妞竟然排着队去摸铜牛屁股下的睾丸照相，可怜公牛的蛋蛋硬是被这些洋妞摸得变了颜色。

我在想，国人对华尔街的误解有多深，华尔街对中国的误解就有多深。我们对华尔街的认识更多的是停留在过去，而华尔街对中国的认识同样如此。什么时候我们学会以平视而非仰视的目光去看待华尔街的历史与现实，我们对世界金融市场的认识才会趋于理性成熟。孤芳自赏，目空一切不可取，盲目媚外，妄自菲薄亦不可取。

华尔街沦陷

电子化交易从某种意义上说摧毁了华尔街传统的交易方式与交易文化，但是，杀死华尔街的终极杀手则很有可能是人工智能。

据外媒报道，摩根大通利用AI开发了一款金融合同解析软件，经测试，原先律师和贷款人员每年需要360 000小时才能完成的工作，这款软件只需几秒就能完成。而且，不仅错误率大大降低，重要的是它还从不放假。

一切人类在AI面前都是树懒。金融家被码农羞辱，曾经会聚全球顶尖金融人才的华尔街已经率先被人工智能攻陷了。

马云在最近的演讲中预测，阿尔法狗下一步还会灭了整个金融圈，这不是危言耸听。

一个超人工智能，一旦被创造出来，将是地球有史以来最强物种。所有生物，包括人类，都只能屈居其下。看到人工智能的强大，是否应该仔仔细细地考虑下有了机器人，自己能做什么？看来，财务人和金融人失业在所难免。

2000年，高盛在纽约总部的美国现金股票交易柜台雇用了600名交易员。但是现在，这里只剩下两名交易员"留守空房"。不仅高盛如此，瑞银的交易大厅也空出一个足球场来了。

用更高的科技取代成本高昂效率低下的人工劳动是所有行业的一大趋势。高盛、瑞银的交易员被替代的经历，只是全球金融公司的一个缩影。花旗银行预测在2015—2025这10年间，欧美银行将会裁员30%，数量最多达到170万人。

荷兰的ING银行宣布一个可以让他们在未来省下近9亿欧元的"数码转换"计划：先砍掉5800名员工，占员工总数的13%，未来再视情况让另外1200名员工转职或是裁掉；德国商业银行宣布，到2020年他们会将银行中80%的工作都数码化、自动化，最终将会裁掉9600名员工，此外，暂停发放股息，来弥补重组计划的成本；苏格兰皇家银行发布一个线上的AI客服系统，这个客服系统可以根据客户的语调来做出反应，而且，它还永远都不需要休息，更不会要求超时津贴；美银计划在消费者银行分部减少8000多个工作岗位。被减少不只是员工，还有网点。美国银行、花旗和摩根大通自去年第三季度以来，已经关闭了389个网点。

在今年贵州的大数据峰会上，马云再次语出惊人：未来30年是最佳的超车时代，是重新定义的变革时代。如果我们继续以前的教学方法，对我们的孩子进行记、背、算这些东西，不让孩子去体验，不让他们去尝试琴棋书画。我可以保证，30年后孩子们找不到工作。

此言不虚。听马云的，以后别让孩子学金融专业，反正也找不到工作。

学金融的要哭了

美国一直引以为傲的是拥有强大且众多的高科技人才。

第二次世界大战时期，出于国家利益和战时需求，美国依靠以"阿尔索斯"命名的美军侦察部队，通过强制和非强制手段，把战败国德国、意大利的几千名科学家工程师带到了美国，迅速集聚了急需的原子物理学、核物理学、化学和数学等军工领域的专家。这些人才对美国二战后的快速发展起到了不可估量的作用。

如今，中国的科技虽然取得了重大发展，与美国相比却依然有不小差距。有识之士纷纷呼吁，中国的当务之急是要解决顶级科技人才问题，要向美国学习吸收全球顶尖人才的战略，引导人才流向科技创新领域。

中国的优秀人才都去哪儿了呢？据说都去搞金融了。

现实确实如此，金融行业就是一个聪明人扎堆的地方。让人困惑的是，到底是优秀的人才都去干金融了，还是干金融之后，人都变得优秀了呢？

对于这个怪象，曾经加入美国国籍、在美国居住18年之久、后来却宣布放弃在美国拥有的一切返回中国继续进行科学研究的清华大学副校长施一公表示痛心疾首。

施一公指出，压死骆驼的最后一根稻草是什么呢？是鼓励科学家创办企业。不是说金融不能创新，但当这个国家所有的精英都想往金融上转的时候，我认为这个国家出了大问题。

比平庸更可怕的是，把才华和智慧用到了错误的地方。

中国的大学很有意思，比如清华大学，学生从入学开始，就要接受"就业引导教育"。堂堂清华大学，都要引导学生去就业，都让学生脑子里时时刻刻有一根弦叫就业，施教授觉得非常不可思议。

大学，尤其是研究型大学，就是培养人才的地方，是培养国家栋梁和国家领袖的地方。让学生进去后就想就业，会造成什么结果呢？就是大家拼命往挣钱多的领域去钻。

施教授说，70%～80%的清华高考状元都去了经济管理学院。连他最好的学生，最想培养的学生都告诉他说，想去金融公司工作。

人不可能一边做大学教授，一边做公司的管理人员，一边还要管金融。我们从领导到学校，从中央到地方，在鼓励科技人员创办企业，这是不对的。

清华科技园总裁梅萌也表示科学家不能创业，也不应该创业。在他看来，科学家是认识世界的，企业家是改造世界的；科研需要静，创业需要动。两者思维模式不一样，既当科学家又当企业者的人少之又少。

科学家创业与精英扎堆金融的本质类似，都是急于将自己的聪明才智尽快变现。国内80%以上的高考状元选学金融行业，而出国留学生中，去名校读金融更是梦寐以求的选择。

只是，近年来，学金融的精英们要在金融公司中找到称心如意的工作越来越不容易了。不用说欧美的金融机构，就是国内的金融机构，随处可见毕业于藤校的毕业生在做柜员或者客户经理，这类岗位基本上就没有太多技术含量，之前多由中专生与大专生允任。

云端的华尔街

我猜想，华尔街死了，既不会去天堂，也不会下地狱，而是去云端。

交易的去中心化是互联网时代的必然过程。传统的物体意义上的交易所会消亡，大数据与云计算早就开始让交易市场隐身于云端，过去喧嚣的人工报单场景成为历史资料，交易在计算机系统安静地自动撮合……你也可以说交易的乐趣同时消失了，但是，金融是一件讲效率的勾当，很多人觉得不需要乐趣，只需要争分夺秒，这也是大势所趋。

正是，长江后浪推前浪，前浪死在沙滩上。

信息技术的革命性进步催生了纳斯达克。纳斯达克是一个完全采用电子交易、为新兴产业提供竞争舞台、自我监管、面向全球的全美也是全球最大的股票电子交易市场。每天在美国市场上换手的股票中有超过半数的交易在纳斯达克上进行的，有将近5400家公司的证券在这个市场上挂牌。

但是，我们在华盛顿却找不到一条华尔街。

我也找不到再次回望华尔街的任何理由。想想那些年对华尔街的向往、迷恋与膜拜，恍如隔世。是曾经的我"热情已被你耗尽"？还是"我已经变得不再是我，可是你却依然是你"？

去肯尼迪机场的路上，我把刘欢那苍凉的"Time and time again you ask me"又听了一遍，仍然无法理解当年那种千万里追寻的意义何在。毕竟，纽约一直是纽约人的纽约，正如北京是北京人的北京，对于外来客，都是异乡，甭管用多少升眼泪，也不可能换来故乡的温存。

华尔街每一寸肌肤上都铺满了故事，古道西风冷，金钱永不眠。在道貌岸然者看来，这儿从来就是一个藏污纳垢之地；在实用主义者眼中，这儿是一处冒险家的乐园，一个最适合巧取豪夺、弱肉强食的围场。

假如人间的善与恶是能量守恒的，那么，它们肯定不会一直是完全一样的比重，更不会静止如山丘，而是波动如股市。

有时候，善多于恶，于是，世上便有了巴黎圣母院；

有时候，恶多于善，于是，世上便有了奥斯维辛集中营。

更多的时候，善与恶纠缠不清，于是，世上便有了华尔街。

我在美国当司机，一路上人生观被颠覆好几回

> 有的人永远活在另一段生活里，另一段故事里，无法在他目前所处的生活中拯救他已经不在场的生活，总是觉得窗外的那个世界更加美丽。
>
> 那些向往美国的国人，只是不了解美国，所以，美国不过是他的"别处"。

耳听为虚，眼见为实。如果你想知道桃子的味道，那就得亲自尝一口！如果你想知道真实的美国，那就得亲自去跑一趟，除此别无他途。不吃猪肉只看猪走路的人，永远不可能成为美食家。

我带着这种既要吃桃子也要吃猪肉的心念去美国当了10来天司机，亲自驾驶一辆美国产的SUV，从人烟稀少的西部小镇一路开到人潮汹涌的纽约，算是把美国有代表性的几个地方粗略地看了一遍。

在这之前，跟许多国人一样，我心目中的美国，只是那个被影视、书刊以及道听途说浓妆艳抹得几近失真的脸庞，一个PS过的美国。

有人说，最美的风景只存在于无法抵达的远方，因为需要足够的距离才能产生美，于是，那些不曾到达过的远方总是惹人遐想。而由于喜新厌旧这个人类的劣根性，熟悉的地方却总是没有风景。难怪有人说，旅行无非就是从自己过腻了的地方跑去别人过腻了的地方的一个过程。

虽说时间短，深入美国社会的深度与广度有限，无法进行系统研究。即便如此，一路上所见所闻，还是颠覆了我以往对于美国的诸多认知。

关于美式规则

过去我们都认为美国是一个非常讲规则的社会，交通秩序井然，汽车老远就避让行人，司机开车循规蹈矩。反观国内，汽车与行人抢道，行人大摇大摆地闯红灯，"中国式过马路"成为一道马路奇观。

让人感到意外的是，美国的街道上行人闯红灯竟然同样稀松平常。在曼哈顿的繁华街道，白人、黑人和其他有色人种结伙闯红灯简直就是家常便饭，跟中国式过马路没啥两样。你总不能说他们这样过马路是被中国大爷大妈给带坏的吧？反正我观察到的场景是，美国人闯红灯的时候，白人黑人都是冲在最前面的，亚裔面孔的行人一般都是迟疑了一会儿才跟上去的。

当然，美国的交通规则规定就是行人优先，任何情况下机动车辆都要避让行人，即便是行人闯红灯，你也得避让，否则警察就会找你麻烦。

尽管如此，既然路口设有红绿灯，斑马线也有明显的允许行人通行和禁止通行的信号灯，说明交通规则同样对行人也是有要求的。如果说"中国式过马路"是不守规则，那么，"美国式过马路"说明，美国人也不是我们之前所想象的那样凡事认死理，事事都讲规则的。

从洛杉矶开往拉斯维加斯的路上，我特别留意路边的限速标志，一般都是限速65英里，最高也就75英里，据说美国的警察神出鬼没，经常把警车埋伏在路边的长草里，发现超速车马上对你穷追不舍，而且罚款很狠。为了避免不必要的麻烦，程大爷我基本上是按照限速行驶的，结果，我发现几乎所有的车辆都是超速行驶的，特别是皮卡开得像飞一样，很是吓人。卡车一般限速55英里，但是，那些卡车无一例外都是超速行驶。

是美国交警对超速驾驶汽车的态度比中国更宽容吗？

事实并非如此。路旁的警示牌上非常醒目地写着：警察对超速驾驶的违法行为持零容忍的态度！

一路上，不时可见因为超速而被警车逼停在路边的汽车，尤以美国人开的皮卡居多。

关于中国人规则意识淡薄，在美国不守交通规则乱开车的说法显然是没有依据的。据我观察，美国道路上的交通违规行为并不比国内的违章行为少，国内的电子警察的普及率应该远高于美国，道路的行车秩序看起来还要好于美国。

至少从开车和过马路这些小事情看，美国人并不是有些国人宣称的那样比中国人更讲规则。

那么，在大事上美国就很讲规则吗？尽管美国一贯标榜的普世价值从来就没怎么普世过，但还不至于像川普当选总统之后干脆扯下遮羞布公开亮出"美国利益至上"的底牌。

程大爷到美国的第二天，就碰到了两件跟中国有关系的大事件：一件是3K党和主张白人至上主义者的大游行，他们号称要杀光黑人，赶走其他有色人种；第二件事是美国贸易代表宣布接受总统授权单方面启动针对中国的301调查。种族歧视言论甚嚣尘上，很多美国人会说，自己不是种族歧视者，相反，我们讨厌种族歧视与黑人。连法律都可以漠视，哪里有规则可言？国际贸易纠纷不通过WTO仲裁，却单方面启动301调查，这哪有什么规则？

还有就是，这么多年以来，有联合国而不顾，动不动就搞单方面的军事打击与经济制裁，搞不懂它依据的是什么规则。

我恍然大悟：美国是一个追求自由的社会，在这儿，人们都要让规则见鬼去吧！

关于美式修养

美国人说话大多轻言细语，不小心踩到别人的脚赶紧赔礼道歉，这种礼貌谦让的文化氛围，不完全是出自教养，而是担心"不知道那个家伙身上是不是有枪"。

警察叔叔很威，叫你停下来你就得老老实实配合，这也不完全出于法制观念，而是担心"你手脚乱动警察可以开枪打死你"。

有人会说，即便是枪支泛滥，美国的人身安全仍更有保障，因为中国每年发生交通事故死亡的人数，远多于美国被枪打死的人数。

不过，这是两个概念，全世界每年死于恐怖袭击的人远远少于交通意外的人，但是，为何我们会更加担心恐怖袭击，而不怎么忧心于交通事故？

车祸一定程度可控，比如遵守规则，保持车速与车距，即使是意外，一般都不是杀伤性的，可以通过补救措施减少伤害。

而恐怖袭击造成的伤害往往是不可控、致命、甚至于毁灭性的。枪支泛滥带来的威胁，是与恐怖袭击带来的恐惧等量齐观的。

中国有着极为严格的枪支管制，在我们这儿基本上不存在"那个家伙身上可能有枪"这样的恐惧。所以，国人说话爱斗狠，据说东北人一句话就可能打起架来——"你瞅啥？""瞅你咋地？""我削你你信不信？"，于是"开片"。

为什么我们敢在国内的街头一言不合就放肆地狂飙国骂甚至于拳脚相向？因为大不了被打破鼻子打掉牙齿，因为你跟人吵架的时候基本上不用担心对方突然拔出一支手枪指着你的脑袋。

美国人崇拜的超级英雄要么就是枪法神准，要么就是飙车如风，如果脸蛋俊俏谈吐幽默，那就再好不过了。从西部牛仔到漫威的英雄人物，"超常规武器"与"超常人能力"是英雄们的标配。所以，"枪"在美国人的生活中，一直以来都扮演着非同寻常的重要角色。电影中那些样子奇酷火力惊人的"枪"，或许正是美国人心里那把"枪"的外在投射。

关于美式监管

美国人在生活中喜欢拥抱风险，在投资中则厌恶风险。这一点跟中国人完全不同。

保罗·萨缪尔森也不得不承认，"损失给人类带来的痛苦，要大于获得同等收益带来的快感"。这个人类应该是专指美国人吧？

这次在美国听到一个有趣的说法，说是美国人爱作死，天生爱冒险，所以美国人少，中国人不爱作死，所以人多！

但是，你要是据此得出结论说，中国人不爱冒险，那就错了。在拉斯维加斯的赌场里，华人太多了，甚至有一大批赌场里的"荷官"都是华人。好吧，国人其实是把赌博当成投资的。

美国社会非常强调自我管理，每个人都得对自己负责。

这一点在景区体现得特别明显。比如在大峡谷，险峻之处很多地方都没有护栏，也没有管理人员阻止你爬到悬崖绝壁上去照相，你自己对自己负责，你爱作死是你的事，摔死了白摔。不像咱们国内，名山大川，护栏基本上全覆盖。管理人员怕你爬到危险的地方作死，基本上都会在容易摔死人的地方值守，手持扩音喇叭反复提醒、阻拦你去冒险。

针对金融市场，美式监管与中式监管差异同样巨大。

比如新股发行体制，美国老早就是注册制了，你爱挂牌上市你就去好了，但是，如果发现你有造假行为，那么就对不起了，罚你没商量，所以，违规成本很高。

中国强化一线监管，入口卡得比较严。对投资者来说，监管机构入口卡得严，违规成本却较低。

为何美国股票交易所会假设"人之初，性本善"，而别的地方则假设"人之初，性本恶"？

监管方式跟文化有关吗？还是因为美国人在很多时候"人手不足"，所以干脆把城门敞开？

事实证明，"事后监管"不见得就会比"事前监管"更有效更优越，监管方式显然跟文化一脉相承，同时，它与这个社会的管理理念是一致，很难独立存在。

对于被监管者来说，不管当局如何监管，人的行为最终都要回归他的价值观，如果你坚守规则，那么在任何监管环境下，你都可以如鱼得水，会少很多麻烦。

对于美国社会的所谓普世价值观，不同的意识形态与个人信仰都会有不同的理解与答案，争论了多少年也没有统一的结论。

我在想，这个世界上至少会有一个普世底线，那就是，无论身在何处，无论面对怎样的监管环境，即便你没有高尚情操选择去做一个善人，至少你应该选择不作恶。

关于美国梦和中国梦

在美国游历期间，我一直在思考这样一个问题：假如美国的人口不是4亿而是14亿，那么它会变成一个什么样的国家？

不可否认，美国在科技、创新与教育等领域确实保持着领先优势，但是，美国的诸多优势是由其国情赋予的。

我们能看到或者听说美国生活的种种好处，究其原因，人少是一个重要因素，如果美国再多出10亿人口，与中国保持同样的人口基数，很难想象它的社会问题会糟糕到什么程度。

作为人口最大国的中国，人均资源占有量不足美国的四分之一，中美两国之间禀赋差距是显而易见的。

美国这样一个只有200多年历史的国家，没有深远的文化底蕴，也没有历史包袱，所以永远朝前看。

而那些有着丰富历史遗产的文明古国，之所以在美国崛起的时代相对落后，就是因为总是有路径可以依赖。

所以，脱离基本国情去奢谈美国梦与中国梦的优劣，不是一种实事求是的态度。

有些国人的美国梦之所以美妙，因为它存在想象中，而中国梦却总是与我们的现实生活血肉相连。

米兰·昆德拉在《生活在别处》中说出了生活的部分真相：当生活在别处时，那是梦，是艺术，是诗，而当别处一旦变为此处，崇高感随即便变为生活的另一面：残酷。

然而，人就是这样，拥有的不懂珍惜，没有的又苦苦追寻。

正如米兰·昆德拉书中所揭示的那样，我们选择了这个方法正如你选择了你的命运，你我的选择都同样是不可改变的。然而，每一个人都遗憾他不能过其他的生活。你也会想过一过你所有未实现的可能性，你所有可能的生活。

许多事情，只有在回望的时候，才会看见她的美丽与珍贵，如同消失在云烟深处、目光尽头的故乡。

年少时，总觉得家乡的小村庄是那样的闭塞落后，发奋读书，只为鲤鱼跳龙门，远离她的农田与瓦房。离家后，才知道城市有繁华也有落寞，有热闹也有孤独，有锦绣前程也有"揾食"艰难，有高楼大厦也有雾霾肆虐。

年少时，总觉得父亲给取的名字太土气，想方设法也要改一个洋气的名字。离家后，才发现满世界都是"程峰"，而儿时的"程山羊"却是那样的独一无二，让人怀念不已。

你看看，这就是典型的"别处"一旦成为"此处"之后的失落与惆怅。

有的人永远活在另一段生活里，另一段故事里，无法在他目前所处的生活中拯救他已经不在场的生活，总是觉得窗外的那个世界更加美丽。

那些向往美国的国人，只是不了解美国，所以，美国不过是他的"别处"。

而生活的真相是残酷的。

所以，有人的地方肯定不会是天堂，因为天堂里没有人，只有上帝和天使。

残酷的现实也不必然就是地狱，因为地狱里只有绝望没有希望。

每个人终其一生，还是要让"此处"变得更好。

"你的此处很美，但你却浑然不知……然后，继续寻找新的别处，永不满足。"

一家券商有没有明天就看这三点

用互联网思维看市场，把佣金率打到零，牺牲交易通道的利润，赢得更多的客户，然后，从其他途径把钱挣了，"羊毛出在猪身上"，这不正是许多科网股的套路吗？

曾几何时，在金融行业中，券商是唯一一个被认为需要看天吃饭的行业。牛市来临，券商赚得盆满钵满，熊市一来，减薪裁员，一派凄风苦雨。

10年前券商的收入基本上等于经纪业务收入，经纪业务收入又基本上等于交易佣金收入，那个时候，投资者通过观测每天的交易量就可以估算出上市券商业绩的基本走向，结果八九不离十。

随着券商家数的不断增加，特别是营业部数量的快速膨胀，行业内竞争开始加剧，佣金率逐年下滑，于是有人开始惊呼价格战打下去会导致全行业亏损，有人甚至言之凿凿地算出了一个成本佣金率，有的说是8‰，有的说是6‰，地方行业协会纷纷出台辖区内的"佣金同盟"，还要营业部负责人签字画押，感觉佣金再跌下去大家就都要完蛋一样。

打破"佣金同盟"的外力有两种：

一是国家发改委对部分地区行业协会组织的"佣金同盟"启动了反垄断调查，认定"佣金同盟"违法；

二是互联网券商直接以"3‰"的极低价格一下子打开了佣金率的下行空间。

而导致佣金率断崖式下跌的推手则来自两大政策的出台：

一是非现场开户的合法化。之前客户只能亲临营业部现场办理开户手续，非现场开户是严重违规行为，一经查实将会有监管函侍候。非现场开户的合法化让客户的跨地区流动成为可能，营业部较少区域的价格垄断瞬间被击垮，券商经纪业务的客户争夺从区域内扩展到全国；

二是一人多户制的政策出台。之前深市是可以一人多户的，但沪市一直只能一人一户，结果是客户流动受到了极大限制，"转托管"难于上青天，不仅客户饱受煎熬，监管部门因为相关投诉太多也头痛不已。一人多户制可以让客户不必去原开户券商销户或者转托管就可以新开户，哪家券商佣金率低或者服务更好，就可以选择新开户。

下跌趋势一旦形成，似乎就没有底部可言，佣金率没有最低只有更低。

让人倍感意外的是，佣金率从10年前的3‰、2‰，一路杀到现在的3‱、2‱，佣金率下降了90%，不仅没有造成全行业亏损，而且，无论大小券商，也没见有一家亏损的，甚至于那些优势券商还借此下了一盘很大的棋，华丽转身，全面转型，盈利能力、竞争力、行业地位都得到了极大的提升。

可见，佣金率的下降并不完全是坏事。

零佣金下的末路狂奔

如果你以为3‱、2‱就见底了，那说明你还是太天真了，没有硝烟的战争往往更加残酷。你敢给到1.5‱，我敢给到1.2‱，存量博弈，刺刀见红，在不少佣金竞争激烈的地方，佣金率已经低无可低，基本上直逼交易所规费，也就是说，就快低到扣除交易所成本之后佣金为零的水平了。

上市券商2017年上半年年报都已披露完毕，佣金率的最新变化也清晰地呈现在投资者的眼前。

一边是全市场交易量的萎缩，一边是平均佣金率毫无悬念地继续走低，单看这个数字，券商经纪业务的形势很是不妙。

据"券商中国"统计，2017年上半年，A股经历了几次短期调整，整体趋势稳中有升，但上半年市场整体交易活跃度较2016年下降较多，股基日均交易量为4465亿元，同比下降18.1%。

中证协数据显示，上半年全部证券公司合计实现代理买卖证券业务净收入

388.54亿元，与去年上半年相比下滑30%左右。上半年证券行业累计股基成交金额112.86万亿元，由此来看行业净佣金率为3.44‰，而2016年年底的这一数据为3.82‰。由此可见，佣金率逐步下行趋势没有根本性改变。

在佣金率和交易量双杀的格局下，券商经纪业务佣金收入随之下滑，曾经占据券商总收入半壁江山的经纪业务交易佣金收入，其占比逐月下降。

再看2017年上半年券商总收入，虽然与去年同期相比仍然下滑，但是，无论总收入还是总利润下滑的幅度均显著低于交易佣金收入下降幅度，可见，交易佣金收入在券商总收入中的占比也在持续下降。

谁的歧路，谁的坦途

佣金率的持续下跌对所有券商来说都是一场灾难吗？那要看对什么类型的券商了。

事实上，只有平庸的券商还在惦记交易佣金率，而具备领先优势的券商则早就借机开始了财富管理与全业务链战略的转型及布局。

价格战已经打到这份上了，为何还要往死里打，大家到底要图个啥？

对于佣金率的走低，行业中的有识之士早已不再是一片抱怨与叹息，而是参透了行业深刻变化的玄机。

近年来，经纪业务的收入构成中，交易手续收入占比一直在持续下降，而利息收入占比在大幅提升。价格战的逻辑是，低佣先把客户拉过来，只要客户有资金转入，不赚佣金赚利息，其实是件划算的买卖。

行业中的优势券商早就启动了全业务链模式，经纪业务的客户群体是资管、投行、直投、财富管理的重要载体。所以，做大客户特别是高净值客户数量与资产规模，可以为券商正在开展的投顾服务体系储备客户资源。

经纪业务进入存量博弈时代，优势券商希望通过低佣战略提升行业集中度，让经纪业务收入依存度过高的小券商彻底失去业务竞争能力。对优势券商来说，佣金率下滑的佣金收入损失可以通过其他协同业务得到补偿，甚至在其他业务上的收入增量远远超过买卖收入的损失。对综合实力较差的中小券商而言，佣金率的下滑是一个越来越无法承受的噩梦。

佣金率持续下滑会倒逼行业洗牌的加速，预计未来净佣金率（扣除交易所规费与印花税后）会无限逼近于零，而且这个趋势不可逆转，行业中经纪业务集中度会大幅提升，少数优势券商借助于价格战将会不断削弱中小券商的市场话语权，进而提升自己的市场份额。

总而言之，零佣金的出现，会导致行业格局朝利于优势券商而不利于中小券商的方向演变。

从2016年上半年各大券商的市场份额数据来看，前十大券商的优势并不明显，行业集中度仍然偏低，可见竞争有多么激烈。然而，市场却远未定局，现有的排名顺序随时可能被打破。

优势券商显然不会满足现状，它们正在把业务规模和市场份额提升到至高无上的高度。在残酷的存量博弈市场中，优势券商推动业务规模和市场份额的持续提升，可以保持对同业竞争对手的战略压制力。

无情最是大趋势

"流水落花春去也，天上人间"。高佣金率时代无可挽回地结束了，经纪业务躺着赚钱的好日子也过完了，接下来是需要跑着才能挣到钱的苦日子。

悲观的人总是怨恨趋势，乐观的人永远拥抱趋势；弱者必死于墨守成规，强者恒强于顺势而为。

那么，什么是经纪业务的大趋势？

第一，通道免费是大趋势。

互联网思维对商业社会带来了一系列革命性的改变，甚至重新定义了商业的概念。在充分竞争的环境下，一门生意的绝大部分产品与服务可以都是免费的，它的盈利只来源于独一无二的差异化产品与服务，如果你的服务与产品是与别人完全同质化的大路货，那就不可能有利润，因为存量博弈的结果可能是利润为零。优秀的企业必定会通过技术与服务的创新来寻找差异化，在利润为零的产品与服务之上创造新的利润增长点。

所以，不要一谈到零佣金就说成是恶性竞争好不好？

你用微信付了钱吗？用微博付了钱吗？为什么人家成本费都不用收回，花钱研发，不断改进，然后一分钱不收免费给你使用？

现在的杀毒软件还能卖钱吗？360就把它搞到了免费，当初有多少人认为周老板肯定疯了，这么损人又不利己的事儿，他图什么？

现在杀毒软件还是免费，但360已然找到了自己的盈利模式。

再回忆一下当年格兰仕微波炉把价格从几千块钱一台搞到几百块这件事，难以置信，以为这事儿准是不计成本的恶性竞争，现在微波炉还是几百块一台，格兰仕垮了吗？

第二，服务创收是大趋势。

用互联网思维看市场，把佣金率打到零，牺牲交易通道的利润，赢得更多的客户，然后，从其他途径把钱挣了，"羊毛出在猪身上"，这不正是许多科网股的套路吗？比如说，在券商营业部的收入构成中，息差收入的占比越拉越大，甚至超过了佣金收入。

投顾服务的大力推行，有望加速取代通道服务，成为经纪业务的重要收入来源。在相关政策措施出台后，未来优势券商可望在咨询收费、账户管理费、客户盈利的后端分成等服务收入方面取得显著进展。

优势券商会根据不同区域特点实行有针对性的市场竞争策略。比如，针对一人多户体系下客户资产分散于不同券商的格局，优势券商主动出击，利用CRM系统精准梳理客户信息，把客户服务的每一个细节做到位，以专业化的营销和服务手段，引导客户资产大规模向优势券商归集。

第三，全业务链是大趋势。

得客户者得天下，是服务行业的金科玉律。券商经纪业务引进和积累下来的客户资源是券商其他业务的重要载体。

无论是资管、投行还是研究业务，离开经纪业务的客户资源，可能就成无源之水，无本之木，难成大器。

可见，经纪业务直接创造的收入在券商业务收入中的比重会下降，但是，它为其他业务板块的收入增量提供了客户来源，它不仅是金字塔的底端，更是整座金字塔的地基。

扩大高净值客户群体数量，引进、盘活、做大客户资产规模是提升有效市场份额的有效途径。

只有当市场份额提升到其他竞争对手望尘莫及的水平，才可以说明经纪业务的财富管理转型获得了某种意义上的成功。而专业化的投资理财能力、资产配置能力以及多元化的收入结构不过是客户规模持续增长的顺带结果。

一家券商有没有明天就看这三点

有远见的券商不惜牺牲短期利益去打开未来的生存空间，它们坚定不移地扩大客户数量，做大客户资产规模，提升市场份额，为资产管理业务、资本中介业务等其他各项业务打下坚实的基础。

放眼未来，靠牌照赚钱肯定没有前途，靠通道收费肯定没饭吃。对于一家综合性券商来说，拥有强大的经纪业务或许会有辉煌的今天，但是，过度依赖经纪业务直接创造的收入，很可能不会有灿烂的明天。

未来的行业领袖将会是通过经纪业务占领庞大的客户群体，通过全业务链模式为客户提供全方位、一站式、差异化的财富管理服务，从而创造源源不断的增量收入的券商。

我不知道谁会在未来的行业变革中笑到最后，但是，从上述角度去观察，有以下这些特征的券商无论今天多么风光，却很可能没有明天：

第一，经纪业务收入在公司总收入中占比过高的券商没有前途；

第二，交易佣金收入在经纪业务收入中占比过高的券商没有前途；

第三，佣金率还在高位的券商没有前途。

在市场平均佣金率已经向谷底跌落的大趋势下，有的券商佣金率还在半山腰，未来出现补跌并下滑到谷底将是大概率事件。

只有没落的企业，没有没落的行业。单就通道收入来说，券商经纪业务无疑早就是红海，而从财富管理的角度去看，经纪业务则是广阔天地大有作为。

经纪业务行业20多年的变迁可谓沧海桑田，它就像漫威电影中那只巨大的变形金刚，有时候你看着它摔成碎片，必死无疑，然而，它总是能以一种意想不到的方式快速"重组"，奇迹般地变成另一个全新的赚钱机器，而且威力丝毫不减。

物质上超越别人，精神上超越自己

> 理想借助牛人改写了商业的历史。理想主义在鞭策社会趋于完善的同时也肩负着制造牛人的任务，这是理想主义在商业领域中的重要作用之一。

在这个物欲横流的世界，我们早已习惯了机会主义者的蝇营狗苟，习惯了英雄主义者的飞扬跋扈，也习惯了现实主义者的随波逐流……当下的困惑之处是，各式成功学在教唆人们如何快速地猎取名利，而泛滥的心灵鸡汤却不断营造现世安稳的幻象。

相比某首富理直气壮的"自己辛苦赚来的钱，爱怎么花就怎么花"，马云在阿里巴巴18周年年会上放言"阿里巴巴可以失去一切，但不能失去理想主义"就给人耳目一新之感。

不得不承认，我们有太长时间没有认真思考过理想主义的现实意义了。

阿里乌托邦

为什么理想主义对阿里巴巴如此重要，以至于马云宁可失去所有，也不愿意失去它呢？

因为阿里巴巴正是理想主义下的蛋——它"无中生有"，从空想的乌托邦到现世的商业奇迹，这一路上，如果离开了理想主义，很难想象阿里巴巴会变成一个怎样的存在。

理想主义这个词并不时尚，它是基于信仰的一种追求，它是以精神层面为核心，但并不排斥物质，它跟信仰紧紧联系在一起，有信仰的地方，理想主义才会形成。而那些有信仰、有追求的人，就是所谓的理想主义者。

改造世界既是理想主义者的目标，也是它的首要意义。理想对应着现实，理想主义是现实主义的对手。理想主义是高于现实并能调教现实的一种思想倾向，碰到适合的环境，它也可能转化为一场思想运动。理想主义必须与实践紧密结合，只有从空想的云端回到现实的土壤，理想的种子开花结果，才能证明它的价值。

理想主义对企业和社会的认知及主张常常导致乌托邦主义。乌托邦主义是理想主义的一种表达方式，它试图将带有强烈个人色彩的价值和实践安放在某个"理想国"，然后不遗余力地促成这些价值和实践的落地。

18年前，教师出身的马云说他要做出一家前所未有的电子商务公司去颠覆几千年来的传统商业模式，你可以说他是理想主义者，也可以说他是乌托邦主义者。18年后，不管是由于理想主义的精神指引，还是命运女神的特别眷顾，当初的"理想国"已然开花结果为走向世界的"阿里巴巴"。

绝对意义上的理想主义社会是人类梦想中最美好的社会状态，有点类同于西方早期的空想社会主义——生活美好，人人平等，没有压迫，仿如陶渊明笔下的那个世外桃源。

乌托邦式的企业文化也是极致的美好，它承载着企业领袖的完美主义倾向，洋溢着企业员工对灿烂未来的天真烂漫。

可见，18年来，阿里巴巴正是因为有一个"乌托邦"悬于天边，才有源源不断的前进动力。如今，"革命"已然在小河边取得了成功，如果阿里巴巴没有一个新的"理想国"去替代原有的"乌托邦"，那么，阿里不可避免会走向平庸。

所以，马云要强调现在的阿里已经不是一家普通的公司，而是一个新型经济体。希望再过19年，能够打造全世界第5大经济体——一个全新的"理想国"横空出世了。

马云清醒地认识到，虽然和创业时比，阿里已是庞然大物，但要是跟未来相比，它还是个孩子。18岁的阿里，需要思考改变去迎接未来的挑战。大部分人是看见才相信，只有少部分人相信了才看见。

18年前，马云的理想就是做一家让世界尊重的中国公司。而现在，阿里的未来必须要有"家国情怀"和"世界担当"，必须考虑自己的家、考虑每个人的家，考虑这个社会，考虑这个国家，考虑世界的担当，阿里才会赢得尊重。

理想借助牛人改写了商业的历史。理想主义在鞭策社会趋于完善的同时也肩负着制造牛人的任务，这是理想主义在商业领域中的重要作用之一。

当然，理想主义只有经受了现实的洗礼才会更加光彩夺目。理想主义推崇那些在遭遇艰难险阻的时刻敢于付出代价挺过来的人，也推崇那些永远不满足于已有成绩而奋斗不休的人。放眼望去，那些伟大公司的创业者，无一不是理想主义者，正是这样的情怀激励他们历经磨难但不改初衷，从失败走向成功，从优秀走向卓越。

马云最害怕的三件事

阿里最初的理想只是一种对成功的渴望，由于遥不可及，严格意义上说那不是"理想"，而是"梦想"。马云那句广为流传的"梦想还是要有的，万一实现了呢？"就是这种梦幻的标签。

梦想只有"万一"成真的概率，没实现是正常，实现了是意外。

很少人做好了面对意外成功的梦想的准备，迷茫、不知所措就难以避免。

理想主义选择与塑造英雄的活动只存在于每一段伟大历史的开端。理想不断创造神话，而现实却不断消弭神话。商业社会更加看重的是理性而非理想，这是一个理性主义的时代，它奉行的是现实标准，在这样的时代，理想主义逐渐受到冷落而被边缘化就是再正常不过的事了。

相比创业阶段，马云更加害怕功成名就之后的阿里会失去理想主义。因为他懂得，理想主义既是创业时的止痛药，更是守成时的春药。因为今天的阿里已经不是一家普通的公司，而是一个新型经济体。

只要还活着，药就不能停。所以，马云最害怕18岁的阿里会发生这三件事：

第一，只做大了规模，却忘记了责任。

在商言商，这似乎是天经地义的事，所以说，商人都该是机会主义者才正常嘛。投机就是为了达到自己的目标可以使用一切方法，突出的表现是不按规则办事，视规则为迂腐之论，其最高追求是实现自己的目标，以结果来衡量一切，而不重视过程，如果它有原则的话，那么它的最高原则就是"成王败寇"这一条。

从规模来看，今天的阿里已经是全世界第21大经济体。马云希望再过19年能够将阿里打造成全世界第5大经济体。而这个第5大经济体，不是因为规模，而是责任，更是担当。马云希望为全世界解决1亿人的就业机会，希望能够服务20亿的消费者，更希望能够为1000万家中小企业创造盈利的平台。

按照马云画下的蓝图，这个经济体创造的价值就是能够让世界更加普惠、共享，让世界经济更加可持续发展，更加健康和快乐地成长。经济体和普通公司有差别，公司以考虑自己利益为主，而经济体是要担当社会的责任。它不是规模的差别、不是利润的差别，而是担当和责任的差别。

第二，只看见了机遇，却忽视了挑战。

18年前，马云看到的是机会；而18年后，他看到的是巨大的挑战。这个挑战超越了一个企业的"经营范围"，只有理想主义者才会去"自讨苦吃"，例如，他们更关心全球的环境问题、贫困问题、疾病问题、不公平问题。

而阿里巴巴今天拥有了5万多名员工、2.5万名工程师和科学家，它拥有强大的技术能力，巨大的技术资源、客户以及一定的影响力。是时候思考一下，面对未来这个国家、这个世界存在的问题，阿里应该做些什么。

一个健康的社会环境中，能力与责任永远都要成正比。在理性主义者看来，理想主义者就是"吃饱了撑的"，主动把责任往肩上扛的马云宣称，他们拥有了别人没有的东西，这不仅仅是财富，更是责任。

要承担起更大的责任，对阿里来说绝非易事。不是所有的阿里人都做好了去承担更多责任的准备。承担更多的责任不仅是态度问题，也是一个能力问题。

第三，只拥有了财富，却失去了信仰。

让阿里巴巴坚持18年的是马云们的理想主义，或者说，正是因为坚持理想主义才使阿里巴巴走到了今天这样的高度。但是，马云最担心的是阿里的员工看到自己拥有这一切的时候，会志得意满，小富即安，忘却了理想主义，失去了追逐"理想国"的激情。

改造世界既是理想主义的目标，也是它的首要意义。如果人没有了理想，这个人会活得非常无趣。而由人组成的组织失去了理想，一个公司失去了理想，就只是一部赚钱的机器。

这个世界上永远会有公司比阿里更赚钱，但是这个世界需要每一个人都非常明确知道自己有什么、要什么和想做什么。所以马云才会反复强调阿里巴巴可以失去一切，但是不能失去理想主义。

为理想点赞

一个企业家是不是真的成功，需要看两点：从物质上超越别人，从精神上超越自己。正如海明威在《真实的高贵》中写的那样：风平浪静的大海，每个人都是领航员。 但是，只有阳光而无阴影，只有欢乐而无痛苦，那就不是人生。

我始终相信，开始在内心生活得更严肃的人，也会在外表上开始生活得更朴素。优于别人，并不高贵，真正的高贵应该是优于过去的自己。

从马云的创业历程，我们可以看到一个人在精神层面的不断进化：从追求个人事业成功的梦想主义，到追求企业利益最大化的理性主义，再到追求一个国家甚至全人类福祉最大化的理想主义，从物质到精神，从利己到利他，是一个不断升华的过程。

尽管围绕阿里商业模式的争议不断，尽管有人会认为马云的激情显得矫情，但是，我还是愿意为马云高举的理想主义点赞。

现实主义者总是认为，在人类的认知中，我们对物体的理解与感知，与物体独立于我们心灵之外的实际存在是一致的。所以，现实主义关心现实和实际而排斥理想主义。

愤青们肯定会质疑在我们这个时代谈理想主义的现实意义，会认为一个企业只有做到了阿里这样才能谈理想主义，一个人只有在物质上取得了成功才可以有精神上的追求。就像管仲所主张"仓廪实而知礼节，衣食足而知荣辱"那样。

活在当下的自我满足、精致的利己主义以及成功欲望的匮乏，凡此种种的生活态度已经深入人心。布尔乔亚的生活方式展示了我们身边的伊甸园，人们宁愿躺在安稳而慵懒的小资生活上睡大觉，也懒得去操心社会的完美与否，以及我们的人生还有哪些价值值得去追求。

相信理想主义可以拯救萎靡的灵魂，马云站出来表态要为理想主义大厦增砖加瓦，说明他在某种程度上完成了对自我的超越，他不满足于仅仅做商业世界的领袖，还要做我们身边的理想主义英雄，他呼唤的正是越来越多走向世界的中国富豪在道德上的回归。

我们生活中的普通人也不乏理想主义的典范，在那些把助人为乐当成最大的快乐、把有道德的行为当成生活理想的小人物身上，我们同样看见了将德行贯穿于人伦物用的理想主义光芒，这让我们想起了遵德行、道问学、致良知以及人人皆可为舜尧的中国儒家传统。

理想主义认可的英雄越来越没有高低上下之分，这种历史趋势迫切需要我们认真评价身边各种各样的理想主义。

比如，有一个名叫樊建川的四川人，倾其所有去建抗战博物馆，他的博物馆是中国最大的"博物馆聚落"，超过1000万件藏品，为我们留住了许多珍贵的历史记忆。樊建川有一句话说得透彻，"中国13亿人，12.5亿都应该过自己平淡的正常生活，但应该有一部分人挺起脊梁，敲响警钟，去做牺牲，我就想做一个敲钟人。"

真正的理想主义者越多，我们的社会也就越完善，应当大张旗鼓地赞美那些旨在改变现实的或声名显赫或默默无闻的理想主义者，请给予他们同样热烈的掌声。

只要今天不是世界末日，就总会有人看到这个世界的不完美，总会觉察改善的必要性和可能性，只要还有这种可能性存在，理想主义就有其生命力。

理想主义为我们平淡的生活不断注入正能量，以信奉者的自我超越证明理想的高贵。

在宏大的历史背景中，我们偶尔会看见理想主义的另类表达方式——乌托邦主义舞动的魅影，不管它是不是人类情境所固有的信仰，也不管它曾经对古典和基督教传统文化产生过如何深刻的影响，王尔德的这句话都值得我们仔细回味：一张没有乌托邦的世界地图是丝毫不值得一顾的。

买方请客基民买单

什么时候买方不是以"基民买单"作为付费方式，而是愿意自己掏出真金实银来购买卖方的研究成果与服务，才能把有真才实学的研究大神与徒有虚名的"南郭先生"区分开来，才能彰显卖方研究的尊严与价值。

哈佛大学校长德鲁·福斯特在2017年开学典礼上对新生致辞时指出，教育的目标是确保学生能辨别"有人在胡说八道"。

校长大人可能也看到了这个世界的一大怪象：有人就是靠"胡说八道"获得了世俗意义的"成功"，赚足了眼球与名利。

没有人能阻止别人"胡说八道"的权利，但是，培养自己的辨别能力还是很有必要，这样可以让你在生活中少干点傻事。

作为研究型大学的哈佛，竟然要强调"辨别"的意义，是否说明辨别能力的缺失，是一个全球问题？

未来打败分析师或许并非AI而是网红

拜"辨别能力普遍缺失"所赐，在一个辛苦研究大半年，不如网红三分钟的时代，很多人为知识付费、为严肃认真的研究成果付费锱铢必较，而为网红买单则一掷千金。

面对如此"大趋势"，崇尚"顺势而为"的卖方研究也不淡定了，应对策略是：要么把自己搞成网红，要么请一个网红来做首席经济学家。

最近还真有一位惯于"胡说八道"的财经圈网红被一家券商聘为首席了，看起来券商在网红身上还是舍得砸钱的。

假如给"胡说八道"搞一个奥斯卡评奖，证券行业中的那些网红分析师，拿下影帝影后应该不费吹灰之力。未来打败证券分析师的不一定是AI，没准是网红。

按理说，在证券市场，要辨别谁在"胡说八道"并非难事。投资的逻辑很重要，预测的结果很重要，但是，这些都不如"准确预测的持续性"重要，你要是经常正确才是水平，偶尔正确啥都不是，时间才是辨别胡说八道的试金石。

始终如一地缺失辨别能力的投资者固然多如繁星，明明有辨别能力却故意"装睡"的基金管理人也不在少数。

这样看来，分析师拼命往网红的方向靠，既是一招搂钱技巧，也是一种生存策略。

股票市场中的网红大致可分为两类：

第一类是大众网红。

粉丝以散户为主。这些网红凭着三寸不烂之舌，或花言巧语，或危言耸听，或装疯卖傻，或娱乐股民，或以散户利益代言人自居，他们赚到的钱主要来源于自媒体打赏、讲课费、卖软件或者会员费，除非特别红的大牛，绝大部分赚的只是小钱。

第二类是机构网红。

粉丝主要是公募基金、私募基金、信托、保险与银行的资管部门等。以机构为目标的网红，主要是来自大小卖方研究机构的策略分析师与行业分析师，他们赚取的"打赏"大头来自买方的分仓，知名度越高，言语越出格，服务越是细致周到，"打赏"就越是慷慨。由于机构的关照，往往会"捧红"一批卖方分析师，这些名为大牌实为网红的分析师，收入可以是普通分析师的10倍以上。

这两类网红的差别在于：给第一类网红分析师"打赏"的粉丝多是自掏腰包，而给第二类分析师"打赏"的粉丝，多数掏的是别人的腰包。

卖方研究早已从研究驱动转向营销驱动

这就不难理解为何每年的分析师"奥斯卡"评选拉票季，卖方分析师必定使出浑身解数，只为在这个榜上抢得一席之地。一个略显夸张的说法是，有些卖方分析师一年中一半的时间在忙着拉票，另一半时间忙着拉分仓，研究反而变成课外活动了。

　　国内颇有影响力的某分析师评选活动被誉为卖方研究的"奥斯卡"，也有人说这不过是证券行业的一次"海天盛筵"，还有人说，这是财富名利场上的交际花们一年中最重要的一次泳装比赛。

　　昨天下午开车时听央广经济之声，解盘的股评家把这周大盘缩量盘整的原因归结于卖方分析师都在忙着"奥斯卡"拉票，没人发研究报告了。于是，有股民抱怨，分析师们完全不顾市场的死活，职业道德还要不要？

　　不管怎样定义这类"奥斯卡"评选活动，说明它与卖方分析师的名利有太大的干系，大到可以奋不顾身，可以斯文扫地。

　　金榜题名，意味着黄金万两；名落孙山，则职位堪忧。所以，大家都打破头也要往榜上挤。

　　其实，卖方研究早已不是研究驱动，而是营销驱动。

　　"奥斯卡"分析师评比上榜与否，跟研究能力当然不能画上等号，从某种程度上取决于研究团队的勾兑能力。工夫在诗外呀。

　　这就不难理解，为何那些高大上的研究机构，在招聘助理分析帅（实际上

就是销售人员）的时候，明确提出学校、专业、从业经验都不限，唯一的条件就是颜值要高。

因为她们目标明确，搞掂买方，多拿派点，多拿分仓，看在钱的分上，再辛苦也是值得的。

"奥斯卡"评比活动对于卖方分析师的"重大意义"体现在两个方面：

一是直接把卖方分析师的薪酬分成了三六九等，从此以后，卖方分析师就分成了"奥斯卡"上榜分析师与"奥斯卡"落榜分析师，薪酬甚至可以相差10倍以上；

二是不断抬高上榜卖方分析师跳槽的"转会身价"，一旦上榜，意味着竞价跳槽比赛的开始，从百万年薪到数百万甚至于上千万年薪，只要有人看上，薪酬就随时可以翻几番。

多年来，在券商的业务范围中，研究咨询业务一直是与经纪、投行、资管、直投、自营并驾齐驱的几大业务板块之一。但是，从对券商收入贡献来看，大多数券商的研究部门本身就是一个赚吆喝的面子工程。

就算是几家影响力较大的卖方研究机构，单靠卖研究报告也很难卖出一个好价钱，更不用说那些小型券商了。

既然研究产品本身卖不出价钱来，大多数报告就算免费送给别人看也不一定有人要，那就需要另辟蹊径。

按理说，研报卖不出价钱，卖方研究投入的费用又那么大，这该是个不赚钱的生意才对啊。为何每家券商无论大小都纷纷延揽少则几十，多则几百号人来从事研究工作？为公司超高净值客户服务是一个押上台面的理由，真正的目标还是瞄准了买方的分仓收入这块大"蛋糕"。

由于保险公司在二级市场的投资主要还是依靠公募基金，而私募基金的交易一般与销售机构绑定，所以，公募基金俨然成了卖方研究的"衣食父母"。

券商赚吆喝，分析师赚银子

也就是说，只要把买方搞掂了，养活卖方机构庞大的队伍就不成问题。搞得好，券商养了一帮赚吆喝的研究员，工资却是买方"开"的，假如分仓收入足够多的话，券商既可以赚交易量，还可以多少赚一些收入，吃喝也赚到了，还不赔本，运气好还赚点小钱。这样看起来卖方研究还是一门好生意。

这个好生意的前提条件是混出名堂来的分析师都安分守己地坚守阵地，不因为"奥斯卡"打榜成功就翘尾巴。

本来，分析师拿了几个"奥斯卡"最佳分析师前三，对券商来说是挺有面子的一件事。

但是，虚荣心得到满足的一小段幸福时光过后，紧接着，各大券商往往就会面临着这些贴上"奥斯卡"标签的"大牌"分析师的薪酬要挟：要么大幅提升工资，要不他们就跳槽去别的券商了。

早年，"奥斯卡"最佳分析师大多是由十大券商"培育"出来的，甚至于还是这些大券商利用公司资源帮助他们打榜成功，本来以为这些"头牌""大牌"们会安心待在原有岗位，继续为东家招徕顾客，多赚银子，以报答东家的栽培与包装之恩。却不曾想到自己造出的"星"，一旦熠熠发光，就不满足于围绕月亮转了，个个都想做宇宙的中心。

一个非常奇葩的利益链条是这样形成的：卖方研究的"大牌"们先从大券商的研究部门打榜"奥斯卡"，混出点名堂后，就地涨价，身价提高一倍。眼看在原有券商职位与薪酬待遇接近天花板了，于是灵机一动，跳槽去了中型券商，职位跳升一级薪酬又提高一倍。只要还有人愿意出更高价格，跟他们谈真诚就像跟妓女谈贞操一样不识时务。"大牌"们的最后落脚点往往都是小券商，这跟三级片女星的最后归宿常常是风烛残年的富豪一样：职位跳升几级，工资待遇又翻一倍……经过几轮螺旋式的跳槽，最后"大牌"们的职位直线上升，薪酬就攀上天价了。

吃够了"为人作嫁"的苦头之后，有的大券商幡然醒悟，不再组织参加"奥斯卡"最佳分析师的评选，也就是说，公司不再乐意用自己的资源去为分析师打榜，分析师个人爱去勾兑就自己勾兑去。

小券商天价挖角，当然也不完全是撑门面。"大牌"拿了高薪，就得更加玩命去找买方搞分仓，私募基金的交易通道绑定了销售渠道，基本上没有选择分仓渠道的余地，保险与银行主动管理多选择委外，分仓与股东背景关联度大，同时也更在乎交易成本，所以说，公募基金才是他们最大方的"恩客"，反正花的是基民的钱，不用基金公司股东掏腰包，勾兑到位了，管理人员爽了，派点哗哗地就流到"大牌"们的名下，比市场平均佣金率高2～3倍的高质量的交易量带来丰厚的分仓收入，这其中的大头就成了"大牌"们的收入来源。

买方请客，基民买单

一直以来，卖方研究与买方之间的这种病态共生关系，秘而不宣，有些分析师为博出位，往往偏离研究的本源，奇招迭出，把研究工作搞成了娱乐活动。

现在看来，很多买方乐于充当所谓大牌卖方分析师的"衣食父母"，却完全把自己的"衣食父母"——基金持有人不当回事。

程大爷也是一个基民，让人不爽的是，10年前买的北京某著名基金公司的产品，直到上周五，10年总回报也不过9.9%，好在没亏本。简单测算了一下，这10年来，平均年回报率还不到1%，而每年持有该基金的管理费却是1.5%，假如该基金的交易佣金率是8‰～1‰，平均每年的换手率是10次，交易佣金交了1%，搞不清他们是在替谁理财。这样一算，买方帅哥们享用的美女早餐、卖方研究大牌拿走的天价薪酬，大爷我也贡献了自己的一分微薄之力呀！

所以说，买方的屁股不应该坐歪了，应该坐在持有人这一边，应该尽量站在持有人的利益立场上去考虑问题，尽可能降低交易成本，而不是慷基民之慨，以高佣金率的研究分仓为工具，去跟卖方勾兑。

10多年前，国内股票市场的交易佣金率是千2‰～3‰的时候，买方的分仓佣金率就是8‰～1‰，10年过去了，A股市场的平均佣金率逐年下滑，目前已经跌至2‰～3‰，整体佣金率下降了近90%，让人惊叹不已的是，买方的分仓佣金率岿然不动，坚挺在8‰高地以上不动摇。

10年前，沪深两市的股基日均成交金额（双向计算）1000多亿元，现在沪深两市的股基日均成交金额动辄10 000亿元以上，交易金额放大了10倍。与此同时，许多买方主动管理的基金规模也出现了快速膨胀，由此"制造"出来的交易佣金收入与10年前相比，增长了也近10倍，一年就是一个天文数字。这么巨大的利益，难怪卖方研究会不惜一切代价也要去分一杯羹了。

值得各个层面去思考的是，当下如何切实保护基金投资者的合法权益？

第一，买方每天都从所管理的基金身上按市值的一定比例提取了可观的管理费，没道理还要基金持有人再掏钱替基金公司购买卖方研究服务。买方如果认为大牌卖方分析师的研究成果很有价值，应该用基金公司的自有资金去购买卖方的服务，而不是用基金交易量作为对价去交换研究与服务，那样做等于是让持有人再掏一笔钱替基金公司购买研究服务，而公司却一毛不拔，显然，这种行为损害了基民的利益。

第二，买方可以通过支付一个固定费用去租用券商的交易通道，没有必要按交易金额的一定比率去支付巨额交易佣金，租用沪深两个专用交易席位的年费用不过就是50万元左右。小数怕长计，较低交易成本可以大幅降低基民的持有成本，有利于提高基金的收益率。

第三，假如买方仍然需要继续采用交易分仓的方式，交易佣金率不应该高于券商全行业的平均佣金率水平。

第四，正本清源，破除多年来卖方与买方的利益链条，有利于卖方研究把主要精力放在研究成果的质量提升上面，而不是盯住分仓"蛋糕"的争抢上面。

要尽快消除眼下这种浮躁虚荣、急功近利的研究文化。什么时候买方不是以"基民买单"作为付费方式，而是愿意自己掏出真金白银来购买卖方的研究成果与服务，才能把有真才实学的研究大神与徒有虚名的"南郭先生"区分开来，才能彰显卖方研究的尊严与价值。

同其他行业相比，金融从业人员的薪酬水平一直排在前列，但这并不意味着这个行业的技术含量与付出的努力比别的行业更高。不幸的是，这种没有最高只有更高的薪酬攀比反而助长了普遍的个人膨胀与浮夸之风。

钱来得太容易了，要做到自知之明却越来越难。

难怪南怀瑾会说，人有三个基本错误不能犯：一是德薄而位尊，二是智小而谋大，三是力小而任重。

网红分析师还是需要清醒地认识到自己的局限性，而不是一味地跳槽开高价。如果肚子里没有多少干货，而是凭着胆子大、嗓门粗赌一把，即便运气好走红网络，那也是兔子的尾巴长不了。

券商到底还缺多少个营业部总经理

至于那些行业中的金牌营业部总经理，他们不仅具有专业才华，具有极高的人际沟通能力，尤为重要的是，还具有持续学习的能力，永远跟得上行业发展的趋势。只有富于激情理想又具备综合素质者，才能成为行业中的佼佼者。

看样子，当下最贵的还是房子，最缺的却是人才。

这不，从年初到现在，大爷我每天接到最多的电话是："程大爷好，告诉您一个天大的喜讯：广州有个360度江景大宅特惠价15万每平方米，你有没兴趣？"我本想直接挂断电话，但是怕无良中介报复"呼死我"，只好非常客气地回答"我很感兴趣，但我没钱啊！"

排名第二多的电话是："程大爷好，这里有一个年薪百万的好工作给您介绍一下！"我知道他说的是什么工作，本想直接挂断电话，但还是想知道是哪家券商在找营业部总经理，于是非常客气地打探"是哪家券商呀？""一家业内排名前十的大券商啊！什么条件都好谈！"听到电话那端非常急切的口气，我只好安慰他说："我自己就算了吧，不过，我可以帮你问问别的朋友，看看他们有没有意向。"

上周，大爷我重操了一回旧业，参加了业内一家顶尖券商组织的营业部总经理领导力提升训练营，为学员们做了一次关于经纪业务转型的思考分享。

其实，从2000年开始，我利用业余时间为证券与银行等金融机构管理者做过的培训少说也有100场次了，10年前相对多一些，近年则比较少，从课程内容的设计和培训现场的交流情况来看，我非常强烈地感觉到，这些年来，金融行业的业务部门负责人，尤其是券商行业的分支机构负责人，更新换代的周期越来越短，传统意义上10年一代，后来变为5年一代，再到后来3年一代，现在则有可能是1年一代了。

这就是为什么猎头公司天天在四处寻找营业部总经理与分公司总经理的原因了。

借用一个软件开发的术语，20多年来，营业部总经理这个"产品"（或者说"工具"）一直处于一个不断改进的"迭代"过程。没有最好，只有更好，目标在于不断逼近证券行业发展对营业部总经理品格与能力的要求。近几年来，这个过程不仅没有结束的迹象，反而呈加速之势。

从证券经纪业务发展短短20多年的历史来看，营业部总经理大致上出现过6次大的迭代。

1.0 版总经理：草莽与英雄并存

这个版本的营业部总经理，可谓鱼龙混杂，素质相差悬殊，要么特有能力，要么特有关系。可谓博士与文盲并存，英雄与混蛋同场。由于证券市场刚刚起步，证券营业部的归属五花八门，所以，营业部总经理的来源也是五湖四海。当时的营业部数量极少，经营自主权却极大，每个营业部都相当于一个小型的证券公司。那个时候的营业部，既是金融高管的摇篮，也是许多草莽英雄的狩猎场。

那个年代，没有客户交易结算资金的第三方存管制度，没有营业部印章的集中管理制度，营业部跟证券公司没有多大的差别，从经纪业务、资产管理、融资中介到自营业务，甚至房地产开发、歌舞厅、麻将馆、洗脚店……啥都干。

海阔凭鱼跃，天高任鸟飞，这个时候的营业部总经理从职能上看，介于企业家与股市大佬之间，权力大，诱惑多，监管薄弱。

1.0版营业部总经理目前基本没有继续在营业部总经理岗位上的了，他们这一代的结局，落差之大，简直天上人间。

有人做过统计，第一代营业部总经理的最后归宿大致是这样的：

第一，三分之一"进去了"。由于挪用客户保证金、贪污公款、自营亏空、配合资本玩家操纵股价、内幕交易等违法行为，很多营业部总经理进了"号子"，也有跑路了的，这部分营业部总经理的结局是比较悲惨的，让人唏嘘不已。

第二，三分之一"上去了"。在早期证券市场的乱世中，凭借能经受诱惑的定力、一眼看到底的眼力和善于乱中取胜的能力，再加上一点运气和关系，一部分营业部总经理脱颖而出，成长为金融行业的翘楚甚至政商名流。比如广发证券前董事长陈云贤，早年的北大博士，就是从广州环市东路营业部总经理开始做起的，后来还升任了广东省副省长，算是1.0版营业部总经理中的代表人物了。

第三，三分以一"下来了"。这部分的营业部总经理部分选择自己创业而离开原岗位，有的是跳槽去了别的行业，平安落地已经是不错的人生际遇了。

2.0版总经理：从企业家到看门狗

券商大规模清理整顿之后，划时代的客户保证金第三方存管制度推出，客户保证金不在营业部的账户上了，从根本上杜绝了营业部总经理挪用保证金的重大风险隐患。

紧接着券商加大内控制度的建设，大规模实行了集中管理，电脑经理集中，财务集中，标志性的事件是将营业部的公章收到公司有关部门集中管理，营业部总经理的权力几乎被削去大半，一夜之间，营业部总经理从权力膨胀的"企业家"变为身上拴着铁链的"看门狗"。

由于客户基本上都是来现场交易，营业部面积很大，1000～3000平方米算是小型营业部，5000平方米算是中型，真正的大型营业部面积可达10 000平方米，跟沃尔玛、家乐福似的，人山人海。

券商营业部总经理在这个阶段的主要职责还是以守摊子不出事为主，防火、防盗、防信息系统故障，一旦交易系统中断，那就不是一个小问题，报纸都会隆重报道"某某券商交易系统中断半小时，客户要求赔偿损失"，然后是监管部门调查，公司领导问责，事情可大到营业部总经理立马下课的地步。

权力几乎没有了，责任与压力却丝毫不减。薪酬以底薪为主，跟业绩关系也不大，所以很多人感觉摊子大了也不好守，责任也大了。很多营业部总经理就是在这个时候开始离开这个岗位的。

3.0 版总经理：营销高手上位

以银证通为开端，券商营业部打破客户的区域界限，开始招募经纪人、开展银证合作、拓展非银行渠道，营业部改变观念，从坐商到行商，全面进入营销时代。

行业外高手特别是营销体系完备的保险经纪人和团队管理人员大量进入券商营业部，带来了客户经理招聘、培训、团队建设、业绩督导、渠道开发等一系列先进的营销理念与模式，部分先行券商在这个阶段脱颖而出，涌现出了一批行业内公认的营销高手型明星营业部总经理。这个阶段，奖金占了收入的主要部分，干得好的营业部总经理年入百万元比比皆是，大牛市时年入千万也大有人在。

4.0 版总经理：咨询专家出山

在营销时代的早期，建设大规模的营销团队与抢占更多的银行渠道是营业部快速成长的不二之选，这是营业部总经理的黄金时代，照搬保险公司的展业模式，当经纪人与渠道建设达到一定规模，业绩就可以火箭般上升。

然而，对营业部来说，最好的日子最先过完。

当经纪人+渠道模式被几乎所有券商营业部快速复制之后，总经理们忽然发现，大家又回到了原点。

于是，咨询服务开始作为招徕客户的新型武器为部分营业部总经理采用了。营业部一面培养自己的分析师，一面从外部引进有咨询资格的证券分析师来打造自己的投资咨询团队，大型券商营业部充分利用研究所的研究力量，对内服务高净值客户，对外营销机构客户。

高端营业部还会打造自己的咨询产品，开办自己的股民培训学校，组织各式投资论坛，花钱外聘股市名人举办投资报告会。

这个阶段，出现了一批投资专家型的总经理，营业部员工团队中咨询分析师拥有较高的地位和薪酬待遇。

5.0 版总经理：网络冲浪者的美丽新世界

非现场开户和一人多户制度落地之后，营业部已经远超物理意义上的营业场所，而成为互联网虚拟世界上的一个营销与服务站点，营业部客户来源从最早期的方圆5公里范围，扩展到后来的跨同城不同区域，再到后来的跨同省不同城市，一下子变得完全没有边界了，只要手机信号可以接通，跨省甚至跨国都没有问题。

如同3.0版营业部总经理中的佼佼者所做的那样，他们通过客户经理加银行渠道的模式，快速抢到了大量的新增客户，非现场开户与一人多户制度推出后，惯于互联网冲浪的营业部总经理立刻发现了通过网络渠道拓展客户这一前所未有的巨大商机，他们通过与互联网公司的合作，完成海量客户导流，快速实现了弯道超车。

我们可以看到，得网络者得天下，不到一年的时间，领先营业部的格局发生了翻天覆地的变化。

当然，这一阶段主要的领先者是那些不仅充分利用了互联网优势，同时还适时采用了低佣金率策略的券商营业部。

6.0 版总经理：财富管理时代的复合型人才

随着佣金率的不断走低，通道免费的未来清晰可见，券商经纪业务必定要寻找新的收入来源，向财富管理转型的形势越来越紧迫。

既然服务收费是大势所趋，如何以满足客户的需求为导向，通过提供优质服务来获取优质收费就是一个努力奋斗的方向。

但是，这一切都离不开有能力为客户提供优质服务的人才。专业的投顾服务，依托全业务链的客户综合账户管理体系，要求营业部总经理不仅需要懂得交易型客户的营销与服务，还需要熟练掌握投行业务、资本中介业务与资管业务的理论与实操。过去是只需要懂零售业务就可以吃香喝辣，现在你不懂机构业务就只能喝西北风。

没错，财富管理时代对6.0版营业部总经理的要求可以说是颠覆性地提升了，要想成为这个时代合格的营业部总经理，前提是你必须成为一个复合型人才。

猎头为啥开高价也找不着优秀的营业部总经理？

表面看是因为营业部数量膨胀了，优秀营业部总经理流失太快了，不合格营业部总经理淘汰周期太短了，新营业部总经理培养周期太长了。

深层原因就是，营业部总经理迭代的速度越来越快了，复合型人才是稀缺资源，人才储备跟不上啊。

待遇变好了，要求变高了，压力变大了，所以，尽管猎头开出百万年薪挖人，缺口还是很大。

现实困境还在于：有雄才大略者常常嫌它职位低；志大才疏者往往力有不逮；所以，营业部总经理经常走马灯似地流动，就不足为奇了。

至于那些行业中的金牌营业部总经理，他们不仅具有专业才华，具有极高的人际沟通能力，尤为重要的是，还具有持续学习的能力，永远跟得上行业发展的趋势。只有富于激情理想又具备综合素质者，才能成为行业中的佼佼者。

6.0版营业部总经理会是终极版本吗？

当然不是，迭代更新的速度还会加快，跟得上这种变化的总经理才不会被淘汰出局，具备这种素质与能力的专业人才会成为新的版本。

随着以AI为先导的金融科技在财富管理领域的加速应用，未来营业部总经理的个人综合素质还表现在对金融科技的快速学习与运用能力、有效利用券商自身业务平台的适应能力以及与其他业务部门有效合作的协调能力等方面。

不太遥远的将来，假如营业部总经理这种"产品"仍然存在的话，那个时候，N.0版营业部总经理会是什么样子的呢？极有可能"进化"成为一种人与机器的新物种。

我猜想，那个时候的N.0版营业部总经理身上会长出一对翅膀，成为财富管理世界中的天使，或者鸟人？

这个神逻辑让他半年大赚200%

在投资过程中，我们偶尔会因为一些漂亮的交易而沾沾自喜，觉得老子就是投资天才；也会因为一些愚蠢的交易而痛心疾首，觉得老天爷有眼无珠，简直就是一个白痴。

其实都不是！你就是一个智商正常的普通人，在一个长的时间跨度里，你的好运气与坏运气大概率是均衡的。

"双11"到了，有朋友调侃，自从认识了马云这个人，他获得了两个成功：登录成功、付款成功。还拥有了自己的车：购物车。世界观、人生观、价值观都得到了升华，比如，终于明白了自己的不足：余额不足。

一般认为，认识刘强东这个人的结果，应该跟认识马云不会差太多。但是，如果不是剁手党，而是股市里的"割肉一族"，这个差别就不是一点半点的大。

赚大钱的背后总有一个神逻辑

这个巨大差别，在一个绰号叫"茶叶老韦"的"传奇人物"身上发挥得淋漓尽致。

茶叶老韦是刘强东的"死忠粉"，每次看见京东的货运车他都要行注目礼的。他只是在说到刘强东的时候才会顺带说一下马云。

茶叶老韦本来是一个业余九段技术派炒股高手，拿手好戏就是通过观察摆动指标与资金流向来寻找短线交易的机会，时有斩获，不过，都是些小钱。

他说，今年真正帮他赚了一笔大钱的股票，是根据基本面分析买入并中线

持有的京东方A。

谈到买入京东方A的理由，茶叶老韦颇为得意地分析给我听：

京东方A是一家特别厉害的公司，你看，连马云都视刘强东为竞争对手，而且，那么年轻漂亮的奶茶妹妹都嫁给他了。

所以，我老早就觉得，今后它肯定会有不错的表现。

今年年初不到3块钱的时候，我毅然决定买入京东方A，然后一直忍住不卖。

9月份的时候，我想到"双11"就要来了，像京东方A这样的电商巨头都要火一把的。

于是，我就用融资融券加了杠杆。没想到10月份又来了一波大涨，还创出了历史新高。

看来炒股想赚大钱，还得看基本面啊！

我听着他滔滔不绝的"基本面"分析，有一种五雷轰顶、三观尽毁的感受，老半天反应不过来。

我思忖良久，京东方A今年的大涨难道不是因为"柔性OLED屏打破三星的垄断，开启了显示新纪元"这个基本面因素的重大改变吗？

茶叶老韦显然是搞错，他是把京东方A误以为是京东了。

看着他踌躇满志的样子，我一时犹豫起来。

要不要告诉他，他这个"基本面"分析完全是驴唇不对马嘴。

然而，让我不得不叹服的是，人家茶叶老韦错有错着，反正最后赚了大钱。

好运气是老天爷赏饭

这其实不是茶叶老韦第一次无意识地干出"挂羊头卖狗肉"的买卖。

可是，我无比敬佩他！因为，每一次"摆乌龙"，他竟然都可以做到全身而退，甚至还赚了大钱。有段时间，我的投资理念甚至因此被镀上了一层厚厚的魔幻色彩。

真的没法解释，在咱们大A市场，为什么那些输错股票代码的交易最后都赚了大钱，而那些处心积虑选出的股票往往血本无归？

还有一次，茶叶老韦跑去参加一个投资界牛人的投资报告会。

按照老套路，牛人搞了一大堆历史数据分析与各式图表，从美联储到中国经济新周期，吹得唾沫横飞。

可能是一个多小时的"前戏"太过拖沓了，大家不耐烦地等着最后几分钟的"高潮"！

终于，牛人脱掉外套，撸起袖子，羞羞答答地玩真格的了——送上一个6位数字的股票代码，回答了几个观众提问，然后，收讲课费走人了。

茶叶老韦一直处于昏昏欲睡的状态，直到最后，听见牛人推了一只股票，才猛然惊醒。然而，他只听清了股票代码的最后四个数字是1234。

茶叶老韦想当然地认为是601234，想都没想就下单买入100 000股。

不曾想，牛人走出门口了，又折返回来，说有人抱怨没记住代码，所以，他把刚刚推荐的那只股票的代码一字一顿地重念了一遍。

那个牛人推荐的股票，竟然不是老韦买入的601234而是001234。

这下子就麻烦了不是？

没有办法，补救措施就是先买入001234，然后，等第二个交易日把601234卖掉。

让茶叶老韦惊愕不已的是，账户里只剩下很少的资金了，左右查不出原因。

打券商客服电话投诉自己账户中的巨额保证金不翼而飞了，人家说是你都买成股票了，还投诉个毛啊？

茶叶老韦定睛一看，怎么早先买入的601234，不是10万股，而是多输入了一个"0"，变成100万股了？

他想着这回肯定完蛋了。

悔恨加上恐惧，让他彻夜无眠。

煎熬之中等来了第二天的开盘。结果，601234大涨，以迅雷不及掩耳之势快速封了涨停板。

而那个牛人推荐的001234却跳低开盘后，震荡中飘向了跌停板。

幸福来得太突然了，就像馅饼从天而降。

这让我不禁想起前几天高晓松评价王菲的一句话——"老天爷赏饭"。

好嗓子是，好运气也是。

但是，茶叶老韦并不认为是老天爷赏饭，而是自己的"灵机一动"，说到底还是自己的能力使然。

只有旁观者清醒地看出，老天爷是比较偏爱"笨小孩"的。

《黑天鹅》一书的作者塔勒布反复验证过的一个事实是：随机性才是投资的终极裁判！

在投资过程中，我们偶尔会因为一些漂亮的交易而沾沾自喜，觉得老子就是投资天才；也会因为一些愚蠢的交易而痛心疾首，觉得老天爷有眼无珠，简直就是一个白痴。

其实都不是！你就是一个智商正常的普通人，在一个长的时间跨度里，你的好运气与坏运气大概率是均衡的。

有股民朋友问我，既然好运气是随机性的，为何我碰到的尽是些坏运气？

那是因为，投资者通常会把好运气归因于自己的能力，而把坏运气归因于"上帝对自己的不公平"。

这样，你的投资生涯就只会碰到两样东西：自己的能力和坏运气了。

你永远无法解救一个装傻的人

如果说京东方A这样的神逻辑只是茶叶老韦一个人在狂欢，那么，上周还有一个名叫"乔治白"的神逻辑则是一群人在装傻。

既不在半导体复苏的风口，也不在人工智能的浪尖，业绩平淡的一家服装企业，竟然被一个神逻辑绑到了360概念的火箭上，嗖嗖嗖，接连三个涨停板，最大涨幅34%，让人感叹，在咱们大A，想象力简直就是生产力啊！

自从360借壳江南嘉捷的消息披露后，广大股民欢呼雀跃，却又望洋兴叹。他们一定在幻想，要是早知道这个消息而提前买入江南嘉捷该有多好！不发达都难呀。

大约是窥见了股民心中的那份"遗憾"，于是，就有一篇"碰瓷"文章应运而生，随即刷爆朋友圈。

它给出的一套极富创意的逻辑是这样：只要认真做研究，360借壳江南嘉捷的"馅饼"是可以提前发现的。

文章煞有介事地写道，有位干私募的老兄，通过沙盘推理，硬是找出了江南嘉捷这个壳中瑰宝。

特别重要的是，心动不如行动，那位私募大哥还果断地提前进行了布局。他卖掉别的股票，满仓买入江南嘉捷。

现在他啥都不干，搬个小板凳，天天在数涨停板呢。

一番看似专业的"排除法"：早在360宣布回归A股并确定了担任财务顾问的券商之后，那个干私募的老兄就"掐指一算"，算出360借壳的公司要么是江南嘉捷，要么是乔治白。

又经过一番掐算，最后决定还是押注了江南嘉捷。

这个离奇的故事，有点像美国总统大选。

等到特朗普当选总统了，第二天有个大神跑出来说，5年前他就算出特朗普会当选美国总统，为此砸锅卖铁，在赌局中把所有的钱都押注了特朗普。

他还展示了自己是如何在千万人中通过"排除法"选出了两个人：特朗普和杰夫·贝索斯，最后选定了前者，把后者列为"备胎"。

于是，美国股民疯狂买入亚马逊的股票，股价一天上涨了34%。

股神巴菲特因为不够勇敢，错过机会，肠子都悔青了。

据说有那么几天，股神躲在办公室里，一边抽自己的耳光，一边唱巫启贤的《太傻》。

所以，关于360借壳的沙盘推演故事，我们不是说说笑话，我们是认真的。

这篇爆款文章推理出360借壳的"备胎"还有乔治白时，瞬间让人惊呆，简直就是解出了石破天惊的"哥德巴赫猜想"。

天天这么烧脑，不喝几盒脑白金补一补，受得了么？

看着江南嘉捷一骑绝尘的无量一字板，热血沸腾的散户朋友们为了证明自己的"认真"，纷纷转头，蜂拥而去抢购备胎乔治白。

一个"三人成虎"的"备胎"，就这样一本正经地连拉了三个涨停板。

凭我跟茶叶老韦几十年的老友交情，我可以肯定，他的神逻辑跟他的思维方式是一脉相承的。

我确信他的糊涂不是装出来的，他是大事（比如卖茶叶）门儿清，小事（比如炒股）真糊涂。

然而，乔治白的这个神逻辑，明显是装的成分居多。

大爷我不大相信有这么多人都看不出其中的诡异。

极有可能是，有几伙大资金明明知道这是个笑话，不仅不加以戳穿，反而还利用散户的赌性，炒一把狠的，赚一把快钱。

这种利用神逻辑来博傻的套路好像永不过时。

几年前，广州有家房地产公司，股价莫名其妙就被连拉了三个涨停板，直到交易所发问询函"网传你们公司在珠江新城CBD有500亩土地没有披露"，董事长才大吃一惊，被自己"珠江新城第一地主"的身份吓坏了，有这么巨大的一块地皮自己居然一直都不知道？他喃喃自语"要是真的有这么多地该有多好啊！"于是如实澄清，股价暴跌，跌回起点。

还是这家地产公司，没多久股价又一次莫名其妙被连拉了三个涨停板（看来我大A的游资大哥特别钟情于连拉三个板）。

因为网传他们又有重大利好没有公告——公司"被"涉足"互联网马

彩"了！

要知道，这可是一个当年A股的劲爆题材哦。

一看就是假消息。于是我致电该公司董事长，问及此事。

董事长哈哈大笑，我不仅发了澄清公告，同时也发了减持公告。

末了，他还反问我，你说这么弱智的谣言，怎么会有那么多人信呢？而且，一而再再而三地重演"造谣——暴涨——澄清——股价暴跌"的戏码，他们就不累吗？

大哥，这年头，只要有钱赚，苦点累点又算得了什么？

不知道是谁说的，你永远都无法叫醒一个装睡的人，除非那个装睡的人自己决定醒来。

同样的道理，你也永远无法挽救一个装傻的人，除非他是真傻。

听完茶叶老韦对京东方A基本面的详细分析，我沉默了好一会儿。

最后实在忍不住，还是告诉他这个异常残酷的事实：刘强东是京东而不是京东方A的老板，京东在美国上市呢。

两个公司除了名字里头有两个字相同，其他方面却是八竿子打不上。

茶叶老韦听完我的话，竟然一脸懵圈，连连叹息，"完了完了，又摆乌龙了"。

他打消了等到"双11"刺激股价之后再逢高卖出的原计划，赶紧掏出手机，一看京东方A当天正好大涨，啪啪啪，在6元左右，把股票卖了个精光。

一算收益，这半年他刚好赚了两倍。

第二天，京东方A股价继续大涨。"双11"前一周，京东方A股价一度逼近7元关口。

这场面就比较尴尬了！

昨天晚上，我暗自决定：最近一个月，要尽量避免跟茶叶老韦一起打球！

生活总是更乐意调戏有故事的人

> 请记住，成功者在这一点上是相似的：有着天马行空的理想，并且，一直坚持下去。因为好运气永远只会光顾那些有准备的头脑。

果然如茶叶老韦所料，刘强东率领京东战队在"双11"刷新历史纪录，交出了1271亿元的销售成绩单。

然而，周一开盘后，京东方A却下跌了，连跌4天，从高点回落了11%，一度差点跌破6元关口。

有人分析说下跌原因没准是因为上周末程大爷论市的那篇10万+文章无意泄露了天机——原来京东方A跟刘强东没有半毛钱关系，所以，京东"双11"这个骄人战绩不仅没有刺激京东方A股价的进一步上涨，反而导致了股价的下跌。

莫非，买了京东方A的股民中有一大批持有茶叶老韦同样的神逻辑？

如果是这样，那只能说抱歉了。都怪我，不小心扯断了刘强东跟京东方A的关系。

谁是随机漫步的傻瓜？

电影《东方不败》里有句让人喷饭的台词："你有科学，我有神功！"用在这儿，挺合适的。

确实，世间有太多科学解释不了的东西，比如神功，比如运气。

自从有关茶叶老韦因看好刘强东而买入京东方A半年豪赚两倍的那篇文章

问世之后，无心插柳柳成荫，运气来了门板都挡不住，茶叶老韦一夜成名。有媒体评论："双11"当晚，我们几乎看不到"小犹太"了，现在出名的是"茶叶老韦"。

这真是太奇妙了！一个茶叶市场的"泰斗"，在"双11"前，一生最赚钱的生意竟然是炒股而不是卖茶叶。

正如许多中小创上市公司，有的搞文化传媒，有的搞医疗器械，有的搞人工智能，有的搞火箭卫星，但是，一看年底财务报表，最赚钱的生意，却是卖掉了北上深的一套学区房。

一篇文章让"茶叶老韦"一下子俨然变成了一个大IP，广州芳村茶叶市场的茶老板们看老韦的眼神忽然变得不那么清澈了，羡慕嫉妒恨里掺杂了几克尊敬。

一周来，韦氏茶叶公司的生意竟然出奇地火爆起来，日销量翻着倍地增长，照这个架势下去，茶叶老韦今年赚大钱的买卖就不是炒了一把京东方A，而是，因为年尾多卖出茶叶而大赚一把！

你看看，盈利模式都被颠覆了，主要利润来源从炒股又回到了卖茶叶。

而同样出乎意料的是，因为漫不经心地把茶叶老韦的真实故事写成文章，程大爷论市凭空收获了一篇火遍大江南北的10万+文章。而这之前，那么多篇苦心孤诣、熬到天亮才写完、自认为特深刻特牛逼的重磅文章，也达不到这样的效果。

而不过是程大爷灵机一动，信手拈来的"神逻辑"一词，不胫而走，成了程大爷论市首创的一个热词。

这些都是预先设计好的吗？

完全不是。其实，程大爷与茶叶老韦，不过是我们这个时代随机漫步的两个幸运的"傻瓜"，因为一次灵光乍现，收获了一些原本没有想到的惊喜。

正如塔勒布所描述的那样，生活的最大特点是不确定性，随机现象比比皆是，大起大落常常发生在须臾之间。当随机性的黑天鹅出现时，你可能一夜暴富，也可能在一次失误中回到原点。

但我们天生倾向于忽视低概率事件的可能性，无论这些事件会引发多大的灾难。塔勒布在《随机漫步的傻瓜》中告诉了人们，这个随机世界有其独特的规律和运行方式。

随机性虽然无法避免，但我们可以学着接受它。就像在投资市场上，如果一个小概率事件可以带来巨额回报，为什么不在这个事件上持续下注呢？换一种思维方式，做"随机漫步的傻瓜"，我们对人生的了解无疑将大为增进。

阿里巴巴无疑是当今世界的一个商业奇迹。人们以为18年前马云就做好了战略规划，比如先做淘宝，再做天猫，再做支付宝，然后蚂蚁金服，阿里云，达摩院……一步一步，做成一个庞大的商业帝国，都是预先设计好的。

然而，真实的情况并非如此。据阿里的一位创业元老介绍，最初做淘宝纯粹是为了活命，根本没有想到有今天。

马云主演的电影——《功守道》，这个片名竟然来自一次偶然的笔误，之前的名字是"攻守道"，编剧把"攻"误写成"功"，本来以为会被批评，哪知马云直呼"神来之笔"。一个错别字一下子成了一部太极神剧的片名，这上哪儿说理去呢？

中国互联网商业领域的颠覆者周鸿祎在《我的互联网方法论》一书中坦承，360做安全浏览器之前，投入重金打造的奇虎社区，怎么使劲都没有成效，最后完全失败了。而他做免费杀毒软件，起初纯粹是觉得自己有义务帮助网民清除泛滥成灾的流氓插件。让他始料未及的是，这个"义务劳动"一下子竟然给他带来了一亿用户，为360寻找后来的盈利模式积累了庞大的用户基础。

刘强东做京东的时候，也没有想到清华大学会专门为他准备了一个奶茶妹妹。而奶茶妹妹的成名，也更加富有随机性——她是因为偶然流传网上的一张手捧奶茶的清纯照片而一夜爆红的。

所以说，不要迷信那些所谓的成功经验。在这个随机漫步的世界，只要成功了，一切狗屁都成了经验；一旦失败了，一切经验便都成了狗屁。

谁是神逻辑的演绎者？

股市投资有放之四海而皆准的真理吗？

没有。相反，大家都基本上认同这样一种观点，投资是一门艺术，而不是科学。

仔细想想也是，你基本上很难找到投资哲学完全相同的两位投资大师，正如你找不到两片完全相同的树叶一样。

巴菲特说过，在股市中，试图通过预测指数来赚大钱的交易都是一厢情愿。

利弗摩尔认为追涨杀跌才是赚钱之道。

索罗斯的投资哲学则是基于反身性定律，即市场是测不准的。因为，预测行为本身会干扰价格运动的轨迹，有可能导致预言的自我应验。

说白了，资本市场的大神们各自的逻辑，也不过是神逻辑，跟茶叶老韦的神逻辑没有本质区别。

那么，神逻辑是如何影响股票市场的呢？为何还经常有效？这要归功于市场中的三类人在发挥作用。

第一类人，创造神逻辑。

正如上帝的代理人——教皇会创造一套逻辑来强化信徒们的忠诚一样。尽管每个普通人都可以创造逻辑，但是，它只会影响自己。

只有极少数的人可以创造影响广大群众的逻辑，比如政治强人、明星、时尚达人，以及股神，比如巴菲特、索罗斯、利弗摩尔等等。

第二类人，演绎神逻辑。

对于股票市场中的许多盈利逻辑，早年是一群名叫"股评家"的大神在那里"演绎"给散户们听的。

那年头，股评家可是一种了不得的身份，报纸、电台、电视台到处都是操着各地方言、打扮得奇形怪状的大师在讲故事。

作个股评报告动辄几千人来听，名气大的，甚至得到电影院或者万人大会堂去表演。

后来，监管部门要求，只有获得证券咨询从业资格才可以公开推荐股票，于是，一大批股评家就没资格了。

接替他们继续"吹水"的是那些毕业于名校、普通话流利、长相漂亮、西装革履、时不时冒出几句英文的策略分析师们，他们都是神逻辑的演绎者。

再后来，为了演绎得更有说服力，我们又有了各种首席分析师。

为了标榜某个"演员"在投资领域功力深厚、权威性登峰造极、恨不得宣布没有什么投资秘密是他不知道的，这个级别就得上首席经济学家了。

于是，你就会看到，甲首席说今年股市会是N型，乙说会是U型，丙说是L型，所有的英文字母都被用了一遍，我一度误以为A股来了一群幼儿园英语老师。

有人总结当今世界有"四大摆设"——贪官的媳妇，大款的钱，太监的XX，调研员。

也不能一竹竿打翻一船人，真材实料的首席还是有的，但是，平心而论，各大金融机构那些高薪聘请的所谓首席经济学家，大部分可以说是第五大摆设。

第三类人，跟随神逻辑。

牛人创造出了一套投资逻辑，分析师们加以演绎，目的还是让散户接受并跟随牛人的逻辑走，否则，就达不到"预言自我应验"的效果。

比如，某带头大哥放言，年底要把大盘干到3500点，大哥背后有3万亿资金，分析师开始演绎基本面与技术面干到3500点的可行性，散户被反复教育，最后接受了这个逻辑，然后，大盘就被一口气干到3600点了。

比如，当年A股私募第一男神徐翔大哥，他说看好美邦服饰到33元，分析师又从行业发展、题材故事、技术图形，一顿猛吹，散户们听了觉得很有道理，三下五除二，眼睛一闭一睁，33元就到了。

最近，国际大行分析师的表演比国内分析师要豪放得多，背景是QFII和港股通北向资金持续涌入A股蓝筹力度加大，所以，大行们的吆喝尤其值得散户们警惕。

比如，在中国平安股价30元钱的时候，瑞银、高盛、大摩这些国际大行，把目标价定到40元，但是，当中国平安股价涨到60元的时候，他们就赶紧"随行就市"，把目标价调高至99元。

贵州茅台在200元的时候，他们的目标价是300元，但是，当贵州茅台股价到了400元的时候，他们会把目标价上调至600元，随后，一眨眼600元就到了，然后，他们又争先恐后地把目标价调高至880元。

我在想，假如中国平安到了99元，他们会不会调高至200元？

假如贵州茅台到了880元，他们会不会调高目标价至2000元？

一定会的。让人记忆犹新的是，当年石油涨到150美元一桶的时候，高盛调高目标价至200美元一桶，随后就见顶了。

黄金也是如此，每盎司1800美元的时候，他们不是也看到3000美元吗？

让人叹服的是，当石油跌到30美元时，他们预测会到15美元。

当黄金跌到800美元的时候，他们预测会到500美元。

所以说，不要迷信国际大行的预测。相反，对于这种火上浇油式的预测，应该持怀疑态度——怀疑的重点不在于他们的智商，而是道德。毕竟，黑嘴不全都是国产货，华尔街遍地都是。

这里也有一个神逻辑：

当这些国际信用评级机构和国际大行调低中国的主权信用评级或者抛出看空中国企业的时候，我们都义正词严地谴责他们不懂中国国情，胡说八道，他们的评级还不如一个屁。

当他们不断调高某些上市公司评级和目标价的时候，我们又不分青红皂白，不问他们背后的动机与目的，一脸崇拜地说，你看，国际大行看好我们啦。

名医李时珍说："故脑残者无药医也！"

其实，无论看好还是看坏，他们大多数时候都在胡说八道，都有其不可告人的目的。

不要相信他们会像白求恩同志那样，带着满腔的国际主义精神，跑来为咱们大A散户们指点迷津，排忧解难。

大概率还是瞄准了这边绿油油的韭菜直咽口水，也想来割一把。

远的不说当年八国联军，近的看看高盛、大摩们几年前在商品期货和股票市场里作过的恶，我们还是需要保持冷静的头脑，不要相信这帮真假洋鬼子们的所谓"预测"。

如何穿越神逻辑？

既然神逻辑与我们如影随形，那么，我们就需要学会与它温柔地相处。

在股市中，自己制造的神逻辑，需要清醒地意识到它是你投资路上随机性的一部分，不要轻易相信你的成功是能力的必然。正如也不要抱怨失败的时运不济一样。

普通人的运气大体上是平均的，长期来看，好坏各半。这一点投机中表现得尤为明显。

正如塔勒布所说，你的成功不见得是因为比其他人高明，而很可能是运气的结果。

开劳斯莱斯的摇滚乐手、把印象派画作抬到天价的投机客，拥有私人飞机的企业家和牙医相比，哪一个更富有？答案可能让你吃惊：牙医。因为他的职业生涯几乎没有什么风险，可能出现的灾难少之又少，也不会像投机客和企业家那样垮台，所以，牙医其实相当富有。

塔勒布说他尽量不谈个人身为量化交易员的专业经验，因为市场只是随机陷阱的一个特例，他讨论它们时仿佛是在晚餐桌上和求知欲强烈的心脏病专家聊天一样。

一般推论上的一大问题是：靠资料做结论的人，往往比别人更快、更有信心地堕入这个陷阱中。我们拥有的资料越多，淹没在里面的可能性越高。略懂概率法则的人，往往根据以下的原则做决定：一个人如果没有做对一些事情，就不太可能持续有很好的表现，因此绩效记录变得十分重要。他们探究表现成功的可能规则，并且告诉自己，如果某人过去的表现优于他人，那么将来表现优于他人的概率也很高。

生活总是更乐意调戏有故事的人，例如，只懂少许概率知识比完全不懂概率的结局更惨。

而别人演绎的神逻辑，要加以分辨，一旦走入正反馈，就会出现效用的自我强化，在股市上就是越吹越大的泡沫。

你可以去努力的方向是，在自己的能力圈中，最大化正向黑天鹅来临时的收益，而把负向黑天鹅的损失控制在可以承受的幅度内。

这个问题出现在股市中时，由于行业十分依赖随机性，所以影响也更深远。从事投机的人数越多，其中某个人纯靠运气便能有惊人表现的可能性越高。

股市中，我们一般只能看到赢家，因为失败者总是销声匿迹。我们看见的是存活者，而且只看见存活者，以至于我们对运气产生错误的认知。我们依据的对象不是概率，而是人们对概率的评估。连受过概率训练的人，也会很情绪化地受到社会压力的影响，难以做到理性客观。

那是不是就只好听天由命？非也。人生确实不可预测，在悲观者看来，祸福难料，随波逐流。

而在乐观者看来，一切皆有可能，所以，不要自我设限，画地为牢。

请记住，成功者在这一点上是相似的：有着天马行空的理想，并且，一直坚持下去。因为好运气永远只会光顾那些有准备的头脑。

券商经纪业务进入白银时代

随着金融行业对外开放的步伐加快，券业的外部竞争者纷纷进入抢食，整个行业不可避免会堕入白热化的竞争环境，回到过去那种一团和气的格局更加没有可能。

岁末与年头，经常是券商打一把佣金价格战的关键节点。

不过，最近大家换了一种新的打法，不直接把佣金率往零佣金（客户交易佣金扣除交易所规费之后为零）线上摁，而是用将交易所规费之上的佣金几乎全部返还的诱人条件抢别家券商的证券经纪人，试图利用"雇佣军"来抢夺客户，达到"借力打力"之目的。

这种打法其实早就有了，只不过，以前还是低调招募，"打枪的不要，悄悄地进村"，往往私下沟通，找来别家券商的几个狠角色，许诺极高的提成，基本上就可以立竿见影，一个高端经纪人能带来一大群客户。

可能是出手较早的券商尝到甜头，发现这种打法对于引进客户与资产、提升市场份额还是蛮有效的，为了进一步扩大战果，于是乎，干脆敞开大门，广而告之。

一层薄薄的窗户纸就被大家一齐伸出来的手指头给戳破了。

没有冲突就没有经纪业务的进步

如果能一直相安无事大家发财，那就是极好的了。可惜，商业的本质决定了竞争的不可回避，无论你喜欢不喜欢，你必须去面对。

行业内有冲突并不可怕，冲突升级正是行业剧烈转型的标志。

有人说券商这是在自残，其实是他们没有看懂这个行业正在发生的深刻变革。

我不认为这是券商没事自己找死的玩法。恰恰相反，这是券商行业经纪业务全面转型的必经之路，是行业的又一次凤凰涅槃式的模式重启。

因为，不主动求变，那就是等死。尽管主动求变有时是找死，但是，至少还有突出重围的一线机会。

所以说，佣金价格战也好，零利润抢经纪人也好，这是券商经纪业务存量博弈阶段的必然选择。不值得大惊小怪，也无须担心会导致秩序的失控。

没有冲突就没有行业的进步。一个没有激烈竞争的行业只有在两种情况下会出现：

一是绝对垄断行业。比如，铁路、烟草、电力。

这些行业中的企业，具有一般企业无法跨越的高门槛，这些门槛可能是政策设定的，也有可能是竞争中形成的，总之，他们具有市场支配地位和定价权，所以，没有给任何后来者挑起事端的机会。

二是行业寡头相持格局趋于固化的行业。

有些行业原本并没有门槛，或者门槛不高，进入者众多，经过激烈竞争之后，绝大多数企业在竞争中倒下，剩者为王，行业集中度大幅提高，几个寡头让行业竞争格局基本固化了，他们相互掣肘，达成平衡状态，都对打价格战有所顾虑。

回顾这20多年来的行业变迁，券商经纪业务在牌照的掩护下，经历了较长的暴利阶段。这是经纪业务的第一个时代。

但是，随着牌照的逐步放开，新设营业部的爆炸式增长，全行业的互联网化和金融科技的飞速进步带来的边际获客成本趋近于零，同质化竞争白热化，不仅暴利消失，而且平均利润率眼看也不保，通道业务盈亏平衡点也有可能被打破。行业开始进入放弃通道利润甚至于烧钱争夺流量的阶段。这是经纪业务目前所处的时代，也就是第二个时代。

这场战争进展到最后，注定只有少数的券商可以胜出。

未来的第三个时代是什么样子的呢？

在希腊神话中，有一种非常好玩的时代划分方法。他们不会以生产方式划分社会形态，历史分期就和元素周期表或金属材料的报价单一样，分成金、银、铜、铁4个时代，赫西俄德认为在铜与铁之间还有个短暂的英雄时代，可以算3.5代。我发现，券商经纪业务的过去、现在与未来与这几个时代有很多相似之处。

券商经纪业务的青铜时代已经无可挽回地过去了，而黄金时代尚未到来，目前所处的正是白银时代。

青铜时代：不可持续的超额利润

这是一个拿着牌照划地分头去收钱的时代。高度同质化的通道服务，排斥竞争与冲突，众神一团和气，努力维系低层次共赢的时代。

这种共赢是建立在"傻子交易者"的无私奉献基础上的。

众神无须打架，因为势力范围早就划好了。所以，他们不会互为对手。而他们却有共同的"利益对手"，那就是交易型客户。

在青铜时代，客户的交易成本几乎就是券商的唯一收入来源，在这种情况下，券商与客户利益无法达成一致。

可见，证券市场高度管制、依靠牌照特许经营的时代，证券经纪依靠的是行业保护。

尽管我们对于过往的好日子念念不忘，但是，要客观看待这个问题，券商经纪业务的利润主要来自垄断市场，政策之手管制市场造成进入门槛过高，长期获得这种并非市场定价的超额垄断利润是不符合商业逻辑的。

单纯的通道业务获取超额利润是不可持续的。因为，商业的本质是为客户创造价值，没有为客户创造价值却收取高额费用，短时间内还可以忽悠得过去，时间长了，客户就会用脚投票选择不买单。

营销学大师菲利普·科特勒告诉我们，差异化是最有效的营销策略之一。

业务定位的差异化、产品和服务的差异化都可以为企业带来高利润。

但是当前券商经纪业务都是通道业务，产品和服务基本都是同质和无差异的。

既然产品和服务无差异化，价格就变成一个最重要的差异。

价格战成为券商经纪业务首选的竞争策略，并且是最有效的竞争策略。

而在证券市场不断对外开放、行业准入门槛不断降低的今天，再依靠牌照躺着赚钱的逻辑已经成了一个笑话。

在佣金率大概率走向零的大趋势下，如果一家券商或者一个投顾打算调升客户的交易佣金，需要问自己三个问题：

第一，在券商收入增长依赖高换手率的客户交易之时，你如何做到自己利益与客户利益的一致性？

第二，你的专业水平与服务方法是否有别人无法替代的差异优势？

第三，客户对你的信任是否达到了愿意付出更大成本的程度。

如果答案是否定的，那么，你所得到的高佣金不仅不可持续，而且还可能存在道德上的瑕疵。

希腊神话中的青铜时代，人类自私狭隘，损人利己，堕落得无以复加，宙斯已有彻底"格式化"这届人民的打算。有一天他微服私访，来到阿尔卡狄亚的吕克苏拉国，但国王吕卡翁傲慢无礼。宙斯怒不可遏，先把吕卡翁变成一头嗜血的恶狼，然后便展开了毁灭人类的工程。

经纪业务的青铜时代是一个盈利模式存在逻辑缺陷的时代，它成为过去式确实是一种历史的必然。

白银时代：众神的流量战争

随着金融行业对外开放的步伐加快，券业的外部竞争者纷纷进入抢食，整个行业不可避免会堕入白热化的竞争环境，回到过去那种一团和气的格局更加没有可能。

在证券经纪业务的白银时代，围绕通道业务的竞争自始至终都是一种低层次的竞争。

在同质化的业务模式中，价格永远是最大的差异化策略，价格战永远是最有效的竞争武器。

我们举目所见到的场景中，人海战术，渠道为王，O2O，金融科技，这些无不剑指客户与资产，然而，出发点发生了翻天覆地的变化——通道业务对超额利润的占有欲让位于流量的控制欲，通道变成了流量门户。

一个放弃佣金获取流量（客户、数据、资产）的时代悄然开启。

它是从三年前领先券商的个体行动，慢慢扩展为行业的共识。冲突加剧，然而，它也许正是行业成长的阶梯。

激烈的行业内冲突是一种社会达尔文主义，强者恒强是丛林法则下行业进化的结果，这一趋势没有停止，而是还会日渐加剧。

行业的竞争格局还会细分为不同梯队，而同一梯队内证券公司之间的竞争同样激烈，目前来看，这种竞争格局充满变数，尚未固化。

虽说券商有政策设定的门槛，但是，在行业内部，因为营业部的新设放开之后，通道业务只要还有利润，就会有源源不断的新进入者，就像10年前的白色家电行业，最终一定是拼到微利甚至于整体上无利可图。

传统券商加速互联网化之后，互联网工具化，具有先发优势的互联网券商优势不再明显，甚至可以说所有的券商都已经成为或者正在成为互联网券商。

券商互联网化带来的一个重要成果是互联网思维的深入人心。

这就是为什么券商能够从利润争夺开始转向流量争夺的时代背景。

互联网行业在白银时代的通行模式就是烧钱换流量，所以，尽管扣除掉返还给经纪人的收入之后是零利润了，券商可不是赔本赚吆喝，他们之所以愿意赔本，是因为可以换来比佣金更为重要的东西——客户、资产与数据。

所以，短期算小数（算上营业税）肯定是亏钱的，长期算大数，可能是大赚特赚的。

在现阶段，券商行业竞争梯队基本形成，只是各梯队内部的座次仍然处于变动之中。

有研究表明，近年来，随着券业竞争日趋激烈，证券公司之间的核心竞争力差距有所缩窄，但让人吃惊的是，行业排名前10位的券商名单基本未变，TOP10之外券商要想突围冲入第一梯队显得愈加困难。

券商之间白热化的竞争、证券牌照的开放预期带来更多新的行业竞争对手，互联网金融企业的跨界竞争，种种迹象表明这是一个不可逆的大趋势。

大批不能跨越的券商，会死于白银时代，即便之前是赢家，也将变为白银的谐音——白赢！

不是所有的流量都可以变现，缺乏强大的变现能力，流量有可能变为一种负担，而不是价值。除了吸引眼球，就再也没有别的意义。

这让我产生了一个很奇怪的联想：一个虚荣心作祟的女子，总是渴望被别人关注，奈何身材与脸蛋都乏善可陈，去了10趟韩国也解决不了问题，最后只得靠把胸整得超级大，终于吸引了众多眼球。只是，这对超级"胸"器挂在1.5米的身高上，殊为怪异，但是，看见别人投过来的讶异目光，女子却无比满足。

无利润的流量增长，如果缺乏有效的变现模式，最后就有可能变成一个成长陷阱，如果客户黏度低，变现成本高，让利带来的流量增长往往不可持续。

神话中的白银时代是这样的：四季已经分明，人类却变得糊涂。在家里生活一百年也不明事理，好不容易长大成人，却已经来日无多。人们感情发达但理智不足，互相之间已有纷争，也不敬神，总之，这一届人民不行，于是，宙斯就把他们打发到黑暗的地下王国。

黄金时代：变现才是王道

券商经纪业务与互联网行业的相同之处是，获取流量不过是一种手段，而变现才是王道。

经纪业务竞争从初级阶段发展到高级阶段的过程中，券商高管们必须关注以下几点：

第一，客户数量增长与客户资产规模增长是否成正比。

第二，对获取的流量进行价值判断。拥有的客户资料与客户数据并不是一回事。前者是静态的，后者才是在线的。

第三，流量的获取能力与变现能力之间存在惊险的一跳。这个环节，比拼的正是券商的综合实力。

纯粹的互联网公司拥有强大的流量获取能力，但是，互联网行业与券商行业存在专业技术壁垒，变现的方式简单，流于表面化、低层次。

后进券商与领先券商之间的距离比的不是导流的渠道、规模和能力，而是变现的途径、能力与规模。

毋庸置疑的是，后进券商变现渠道、工具、深度都无法跟领先券商相比。

领先券商可以整合全业务链条的优势资源来变现经纪业务条线获取的流量，既可以从传统的佣金收入、两融收入、保证金利差收入、理财产品收入直接变现，还可以从投行与资管途径间接变现。

从商业伦理上来看，券商的黄金时代是一个追求客户价值与极致体验的时代，是一个券商与客户利益高度一致、共同成长的时代。

谁是这个时代的最后赢家？

黄金时代属于这两类券商：一类是"大而强"的全行业寡头；另一类是"小而专"的细分领域的小霸王。

要想成为这两类赢家，必须打造以下核心优势：

第一，领先券商大幅提升行业集中度，不断抬高行业进入门槛，以阻挡更多新的对手加入竞争行列。

首先要提升绝对领先的技术门槛。

金融科技浪潮已经席卷全球，也正在不断改变金融业务模式和竞争格局，高盛和JP·摩根都相继宣称自己是一家科技公司，高盛的人员构成中金融科技人员占比接近1/3，JP·摩根2016年的科技投入是90亿美元，占公司总投资规模的1/3。

其次是形成压倒式的规模门槛。

当前我国证券行业呈现出规模为王的竞争态势，总资产规模的排名在很大程度上直接决定了证券公司经营业绩及核心竞争力的排名。

有研究人员将2014—2016年证券公司核心竞争力得分排名与总资产规模排名进行了对比分析，发现规模为王这一特征在规模行业排名TOP10的券商中表现得尤为突出。

近年来证券行业已逐步从轻资本的通道中介型业务模式向重资本的资本中介型业务模式转型，营业网点布局、业务扩张都需要以强大的资本实力做后盾。

再次是锻造强大的品牌与文化门槛。巴菲特在选择投资标的公司时，非常看重它的品牌与文化的门槛，例如，他对苹果公司的投资，就是认定苹果的品牌与文化形成了一种新的垄断地位，对后来者来说，这是一道无法跨越的高门槛。中国的券商中，最终一定会跑出几家具有品牌与文化垄断优势的公司来。

第二，业务差异化能力显著增强，能够远远甩开原有的同质化竞争对手的追赶。

其中对企业客户的服务能力反映了证券公司获取资产的能力，机构市场和企业市场的优势能够为零售市场提供强大的产品支持，而这也是零售市场突破同质化竞争的关键所在。

这在一定程度上也说明资管业务和投行业务是证券公司核心竞争力的两翼，在资产荒的大背景下，这种竞争力的优越性显得更加珍贵。未来领先券商经纪业务新增流量可能更多来自投行与资管部门导入的机构客户和超高净值的个人客户。

第三，在多个细分领域拥有服务收费的定价权。

领先券商会表现出赢家通吃的态势，券商零售市场竞争最激烈，而机构与企业市场利润率高，此外，国际市场布局差异化最大，这都需要绝对领先的综合实力才能从容驾驭。

领先券商既要在规模及盈利能力方面表现突出，同时也要在针对零售、机构、企业三大类客户的服务以及海外市场业务方面都具备极强的竞争力和服务收费定价权。

第四，拥有极高的客户黏度与极低的全业务链流量价值变现成本。

尽管目前零售客户市场对证券行业的收入贡献最大，但从综合的市场竞争力来看，机构市场和企业市场的竞争力直接决定了券商整体市场竞争力的强弱。

这一现象背后的原因在于对机构和企业客户的服务能力更直接反映券商的综合服务能力。

传说，希腊神话中的神创造了四代或五代人类，然后又不满意，像对待假冒伪劣产品一样予以销毁。

这里面有个不幸的规律，即人的品质与冶金技术的发展成反比。

然而，最后一代人类并没有被神销毁，具有讽刺意味的是，他们反而销毁了众神。

人们向往的黄金时代大致是这样的：宙斯的父亲克洛诺斯在天上统治着世界。春天长在，粮食与果实自然生长，河里流淌着牛奶和蜂蜜，人类无忧无虑，没有疾病，没有衰老，无须劳作，没有纷争，与神仙一样。

与神仙不同的是，他们会死亡。但死亡只是沉浸在温暖柔和的睡眠中，最后，他们全睡着了，但高尚的灵魂还在大地上游荡。

总之，就是没完没了的好日子。

表面上看，黄金时代不过是券商经纪业务青铜时代的一次"轮回"，因为，它是从垄断到冲突，然后又回到了垄断。

但是，这是一个螺旋式上升的过程。青铜时代的垄断利润是牌照给的，当牌照的襁褓被抖落之后，利润就像是烈日下的冰棒，不断融化，最后就只剩下一根小木棍。

而称霸黄金时代的领先券商，他们的垄断地位是从激烈的市场竞争中杀出来的，他们的超额利润是市场心甘情愿给的，正如BATJ之于中国的互联网江湖。

是做职场螺丝钉，还是做跳槽智多星？

> 我们都是普通人，区别是，优秀的人认识到自己的平凡但是不甘于平凡，然后以进取的精神状态追赶时代的步伐，让自己永远与时俱进，最后甚至可以引领潮流。

对于金融从业人者来说，每一个年末，如果不是一个丰收的结尾，便会是无数种烦恼的开始。

这个时候，残酷的KPI考核，到了"秋后算账"的节点。经过一年或赔笑卖萌或手胼足胝的努力，各项任务指标终于排出了座次，各色人等准备按成绩领取奖励或者处罚。

成绩排前头的，志得意满，表情颇似骑上了高头大马戴上了大红花巡游。成绩排后头的，垂头丧气，心情就像停尸房中的棺材，冰冷阴暗，了无生机。

这个时候，事业上的进退得失，口袋里的收成几何，生活中的欢喜忧伤，不由自主地涌上心头，逼着自己反思自省。

这个时候，不管是干得好的，还是干得差的，除了奖金之外，还有一样东西会在心里反复挣扎：坚守，还是跳槽？

螺丝钉精神正在老去

当然，还有一种更为复杂的心情，那就是，退休。

那应该是"爱到不能爱聚到终需散，繁花过后成一梦"的百感交集吧？

我的朋友老张即将退休了。他属于"俺是一块砖，哪里需要就往那里搬"的典型的50后那一代人，才华横溢、爱岗敬业、有奉献精神，视"单位"为人生第一舞台，年复一年日复一日按部就班地"演绎"领导分派给自己的角色。尽管干的是一份压力不小惊喜不多的工作，但是，到了自己职场的这一幕戏即将演完，工作的舞台正缓缓落下帷幕之际，还是有那么一点不舍、那么一丝伤感在空气中弥漫开来。

上周末，我正在粤北漫天飞舞的金黄落叶中一边欣赏银杏树告别今年的绚烂缤纷的谢幕演出，一边感叹岁月蹉跎人生易老的短促与无奈，就在这样的心境下，接到他的电话了。

他打电话来向我约新一期公司刊物的专栏文章，特地告诉我，这是他作为刊物主编最后一次向我约稿了，所以，特别希望我挑一篇最满意的作品给他，要那种文艺气息浓厚的随笔。

虽然隔着千山万水，我还是听出了老张语气中的伤感，隐约夹杂了一丝哽咽。一时不知道说点什么才好，只好连连答应一定要挑一篇最好的文章给他，为他的"最后一次"画一个漂亮的圆圈。

我知道向来潇洒自在、快意恩仇的老张并不需要朋友的安慰，他无数次向我们描述过退休后闲云野鹤般的生活，然而，当这一天真的就走到跟前的时候，当那些日复一日年复一年庸常的事物终于成为"最后一次"的那一刻，再潇洒的人，内心深处还是会情不自禁地泛起涟漪。

相比80后、90后年轻人那种更加开放自由的职业观念，目前还奋战在职场上的这些60后与部分50后，内心深处总藏着一种挥之不去的"螺丝钉精神"，他们在职场上更愿意"从一而终"，一个单位干一辈子的情形比比皆是。

你可以说，这是在工作上视忠诚为生命的一代人，也可以说是过度依赖原有路径以至于因循守旧的一代人。

你没法分辨不同的职业观念之间的优劣，"自由选择"有其潇洒的一面，但也有其代价；"从一而终"有其无可奈何的乏味，但也有其风平浪静的安稳。

现在看来，"螺丝钉精神"其实是一代人没有选择的选择，没有依靠的依靠，既非褒义也非贬义，它是一个中性词。

关键是你要什么？以及，你喜欢什么样的生活方式。

当然，并不是所有的人都具备跳槽的主动权，很多人即便有想法，但还是找不到合适的去处。所以说，时代前进到了现在这个阶段，能跳槽是一种能力，而不跳槽只是一种选择。

平庸的人是生锈的螺丝钉

周国平说人生有三次成长。第一次是发现自己不再是世界的中心的时候，第二次是发现再怎么努力也无能为力的时候，第三次是接受自己的平凡并去享受平凡的时候。

韩寒没有上过大学，也没有去"单位"上过一天班，自然无法体会跳槽的滋味，但是，他说过的一句话却值得职场中的年轻人好好思考一下："平凡之路上，我们和他的最大转变，就是承认了平凡。"

《悟空传》中也有类似的表述：每个人出生的时候，都以为这天地都是为他一个人而存在的，当他发现自己错的时候，他便开始长大。

可见，一个人这辈子最重要的开悟，就是承认自己是个普通人。

我们从小到大，受了太多英雄主义的教育，父母和老师大多会教育孩子，不想当将军的士兵不是好士兵，生当作人杰，死了还要为鬼雄，总之，是以平凡为耻的。

当英雄路过的时候，总要有人坐在路边鼓掌。如果孩子说，妈妈，我不想成为英雄，我想成为坐在路边鼓掌的人。这个妈妈肯定会一巴掌拍过去，批评孩子没有出息。

很多年轻人大学毕业去了金融行业，过年回家时，亲戚朋友问得最多的就是，年薪多少啊？有没有升行长啊？哪怕只当了个支行行长或者营业部经理都感觉光宗耀祖了，不升个小官发点儿小财就好像愧对了列祖列宗一样。

成长，就是一个发现并接受"自己很平凡"的过程，终于明白自己能力有限，开始接受自己的普通和渺小。

不管是主动选择，还是别无选择，做螺丝钉都无可厚非。

但是，一旦你决定做螺丝钉，那么，你就必须做一颗质量合格、外观锃亮的螺丝钉。否则，你迟早会被拔掉。

职场上，有一种螺丝钉是可耻的，那就是，生锈了的螺丝钉，用不得，拔下来还费老鼻子劲。

要接受自己的平凡，然而，平凡不是成为生锈螺丝钉的理由，平庸才是。

不管理想有多丰满，现实总比想象的还要骨感。不得不接受的一个事实是，绝大多数人都是职场中的低端劳动力。

金融行业跟其他服务行业相比，福利待遇相对优厚，工作环境比较体面，对于才能普通又不思进取的人来说，这是一个特别适合混日子的行业，只要能混下去，就很少有人愿意主动离开。

在这里，有一种所谓的忠诚，不过是为了成为一颗生锈的螺丝钉，让企业拔不下来。

我们都是普通人，区别是，优秀的人认识到自己的平凡但是不甘于平凡，然后以进取的精神状态追赶时代的步伐，让自己永远与时俱进，最后甚至可以引领潮流。

这样的人是组织机器上关键部位的螺丝钉，他们通过自己的努力获得了既可以做螺丝钉又可以做跳槽智多星的机会与选择权。

接受平凡固然重要，然而，超越平凡才能掌握自己的命运。

巴菲特说得好：要在能力圈内行动，在舒适圈外学习。

螺丝钉去产能时代正在来临

职场中裙带关系之类的阴暗面肯定是一个普遍现象，但是，你会发现，越是有作为的企业，人际关系与利益分配关系越是简单。

在那些伟大的公司，比如华为，贡献与报酬的关系都很清晰。在这里，贡献与报酬的形式是对应的：劳动给工资，知识给股权，管理给期权，资本给红利，你贡献什么我就给你什么，这是一个系统的设计，是一个有理论支撑的设计。

我倾向于相信，怀才不遇只是职场的个案而不是规律，怀才就像怀孕，时间久了，一定会看得出的。

未来，不仅没有才华的人可能愿意做螺丝钉却没有机会，即便是才华出众者，也未必就能确保不被人从组织的机器上"拔掉"。

不仅提供跳槽机会的组织机器在减少，就连原本严丝合缝的优质螺丝钉也将被批量拔掉，而且，是永久性地被拔。

未来职场的危机不是优质螺丝钉的短缺，而是所有无差异的螺丝钉都趋于过剩，而那些正在生锈的螺丝钉，更是几无立锥之地。

近日，麦肯锡报告给出了一个触目惊心的数据：在包括人工智能和机器人技术在内的自动化发展迅速的情况下，到2030年，全球8亿人口的工作岗位将被机器取代。

到时，中国高达31%的工作时间将被自动化，中国约有1亿的人口面临职业转换，约占到时就业人口的13%。

随着互联网技术的发展，近年来全球弥漫着一种对新技术的担心，担心机器会抢走人的工作机会，担心机器会控制人类，担心人类会毁灭在自己最伟大的发明中。

不过，科技界的大咖们倒是不断在尽力安抚人们焦虑的神经。

"新技术不是让人失业，而是让人做更有价值的事情，让人不去重复自己，而是去创新，让人的工作得到进化。" 马云举例说，清朝时期铁路出现，人们抵制铁路，担心沿线挑夫会失业影响社会稳定，但现在有200多万的铁路工人；集装箱出现后，搬运工人担心会失业，但港口却出现了很多吊船工人。

马云再次强调，与其担心技术夺走就业，不如拥抱技术，去解决新的问题。人类有独特的创造力，所以人类要有自信，机器是不可能超越人类的。

马云鼓励人们说，过去30年，我们把人变成了机器，未来30年，我们将把机器变成人，但最终应该让机器更像机器、人更像人。

机器没有灵魂、机器没有信仰，我们人类有灵魂、有信仰、有价值观、有独特的创造力，所以人类要有自信，相信我们可以控制机器。

未来的组织机器需要与众不同、具备差异化的独特才华，普通螺丝钉被替代，"异形螺丝钉"却无法被替代。未来机器学习、人工智能一定会取代大部分机械的工作，而人类将会从事更有创意、更有创造力、更有体验的工作，服务业一定会成为未来就业的主要来源。

苹果首席执行官蒂姆·库克对未来人与机器的关系也表示担忧，他说很多人都在谈论AI，我并不担心机器人会像人一样思考，我担心人像机器一样思考！

一旦人像机器一样思考，人类就没有了独特的价值观，就更难逃脱被替代的命运。

跳槽前问自己三个问题

有人说职场与投资道理一样，重要的是要去寻找阻力最小的方向，除非别无选择，太艰难的行业不值得坚守。

由于人工智能的飞速发展，未来是否做螺丝钉已经不取决于个人的意志了，你的才华与组织机器的需要是否匹配，才是决定因素。

既然做螺丝钉的时代正在渐行渐远，从未来回到现在，职场中人会越来越多地被动选择跳槽来寻找自己与组织机器的匹配机会。

事实上，未来善于跳槽将成为一种重要的职场技巧。

查理·芒格对年轻人择业有三个建议：

第一，别兜售你不相信的东西；

第二，别为你不敬佩的人工作；

第三，别和你不喜欢的人共事。

参照芒格的建议，我认为每一个有跳槽机会的年轻人，在做决定前最好能先问自己三个问题：

第一，值不值得？

从自己目前所从事的职业方向来看，行业要有前途，要顺应时代发展的趋势，要有利于推动社会进步与提升人类的福祉。

所以，必须判断自己所效力的公司，是否正走在这样一个正确的方向上，你是否认同并接受公司的文化、价值观，并对于十年后的公司前景充满了信心。

而公司同样为员工的职业生涯规划了可以实现的愿景。

如果是这样，你的工作经历才能成为未来人生的有效积累。

一家公司的文化与价值观如果不值得你待上10年，其实也不值得你待上10天。

一家公司的产品、技术与商业模式如果没有竞争力，那么，即便你想待上一辈子，也只能是一厢情愿。

值不值得，要问自己一个明白。

第二，敬不敬佩？

你是否信任你的老大，并且很愿意在老大的带领下继续工作，这个问题很重要。

可以说，每一处职场都是一个江湖。

要么跟对老大吃香喝辣，要么自己做老大带领老弟们一起发达。

然而，知易行难，真要做到这两样，并不是一件很容易的事。

我一出校门走向社会，打工生涯中也间或跟过几个"老大"混，结果也没混出啥名堂。后来，也有几个小弟尊大爷我为"老大"，跟着我在证券业混了好多年，混来混去，也勉强算是过上了脱贫未富的日子。

这说明人生跟对"老大"，跟打麻将自摸清一色一样，没有一点运气，怎么努力也是白搭。

好的老大，是品德与才能都让你敬佩的人，还有一点就是，他愿意带着你一起成长。

第三，喜不喜欢？

你享受与同事一起工作的时间吗？

人与人的环境，跟什么人在一起工作决定了你的心情，进而影响到你的工作态度与效率，长期来说，甚至会影响你的个人品位、素质与能力。

好的同事环境会让你心情愉悦，积极上进，不断完善自我。

所谓狼性一定是在狼群里熏陶出来的。猪圈里出不了雄狮。

一个消极颓废、钩心斗角、吹牛拍马、不思进取的同事环境，说明这个公司的管理低劣，文化庸俗，时间久了，小心会被同化。

要做到出淤泥而不染很难，也很累，更没必要。

正确的选择是，换一个淤泥少一点的池塘，去盛放自己璀璨的人生。

生活所迫时，要满足这三个条件简直是奢侈，但是，找一个你敬佩的老大，却是在任何时候都应该首先要坚持的。

可能会有人跳起来反驳程大爷：难道工资与职位不是跳槽时要考虑的最重要因素吗？

我想提醒年轻人的是，不管工资与职位如何变动，最终它们一定是个人对公司所创造价值的体现。要有耐心延迟满足自己的物质需求，先努力把活儿干好，好的薪水与职位或许会迟到，但一定不会缺席。所以，短期利益不应该是跳槽时首要考虑的问题，还有太多东西比工资与职位对你的人生有意义得多，比如说，股权；比如说，有效积累；比如说，快乐！

假如炒股是一场荒野求生

LUN HU PIAN

论湖篇

聪明人的窘境

> 投资者的两难境地是：一方面，你的能力圈决定了你擅长做什么，另一方面，你又被别人的成功所鼓动，试图跳出能力圈去获得更多的成功。

如果要求不高的话，这一年的A股市场仍然可以算得上是一个"牛市"。因为漂亮50展现了从未有过的强劲势头，有一批大市值蓝筹股接连创出了历史新高。

然而，与此形成鲜明对比的是，有75%的股票全年录得下跌，有的跌幅超过了50%，甚至跌破了2015年股灾的最低点。

对多数人而言，赚了指数亏了钱。于是，有股民聊侃，在熊市赚到的钱，在牛市赔光了。

在这个无比残酷的"牛市"中，很多"聪明人"都没有赚到钱。因为，去年那种通过"挖掘成长股"而赚到快钱与大钱的投资理念，今年却让他们吃尽苦头。而那些大智如愚的价值投资者们，一直"咬定青山不放松"，去年还被人嘲笑不懂A股特色，今年却赚得盆满钵满。

聪明人的滑铁卢

中邮基金的任泽松可能是2017年最失意的一位基金经理了。这一年来，他似乎跟"黑天鹅"结下不解之缘。从年初的乐视网到年末的宣亚国际，任泽松可谓流年不利，饱受摧残。

曾几何时，任大侠一度被誉为继王亚伟同学之后的新一任"公募一哥"，

连续几年创造出来的业绩神话，投资界无人能望其项背。据说2015年股灾期间，国家队的救市行动，他还积极参与，献计献策。

就是这样一位聪明绝顶的投资高手，今年却被某些媒体反复数落、嘲笑甚至谩骂，让人感叹世态炎凉。

其实，冷静下来想想，任泽松今年做错了什么呢？

如果说他一贯坚持投资于成长股的理念与2017年市场资金转向低估值蓝筹股的趋势格格不入导致了业绩下滑，那么，在这之前，任大侠令人惊叹不已的巨大成功，不正是得益于这种投资理念与方法吗？

正是成也萧何，败也萧何。

由于投资者将任大侠的投资能力神化了，他们希望看到的是，既然是"一哥"，那么就应该是投资上的"超人"，就可以随时根据市场风格的变化来切换自己的投资模式。

然而，对于体量庞大的基金来说，这种灵活转换的节拍如何把握，却是一个巨大的挑战。更不用说随时避开那些无法预知的"黑天鹅"了。

与拥抱新兴产业的任泽松相比，那些坚持只投资低估值蓝筹股的基金经理们，则一扫多年来的郁闷而扬眉吐气。比如说，几年前奔私的前南方基金投资总监邱国鹭，应该是今年这种市场格局下最得意的投资者之一吧。

读过邱国鹭《投资中最简单的事》的人都知道，他是一位坚定到固执的价值投资者，在这本2014年出版的书中，他表达了对低估值蓝筹股的热爱和对成长股的怀疑。

现在看来，市场的发展印证了他绝大部分的预判，如果他一直坚持他的理念，我想今年肯定是大获全胜的了。

然而，回到2014年前的A股市场，邱国鹭却是一位颇为失意的价值投资者，很少有人会去关注邱国鹭的价值投资主张，更不用说是认同了。

彼时令人仰视的投资偶像正是现在陷入泥潭的任泽松。

我还记得有位投资界的大佬谈及这两个人的时候说，他与两人都很熟悉，对任泽松的成长股投资逻辑极为推崇，而对邱国鹭的价值投资理念则颇为不屑，认为此人书呆子气，固执迂腐，食洋不化，不懂中国国情。

时过境迁，物是人非，境况之逆转，判若云泥。

那么，邱国鹭又做对了什么？

他只不过坚持了自己一直相信的东西。

这到底是运气还是实力？是因为一种投资理念最终战胜了另一种投资理念？或者说，那些成功者做的都是对的，而失败者却是彻头彻尾地做错了？

失败的投资者败在哪里？是因为他们足够愚蠢无法适应市场格局的变化，还是他们缺乏自律不能坚持自己的原则？

其实都不是。也许他们正是严格按照这些年来市场风格转换的节拍，按照他们对A股市场独有运行的理解，他们把每件事都做对，然而，最后还是以失败告终。

没有任何人是可以驾驭所有风格类型股票的超人，巴菲特不是，芒格不是，乔治·索罗斯也不是。所有这些耳熟能详的名字，都不是绝顶聪明的股神，只不过，比他们聪明得多的投资者，反而死得更快，这样就只剩下他们了。

过往的历史经验又反复提醒我们，不要轻易对一件事过早地下结论，放在一个相对较长时间尺度上去看，那些仅仅以一年的投资成败论英雄的做法，常常禁不起时间的检验。

昨天成功的法宝，今天失败的缘由

克莱顿·克里斯坦森在《创新者的窘境》中运用大量的典型材料构建起一个"失败分析框架"，在此基础之上，深入分析了为什么了不起的经理人员所做出的可靠决策，却有可能导致企业的最终衰落。他描绘出这样一幅图景，真实地反映了一个创新者的两难困境：管理层所做出的合乎逻辑的和强有力的决策，对企业的成功是至关重要的，然而，也正是这些决策可能会成为他们失去领先地位的原因。

这部原本是探讨企业颠覆性创新的名著，却引起了我对于股票投资理念与方法的思考。

如果一个投资者在过往的投资过程中通过建立起自己的一整套行之有效的模式并获得了巨大的投资收益，一般来讲，他们会形成很难摆脱的路径依赖，即便是当市场的格局发生了根本性的改变时，除非有强劲外力的介入，否则，他不会轻易放弃过往的投资逻辑，而建立起新的投资框架来迅速适应市场新趋势，最后，他有可能败于自己"过于完美"的局限性。

那些在投资中一败涂地的人通常都是"老司机"，他们的性格决定了无法正确地处理"心理否认"。他们过往对某种投资模式投入了巨大的精力，对它倾注了心血和金钱。投入得越多，一贯性原理就越会促使他们不停地幻想："现在它必须成功，如果我再投入一点，它就会成功。"

很多具有良好企业文化的优秀企业在面对新的市场变革与技术改进时，无法保持他们的领先地位，股票投资者似乎在取得一定的成就之后也会遇到这种问题。

过往的成功会绑架他们，总是驱使他们把时间、精力和金钱投向那个曾经取得过利益最大化的方向，而对于市场悄然改变的许多细节却视而不见，结果就是，取得的成功越大，能够供他们运用的资源就越丰富，周遭的价值观念就越要求他们取得更大的成功，他们就越是接受不了自己会犯错的现实。这是一种正向的反馈，一种巨大的惯性，似乎没有什么人能够拒绝。

然而，这是一个急剧变化的股市，每一波行情最初都是由一种不起眼的事物点燃的，小的、新的趋势变化往往会改变大的、成熟的既有趋势，很少人能迅速顺应趋势的要求，逃脱被淘汰的命运。

成熟固然重要，但是保持好奇、活力和对于小的趋势的关注也至关重要。

从更高的层次上看，不断改进自己的投资框架，需要发现生命中更多的可能性，延展生命的广度。

成熟如巴菲特与芒格这样的人，其实并非像我们想象的那样几十年如一日地坚守自己的投资框架不变，芒格是一个非常善于学习的人，他不断用新的知识与思考完善自己，而他事实上也改变了巴菲特。

这样的思维习惯塑造了他与巴菲特之间的合作模式，芒格经常扮演一个"讨厌的说不者"的角色。他改变了巴菲特从格雷厄姆那儿学到的"只买便宜货"的局限，而转向关注高品质的好公司。

不去追逐平庸的机会

在投资领域，"一招鲜吃遍天"肯定只是"个案"而非"规律"，因为没有一种投资方式在所有的年份都有效，而人们总是习惯于以一年或者更短的时间为周期去评价一种投资方法的优劣。一个理性的投资者，头脑里一般来说只有一套投资逻辑，当这套逻辑在过往的投资中越是有效，他就越是难以根据市场的变化而做出改变。也可以说，过往的成功越是辉煌，未来的失败有可能越是惨烈。

投资者的两难境地是：一方面你的能力圈决定了你擅长做什么，另一方面，你又被别人的成功所鼓动，试图跳出能力圈去获得更多的成功。

芒格告诫投资者，每个人都有他的能力圈。要扩大那个能力圈是非常困难的。他举了个有趣的例子，如果他不得不靠当音乐家来谋生——假设音乐是衡量文明的标准，那么他不知道必须把标准降到多低，他才能够有演出的机会。所以你必须弄清楚自己有什么本领，如果你们要玩那些别人玩得很好而自己一窍不通的游戏，那么你们注定会一败涂地。

芒格坦承，他们看准的次数很少，平均来说，每年可能只有一两次。所以说，并没有一套万试万灵、可以用来判断所有市场趋势的方法。连巴菲特与芒格这类"神一样的存在"都做不到，普通投资者就基本上只能靠运气了。

芒格说他只是寻找那些不用动脑筋也知道能赚钱的机会。正如巴菲特经常说的，我们跨不过七英尺高的栏，我们寻找的是那些一英尺高的、对面有丰厚回报的栏。所以，投资中成功的诀窍是去做一些简单的事情，而不是去解决难题。

芒格说他能有今天，靠的是不去追逐平庸的机会。因为，只要几次决定便能造就成功的投资生涯。

有性格的人才能拿着现金坐在那里什么事也不做。

可见，聪明与智慧从来就不是一个概念，比如说，聪明是"啥都知道"，智慧则是"啥都知道，但啥都不做"。

一年过去了，同样身处A股市场，有人赚了大钱，有人赔了老本，面对收益率的巨大落差，要做到心平气和是非常困难的。

精明如索罗斯这样的大师，也有这样的前车之鉴。2000年互联网疯狂那阵子，他因为无法忍受其他人从科网股上赚到大钱而自己没有赚到，也去跟风买网络股，结果亏得一塌糊涂。而在同样的时间，巴菲特也没有赚到互联网公司的钱，区别在于，他们根本就不在意别人赚了这种钱。

关注别人赚钱比你更快的想法是一种致命的罪行。妒忌真的是一种愚蠢的罪行，因为它是仅有的一种你不可能得到任何乐趣的罪行。它只会让你痛苦不堪，不会给你带来任何乐趣。你为什么要妒忌呢？

所以，满足于你已经拥有的。这里是一句真话，如果你已经衣食无忧了，而别人的财富增长速度比你更快，比如说，在投资高风险的股票上赚了钱，那又怎样呢？总是会有人的财富增长速度比你快。这并不可悲，就此失去心理平衡才最可悲。

聪明不是投资成功的首要因素

今年，"灰犀牛"这个词语比较火，它是指那些显而易见而又常常被忽视的大概率风险。投资股票，如果说"黑天鹅"是不可预知的意外，"灰犀牛"却总是让人熟视无睹，习以为常，杀伤力却更为惊人。

芒格一般会先注意应该避免什么，也就是说，先弄清楚应该别做什么事情，然后才会考虑接下来要采取的行动。无论是在生活中，还是在生意场上，芒格避开了"棋盘"上那些无益的部分，把更多的时间和精力用在有利可图的区域，从而获得了巨大的收益。

有人曾经要求芒格用一个词来总结自己投资成功的原因，他想都没想就说是"理性"，我读过关于他对于理性的解释，其实，更像是另一个词——耐心！

我们从来没有从巴菲特或者芒格的口中听到过"聪明"对于投资而言到底有多大的好处。

查理·芒格有一种与众不同的思考习惯，那就是"逆向思维"，凡事都要反过来想想。比如说，如果要明白人生如何得到幸福，他首先研究人生如何才能变得痛苦；要研究企业如何做大做强，他首先研究企业是如何衰败的；大部分人更关心如何在股市投资上成功，芒格最关心的是为什么大部分人在股市投资上都失败了。

芒格的这种思考方法来源于一句农夫谚语中所蕴含的哲理：我只想知道我将来会死在什么地方，这样我就可以永远不去那里啦。

芒格一直强调，他们赚钱靠的是记住浅显的道理而不是掌握深奥的秘籍。他从来不去试图成为非常聪明的人，而是持续地试图别变成蠢货，久而久之，这种人便能获得非常大的优势。

怎样才能培养那种毫不焦躁地持有股票的性情？光靠性格是不行的。你需要在很长的时间内拥有强烈的求知欲望。你必须有浓厚的兴趣去弄明白正在发生的事情背后的原因。如果你能够长期保持这种心态，你关注现实的能力将会逐渐得到提高。如果你没有这种心态，那么即使你有很高的智商，也注定会失败。

寻找投资中的普世智慧

在自己的能力圈内做对了所有的事情，结果投资还是失败了，往往会导致两种后果：一是自信心被彻底击溃，然后全盘否定自己过往的投资逻辑；二是照搬成功者的经验，跳出能力圈去追逐别人的投资逻辑。

正视现实，即使你并不喜欢它——尤其当你不喜欢它的时候。

投资中的常胜将军为何如此之少，正在于坚持自我的人通常陷入故步自封，而心态开放者往往流于人云亦云。

如何寻找"自我"与"开放"的平衡点？查理·芒格给出的建议是终身学习，不断拓宽自己的能力圈。

学习的目的是为了了解多种学科，掌握多种思维的方式，遇事遇人能够从多重角度去进行思考。同时，对于一件事情的判断不仅仅从已知的方向出发，还能够反其道而行之，接受不同的思路。学习的过程应该是永无止境。

学习的过程中，不仅要努力寻找自己的能力圈，而且还要集中精力去认识自己的边界，尤为重要的事情是，要不断开阔视野，拓展自己的边界。

想要在投资上取得持续成功，理性、耐心、求知欲缺一不可，要有稳重的性格，理性的思考，耐心的等待，以及不断进步的求知欲。要有完备的逻辑和理性去找出高品质的公司，同时还要有足够的耐心等待它出现。

是否存在一套放之四海皆准的、颠扑不破的成功真理呢？读遍所有投资高手的经验之谈，你找不到有人真正到达过这样的真理彼岸，最优秀的人也只是在无限逼近这个境界。

从这个意义上说，尽管任泽松今年一败涂地，也不能就此全盘否定他之前建立起来的那套成长股的投资逻辑的合理成分，也不可断言未来他没有翻盘的机会，更不必要求他今后应该照搬邱国鹭的那一套理论。他需要的或许是进一步完善自己的投资理念与方法，以及一点好运气。毕竟，对于投资的短期结果来说，随机性是最后的裁判。

同理，这么多年来，A股市场"复制巴菲特"的价值投资者们，也只是在2017年才真正"站起来了"。早期的"中巴"们，多数经受不住低估值蓝筹股长时间的昏迷状态而作鸟兽散了，有的改弦易辙不再坚持，有的实在熬不过来被迫解散了私募基金，成了"先烈"，坚持下来的投资者才守得云开见月明。而这到底是方法论的胜利还是"风水轮流转"使然，需要时间去检验，没有谁敢保证这种趋势的持续性，所以，邱国鹭们仍须对未来的失败保持警惕。

君不见，在任泽松当红的那几年，模仿他的公募与私募多如过江之鲫，彼时彼刻，有几人听得进邱国鹭？

有人可能会说，如果头脑中储存两套投资逻辑，当风口继续在成长股上时，用任泽松的那一套，当风口转向低估值蓝筹股的时候，用邱国鹭的那一套，那样岂不是如鱼得水游刃有余吗？

其实，这么多年来，散户都是这样干的。只是，需要有足够的智慧去区分何时该信任泽松，何时该信邱国鹭。

要做到每一步都踩在鼓点上，除非你能够干净地切掉人性。

多年前读到一个段子：某人得到《葵花宝典》，翻开第一页，赫然写着：欲练神功，必先自宫！某人练功心切，赶紧照做：挥刀自宫！疼呀！好不容易伤好了，马上接着看《葵花宝典》，翻开第二页：即使自宫，未必成功！悔呀！急忙翻翻翻，直到最后一页，上面写着：不必自宫，也可成功！抓狂！

有时候，生活远比这个段子更富悲情色彩：年初，有位朋友问我买什么股票，我建议买入中国平安，长线持有吧。朋友照做。

过了3个月，他满脸轻蔑地找到我抱怨：这个股太慢了，34块买的，3个月过去了还是34块，一分钱都没有赚到，您就不能推荐一只跑得快一点的？

我听出了他的言外之意，推荐中国平安这种没有惊喜的"慢牛"实在没有技术含量，买蓝筹股还用得着你这种"老司机"推荐吗？要是今天再不推个"快马"，怎么能弥补我心里深不见底的愧疚呀。

于是，为了证明自己也是有专业水平的，大爷我闭上眼睛说起某哥们隆重推荐过一匹"既有业绩又有成长还有故事"的"快马"，朋友听后两眼放光，赶紧挥刀割了平安，换上了这匹具有无限想象空间的"快马"。

后来，这只"快马"确实跑得挺快的，仅用了半个月时间，股价就跌掉了一半！

从那个时候开始，就再也见不到他在朋友圈为程大爷的文章点赞了。

券商经纪业务的降维打击

> 人才的标准空前提升，你需要有足够的才华才可以获得与资本和技术匹配的机会，否则就会被无情地替代。
>
> 未来将是一个金融民工中低端劳动力被加速淘汰的过程。低端不是你跟不上趋势，就是趋势会甩掉你。

眼下的北国，正大雪纷飞，而我在南方的艳阳里四季如春——在同一个半球同一个季节里，你我却过出了两种截然相反的生活况味，如同2017年冰火两重天的A股留给彼此的刻骨记忆。

三毛曾说，岁月极美，在于它必然的流逝，春花、秋月、夏日、冬雪。所以，对于刚刚逝去的2017年，是非成败，悲欢离合，既然无力挽回，那就无须介怀，好好目送它的转身吧，毕竟，未来正迎面走来，请你张开双臂。

新年伊始，确实万象更新了，这不，A股迎来开门红，大票小票齐欢腾，从去年的两极分化变成现在的雨露均沾，形势那是相当的喜人！

好的开始是成功的一半。广东人最喜欢讲"好意头"，大爷我2018年第一天上班，就特意穿了件大红背心（搭配了一条蓝色裤子），寓意至少得收获一根带下影线的小周阳线吧？功夫不负有心人，新年第一周，咱大A果然从头涨到尾，还几乎整了根光头光脚的大阳线。

值得注意的是，从去年年底开始一路下滑的券商股新年一改颓势，从低位放量拉升，这从一个侧面印证了投资者对市场的信心。

财经网红们的跨年演说还在朋友圈刷屏，关于2018年会发生什么事情，牛人们说得都挺玄乎，惹得我也不禁暗自思忖：2018年股市的春天真的就来了吗？咱们天天投身其中拼尽全力混碗饭吃的证券市场，哪些事情肯定会发生呢？它们又会如何影响到投资者的收益和我们这帮从业人员的饭碗？

价格战从佣金率蔓延到了两融利率

2018年，我能想到肯定会发生的一件事就是：券商的佣金价格战肯定不会立即偃旗息鼓，而是会从阵地战变成更加残酷的拼刺刀肉搏战。

然而，我还是低估了有一场剧烈冲突到来的速度，以及它的杀伤力。

最近出现在券商营业部之间争夺高净值客户的一些营销"绝招"，让我意识到，经纪业务的竞争正在进入深水区，跟佣金战比，这种竞争才算得是生死之战，一把带着斑斑血迹的刺刀正在刺来。

有位非常资深的大券商营业部老总昨天还跟我抱怨，他那儿有一群自主交易能力极强、贡献了整个营业部接近三成交易量与收入（交易佣金+两融息差）的高净值客户（即不依赖券商投研服务、完全自行完成交易的投资者），分别被某家保险系券商和互联网券商挖走了。

这次，他们挖走客户的狠招不是低佣金率也不是零佣金。

因为对于超高净值客户，为了挽留他们，一般券商都可以给到竞争对手开出的佣金条件。所以说，拼佣金率这招在前几年佣金水平高企的时候是撒手锏，然而，现在最多算得上是一根拨火棍。

交易佣金对超高净值客户的吸引力从边际效应递减甚至逼近于零，说明一个佣金驱动竞争的时代正在接近尾声。大不了到零吧？那又如何？再往后走，佣金会低到超高净值客户都没兴趣跟你谈这事的程度。

倒贴的事不是没有，但肯定不会是大面积的、普遍的、长期的，在关键时点，KPI考核的压力之下，偶尔用用这招救急而已，长期使用无异于饮鸩止渴。

那么，他们用了什么狠招，让我的朋友无力反抗，只得眼睁睁地看着自己最心爱的超高净值客户投向别家券商的怀抱？

真相是：他们给出了令这群超高净值客户无法拒绝的超低融资融券利率！低到什么程度呢？据那群客户透露的利率水平，比许多大型券商发行公司债的利率还低，很不可思议是吧？

那位券商营业部老总说自己也向公司总部请求过支持，希望用非常规手段（比如先给予客户与对方同样的利率，把客户挽留下来）击退门口的"野蛮人"，但是，明摆着要贴钱进去，公司相关部门理所当然地拒绝了。

打交易佣金价格战，大家都不是特别怕，伤的最多只是皮毛而已。

打两融利率价格战，这就不是从别人的碗里夹几块肉这么简单，而是，你们家的锅可能都要被人端走了，伤的可不是皮肉，而是筋骨啊。

资本实力正成为券商的核心竞争力

这个战事一旦扩大化，收入来源主要依靠经纪业务而自身资本实力又不济的券商，原有的超高净值客户（市值超过50万元是融资融券的最低门槛）势必会遭遇资本实力雄厚的领先券商的批量抢夺。

跟还是不跟？是一个无比痛苦的选择。如果不给超低融资利率，自身的服务又没有明显差异化的优势，那么，客户选择离开就是天经地义的事情。

为了狙击其他券商的竞争性超低利率，如果你选择跟进，满足客户要求，那么，你的资本实力就是至关重要的因素了；假如你的资金全部都有财务成本，你就永远没有办法对抗那些自有资金雄厚的券商，投降是迟早的事。

"剩者"为王是不可抗拒的商业规律，这一点可以参考历次互联网公司的江湖大战，拼到最后还是资本说话。当年的共享租车和眼下的共享单车，竞争格局与结果显示，只有雄厚的资本实力，才能构成对竞争对手的降维打击。

当前的券商竞争格局已经越来越趋向于资本导向型，强劲的资本实力有助于券商把握资本中介业务的各种机会，从投行、资管到经纪业务，全面拉开与竞争对手的差距，夯实行业领先地位，并实现全方位的突破。

20多年的券商经纪业务发展过程中，有许多要素主导过券商之间的竞争格局。比如说，早期的网点数量多寡，线下渠道与营销队伍的规模，互联网时代的流量获取能力，现阶段的金融科技创新，财富管理转型，投顾队伍建设，综合账户管理，全业务链……所以，我们看到过去要保持行业领先地位，对资本实力的要求并不很高，而未来的领先者，就像在荒漠中越野，需要四个轮子同时驱动才能玩得转：资本、科技、品牌、人才，缺一不可。

第一要素就是资本，只有大而不倒，未来，只有资本实力雄厚的券商才具有压倒性优势。

拿什么留住超高净值客户

经过多轮佣金价格战后，高净值客户的交易佣金率早就没有多大的降价空间了。

目前各大小券商仍在进行着的流量争夺战，目标主要还是瞄准低净值的小散，由于长尾效应，还是有相当部分低净值客户的佣金率尚处在较高水平。

于是有些券商从业人员以为，只要一劳永逸地把这部分超高净值客户的佣金率直接打到逼近交易所规费的水平，就可以万事大吉、高枕无忧，不用担心客户被挖走了。

然而，花样繁多的抢客狠招总是推陈出新。当有券商以超低两融利率为诱饵挖你的核心大客户的时候，除了跟他们"拼了"——我也把两融利率降到成本以下，你还可以做什么？

每次行业内出现了"搅局者"，总是会搞得群情激愤，大家都理所当然地视其为"害群之马"，欲除之而后快，还有人首先想到的是去行业协会或者监管部门寻求保护——用有形之手去平息行业竞争的激烈冲突。事实证明，很多时候，有形之手确实可以在一定范围与时间内平息冲突，让行业维持着表面的一团和气。但是，长期来看，没有什么力量可以打败趋势，如墨菲定律，凡事有可能发生，那它就一定会发生！

身在服务领域的券商行业，融入互联网行业的大趋势越来越明显。每一次行业的重大转型与发展，都有可能就是由某家公司制造的一次"冲突"而引发的，比如佣金战就是一次典型案例。

从早期的行业抵制"冲突"，到现在的"冲突"无处不在，其实券商行业的进步是呈加速度的。如果行业内部没有出现"颠覆者"，那么，一定也会有外部的颠覆者杀入，这个也是不可抗拒的大趋势。

BATJ近来正加速杀入财富管理领域，他们利用自己压倒性的流量优势与资本实力，一边频繁地与券商、基金、保险和银行合作，一边积极地获取更多自主金融牌照，布局自己的金融服务平台，推出各种挤压传统金融企业的互联网金融产品与服务。

可见，金融行业的牌照护城河正在被填平，幻想永远活在行业保护的襁褓之中，是一种需要尽快摒弃的巨婴心态。

无论是互联网行业还是金融行业，那些三流的企业只能发现冲突的出现，二流的企业有能力去解决冲突，敢于不断制造"冲突"的恰恰才是一流的企业，它们最有可能会在冲突中活下来，成为最后的"剩者"。

要挽留住自己的超高净值客户，靠不断调低交易佣金率这招已经走到穷途末路了，而靠调低两融利率，也是被动应战的不得已行为，是没有办法的时候"以其人之道，还治其人之身"的跟随策略，这些都是"下策"。但是，如果你资本实力不够，你可能连玩"下策"的能力都没有，没钱没话说，这很现实。

没有雄厚的资本实力做后盾，玩"烧钱换流量"无疑是找死，但是，不排除就有不差钱的主跑出来做"鲶鱼"，就是要来"搅局"。要知道，BATJ哪家不是这么一路玩过来的？他们不仅习惯于这种玩法，可怕的是，他们尤为擅长这种玩法。

传统券商眼下能做什么？

头等大事就是通过上市、增资扩股、购并等各种方式尽快做大资本规模。

我们需要清醒地认识到，被寄予厚望的金融科技创新，远水难解近渴，很难替代资本在应对行业内外竞争中的重要地位，冀望它快速打造出某种独特的竞争优势不太现实。

基于监管合规方面的制度天花板，金融科技在券商行业的应用，目前来看还只是一种延续性创新，或者说微创新，颠覆性创新多数出现在灰色地带，没有普遍意义。

例如，银行与券商中的先行者们，早就推出了智能投顾，除了轰动一时之外，再也没见过效果如何的统计报告。可见，AI还是停留于概念与题材，短期内很难带来颠覆性的用户体验。

那么，大规模招人对挽留超高净值客户可以起到立竿见影的效果？

证券经纪人与客户经理在超高净值客户的营销和服务方面发挥的作用将会越来越不明显，而投资顾问在提升客户资产收益率、为客户创造价值、满意度、客户黏性、忠诚度等方面将发挥积极的作用。

智能投顾不可能取代人工投顾，二者的有机结合（程大爷曾经就此创造出了一个"智神投顾"的概念）将是大势所趋。

现在看来，人才的定义将会被改写，如何通过不断的自我升级来适应市场竞争的要求，这对所有的从业人员都是一次挑战。

同所有的金融行业一样，未来券商将会从"人赚钱"时代持续进化到"钱赚钱"时代，这是一个资本的作用持续强化，而技术与人才的作用会相应弱化的过程。

人才的标准空前提升，你需要有足够的才华才可以获得与资本和技术匹配的机会，否则就会被无情地替代。

未来将是一个金融民工中低端劳动力被加速淘汰的过程。低端不是你跟不上趋势，就是趋势会甩掉你。

考核会是一场残酷无情的"斗兽游戏"，不是你干掉KPI，就是KPI干掉你，没有回旋余地。

想到这些，不寒而栗。我赶紧打开朋友圈准备学习罗胖传授的新知识新技能，以免被新时代抛弃了，没想到的是，那位做营业部老总的朋友给我发来了一份《上班宣言》，一分钟内连发了三遍，说是与我共勉。

我哪敢怠慢，赶紧抄下来，准备贴到办公室的墙上去，计划2018年每天读三遍：

高举诚信做人，心怀敬畏做事，轻易不开口，开口必践约。

不赚小利而失大义，不损他人而唯自己！借四方才华，乘八面来风。兴奋而不冲动，惶恐而不退缩，不与小人争恶，不与高人争智，普天皆兄弟，极目尽春光。

胸怀大志立于足，眼观微物必有情，看清道路曲折，别管风雨斜狂，功过不留痕，我心依我心！

你就是吃了爱听"好话"的亏

真正有参考价值的市场观点恰恰是那些听起来"不那么舒服"的意见，这些看法因为经常与主流的观点相左、与投资者希望听到的"好话"相反而显得格外"不合时宜"。比如，它会在任何时候都戳中你的投资逻辑的软肋，提示你对风险应该保持清醒的头脑，尤其是当市场处于癫狂状态而你手风很顺得意忘形的时候，这些"不好听的话"，才是治病救人的苦口良药。

美国真是一个盛产戏剧的神奇国度。上周，大洋彼岸上演的两幕大戏让遥远的中国"观众"看得有点目瞪口呆：

一是美国股市一泻千里。

这剧情太刺激了，引起了股民对A股未来趋势的焦虑，结果是，漂亮50跌得衣衫不整，头破血流。投资者恍然大悟：原来闪崩不是中小创的专利，美股玩起闪崩来尺度也大得吓人；原来大蓝筹也爱高台跳水，经历了2017年大蓝筹的高歌猛进之后，投资者本来已经忘了风险这事。

二是现实版"钢铁侠"——埃隆·马斯克的重型猎鹰火箭一飞冲天。

由于马斯克还有一个"乔布斯第二"的名号，有好事者自然又拿乔布斯的"中国搞笑版"——贾跃亭来与马斯克进行对比，说同样是梦想家，为何马布斯就可以将梦想发射到星辰大海，而贾布斯却只会将别人的梦想不断砸向跌停板呢？朋友圈还风传一张重型猎鹰一飞冲天与贵州茅台酒一飞冲天的双拼图，大爷我不懂把这两样东西放在一起对比的意思到底是什么？是为了灭美帝威风长我大A志气？你有"飞天"重型猎鹰我有"飞天"贵州茅台，咱俩扯平？还是暗示重型猎鹰火箭发射成功的功勋章里也有茅台的一小滴——火箭的动力燃料中勾兑了"飞天"茅台酒就像汽油中添加了燃油宝一样可以加倍提升动力？

抑或，想揭秘马斯克追逐梦想的过程中每次遭遇重大挫折时都是用茅台借酒消愁，是茅台"喝醉不上头"的高品质保证了马斯克天才的脑子没有被乙醇废掉，而"飞天"商标一直启发、激励着马斯克愈挫愈勇绝不放弃自己的飞天之梦？此外，好事者还戏言，又一个姓"马"的男人（不要忘了，马云、马化腾、马明哲之前，还有个马克思）改变了世界！

比美股更脆弱的是"半特立独行"的A股

从11连阳的喜大普奔到断崖式暴跌的惊魂裸奔，这中间其实只隔着美帝的黑色一星期。

从2017年1月29日上证指数创下3587点的高点以后，短短10个交易日，最多时跌去了525点，最大跌幅高达14.6%，跌幅之大，堪比2015年股灾。说好的"慢牛"一夜之间就这样被美帝带成了"快熊"，可不可以找特朗普论理去？

无须太多理由，股市的小船说翻就翻。特别是那些涨幅巨大的漂亮牛股，更是翻脸比翻书还快。

美股摔了一个跟头，我们定会鼻青脸肿，不要瞎掰什么"我们不一样"，除了时区不同，哪次不是一模一样？

所以，那些股灾后追问为什么和解释为什么的人都不像是真正的投资者与分析师，而更像是哲学家，因为他们总是思考得太多而行动得太少。

经过20多年来的砥砺奋进，我大A初步形成了一种"半特立独行"的混搭风格。

为何是"半"？因为，当美股连续走牛的时候，我大A一直都旗帜鲜明地拒绝与美股同流合污，坚持走自己的路，让美股去涨吧！

但是，美股发生股灾时，我大A就随机应变，顺应趋势，果断跟跌。当美股大跌之后开始反弹，我大A洞若观火，识破了美帝的缓兵之计，于是坚决不予理会，虚晃一枪，继续大跌，让美帝的阴谋无法得逞。

比鸦片更有害的是心灵鸡汤式股评

有一种股评，永远都挑散户爱听的话说，无论市场涨跌，它都循循善诱地散布永恒的乐观主义，让投资者麻痹麻醉，温水煮青蛙，逐渐失去了对市场剧烈波动采取主动应对措施的能力，从而在错误的方向上越走越远。大爷我把这类股评命名为"股市心灵鸡汤"。

暴跌之后，有苦中作乐的股民声称跌出快感来了。看见满屏心灵鸡汤式的股评，我在想，这能治愈股民的创伤吗？

心灵按摩或者心灵抚慰是股评家（包括证券分析师和投资顾问）们的一项重要工作内容，在投资者情绪出现恐慌与强烈不安的时候，适时适度的"按摩"是体现专业价值的重要方式。

然而，正如关于人生的各式"心灵鸡汤"泛滥成灾到让人作呕的地步，关于股票市场的心灵鸡汤也正在成为一种误导。那些不断给你灌安眠药的股评家，人云亦云，从来没有自己的独立判断，让你听着软绵绵的永远乐观的话语，幻想车到山前必有路，迷信"一切都是最好的安排"，在该果断采取行动的时候把手放在兜里，心甘情愿地被套在高岗之上：

第一，当市场处于历史底部。

心灵鸡汤股评会语重心长地对散户们说，"珍惜生命远离股市"，要把宝贵的时间浪费在美好的东西上面。

第二，当股市开始启动，新一波牛市展开。

心灵鸡汤股评会告诫股民，"有一种投资叫作空仓观望"，还是不要采取行动。

第三，当股市进入主升浪。

心灵鸡汤股评会故作镇定地劝说股民，"风险是涨出来的，机会是跌出来的"，宏观环境不确定因素增多，切忌追高，待回调后逢低买入。

第四，当市场进入最后疯狂阶段。

心灵鸡汤股评会说，"国家牛市""资产评估牛市""业绩推动的超级牛市"，所以，"很多人一生中最后一次暴富的重大机遇"来临，赶紧满仓干！甚至撂下狠话，"悲观的人是可耻的"。

第五，当大盘见顶回落。

心灵鸡汤股评会不断给投资者打气，什么调整不改慢牛格局，不要怕，只是技术性调整。

第六，当断崖式暴跌来临。

心灵鸡汤股评的标准解释是，"风险快速释放""洗洗更健康"，投资是一场马拉松，"我们的未来是星辰大海"，长期来看，支撑股市走牛的基本面因素并没有消失。言下之意就是，"老乡，别跑！"

第七，大跌几乎削去前期所有涨幅，趋势完全反转。

心灵鸡汤股评开始摆出一副死猪不怕开水烫的架势，就地卧倒，不要盲目杀跌。要在别人贪婪时恐惧，在别人恐惧时贪婪。

第八，大盘指数跌破近年最低点。

心灵鸡汤股评开始提醒风险，不要伸手去接掉下来的"飞刀"，股价没有最低只有更低，刀枪入库马放南山，"人生不只有股票，还有房子和钞票"，意思是赶紧割肉离场去买房子吧。

第九，反复筑底阶段。

心灵鸡汤股评开始引入诸如上帝、菩萨、高僧大德等超自然力量来解释投资中的困惑，比如投资与六祖坛经，投资与大悲咒，投资与暗物质、暗能量、量子纠缠，等等。

第十，交易冷寂阶段。

心灵鸡汤股评绝口不提股票预测这档子事儿了。他们热衷于探讨诸如金钱与快乐没有必然关系，钱到了一定阶段就会出现效用（满足感）曲线从上升到不断走平的过程，比金钱更珍贵的东西多的是，比如朋友的友谊、家人的爱、诗和远方。言下之意就是，钱没了人还在，人没了情还在，忘掉我之前所有关于股票的胡说八道吧，我们来谈谈人生。

比套牢更可怕的是永恒的乐观主义者

经过心灵鸡汤股评长期以来潜移默化的影响，相对熊市时的悲观情绪而言，咱大A市场无论机构还是散户投资者，在牛市的末段更容易走向极端的、近似癫狂的乐观。

人都会选择性相信对自己有利的信息，而不相信对于自己不利的因素，这就是人类特有的"选择性"相信的本性。

特别是那些似是而非的、故作深沉的、柔软舒适的心灵鸡汤式慰藉，总是更容易获取人们的好感。

然而，不由分说的乐观主义不是自信，而是自嗨：

第一，在泡沫不断自我强化的时候，习惯于期待更大的泡沫。

第二，在泡沫开始破裂的时候相信只是一次技术性调整。

第三，在泡沫全面破裂的时候，相信"我们不一样"，相信别人持有的股票会破裂，而坚定相信自己手头的股票不会破裂。

大爷我从一月下旬开始，在"程大爷论市"专栏推出多篇文章，对弥漫于市场的、众口一词的极度乐观情绪表达过担忧，对机构到散户高度一致性预期——"蓝筹永远不败"表达过强烈的质疑。

尤其是当公募基金爆款频出、贵州茅台市值超过路易威登成为全球第一奢侈品公司、工商银行再次成为全球最大市值银行、A股银行股对H股溢价高达30%的时候，大爷我感受到了群体性癫狂的可怕。

上周一美股出现了历史性的大暴跌，然而，可笑的是，我大A几乎所有的大牌卖方研究机构均信誓旦旦地说一点事都没有，那些分析师和专业投资人异口同声地提到了经济周期和市场周期。暴跌已经如此明显了，看看市场反应，机构都公开表示不值得担心。虽然股票市场的趋势确实是不可预测，但是，每到关键时刻，专家们不仅没有对自己的"无知"（这是一种永恒的客观存在，跟学历与知识无关）表现出应有的敬畏，反而比任何时候更加坚定地传递不容置疑的乐观，这种现象本身，恰恰值得我们反过来思考。

比发牢骚更有建设性的是完善自己的交易原则

真正有参考价值的市场观点恰恰是那些听起来"不那么舒服"的意见，这些看法因为经常与主流的观点相左、与投资者希望听到的"好话"相反而显得格外"不合时宜"。比如，它会在任何时候都戳中你的投资逻辑的软肋，提示你对风险应该保持清醒的头脑，尤其是当市场处于癫狂状态而你手风很顺得意忘形的时候，这些"不好听的话"，才是治病救人的苦口良药。

简而言之，投资中有价值的建议都是趋于保守与悲观的！

雪崩前留一半清醒留一半醉，至少可能还有逃脱的机会，不要盲目乐观，等到雪崩发生后被埋才相信雪崩真的会发生在自己的世界，那样就不是投资，而是赌命。

所以，对投资有建设性的思考应该是在突发事件之前，也就是说，重要的是建立自己一以贯之的投资原则去把遭遇雪崩被埋进去的风险降低到最小，而不是等事情发展到无法挽回了之后再来进行抱怨、诅咒、反思，那样做不仅于事无补，而且对下一次的突发事件应对也不一定有多大的帮助。

由于个人认知的局限性，在信息过载的环境下，每个投资者都需要选择最有参考价值的投资建议而不是心灵鸡汤式的好话来建立属于自己的交易原则，这是应对不确定性的有效措施。

关于如何建立投资者个人的交易原则，查理·芒格给出了三点忠告：

第一，建立多元思维模型。

永远不要用一种定性思维去思考，会陷入死胡同。毕竟在一个手里拿着锤子的人眼中，全世界都是钉子。

买大蓝筹就是价值投资，就没有风险，就不会暴跌，这就是一种思维定式。

要做到头脑的极度开放，敬畏股票市场的随机漫步特征，诚恳地相信任何意外都是必然。

经历2018年初A股市场的这轮暴涨暴跌的躁动之后，投资者都应该看明白一点，那就是：A股市场，没有哪一年的投资逻辑是上一年的重复！

能在A股市场生存下来的投资者都是英雄，经历了那么多的股灾、熔断、闪崩都只道是稀疏平常。每一年的股市都是一段穿越丛林的探险之旅，其实，真没有什么路径可以依赖。

第二，不自欺欺人。

不自欺是最好的精神，获取新观念不难，真正难的是剔除旧的执念。有不自欺的自知之明，还要有改变以往旧观念的勇气。

正如每一次惨烈的股市下跌之后所出现的场景，被跌痛的投资者和被打脸的分析师们习惯用各种方式来发泄自己的情绪，有怨恨，有憎恨，有悔恨，可是，发牢骚对于投资者的损失来说，起不到任何作用。这些唯一的用处就是可以把投资失败的责任外推的事后评论跟散户们创作的各式段子、图片、诗文一样，无非还是自欺欺人的心灵鸡汤。

第三，相信常识。

人的知识边界始终有限，当你了解得越多，你的边界就越宽阔，形成一定体系之后，甚至可以直接排除很多不必要的麻烦。

一年之内，已经涨到80元的中国平安比启动之初30元的中国平安"风险报酬比"更低，这是常识。

茅台酒价与股价相互推动，涨到匪夷所思的地步，仍然有分析师不仅不提示风险，反而加大力度鼓吹茅台成为奢侈品、投资品、硬通货，以"市场情绪"为依据，水涨船高不断调高其目标价，如痴如醉。树不可能长到天上去，这是常识。

银行股的A股比H股溢价30%，所以，北上资金放着便宜的港股不买而疯狂涌入更贵的A股大蓝筹是一种不可思议的反常现象，背后必有你所不知道的隐情。不合逻辑的东西，一般不具有持续性，这也是常识。

天底下最傻的事莫过于此

想要拥抱科技，就需要勇敢面对科技的代价，并且努力降低它的负向影响对人类生活与命运构成伤害的风险。

都在说年味越来越淡了，但是，春运的机票和高铁票还是像贵州茅台的生肖酒一样抢不到手。有钱没钱回家过年，一直是国人的生活信仰，看不到有改变的迹象。

没回去时思念，回去后无聊；没回去时最幸福的事就是跟爹娘说今年过年回家，回去后最高兴的事就是跟远方的朋友说回家乡过年的喜怒哀乐。互联网改变了现代人的社交方式，也改变着过年的味道，网络填平了过年与平日之间那道甜蜜的鸿沟，让这个原本仪式感十足的日子与每一个庸常的日子之间的区别变得更加模糊，甚至于快要丧失了那种别具一格的喜庆辨识度。

于是，人们发现，过年成了一个仅供亲朋好友相聚的功能性的长假，除了吃饭喝酒打牌，几千年来，这个国人最为看重的节日，正在抽离她身上的传统文化元素，投影出一大片的失落感。

我有一个故乡藏在手机里

自从有了智能手机，"海内存知己，天涯若比邻"，地球小得像个村落。腊月年关临近，老母亲无须冒着漫天大雪去村口张望一条小路那看不见的尽头，没有悬念，没有激动的泪水，因为她早就知道儿女们回到家乡的准确时间了。

而远方的游子们隔三岔五就跟老母亲视频，连皱纹多深白发几根都是看得清清楚楚的，自然就没了"近乡情怯"的羞涩表情，也不会有"儿童相见不相识，笑问客从何处来"的意外惊喜。

现在看来，其实就没有融不进的城市，也没有回不去的故乡，因为，一机在手，他乡故乡全都有。

记得当年，离开家乡以后，每一年过年回家都是一年中最重要的事情之一。

大学毕业后去了广东，那时候还没有高铁，挤在人货混杂的车厢里，有时候连放下两只脚都困难，只能玩"金鸡独立"。绿皮火车在群山峻岭之间慢腾腾地摇晃差不多一整天，我们才拖着装满各式年货的编织袋，在火车经停的县城小站，连滚带爬地下了车。

然后便是匆匆忙忙地赶去汽车站，赶上每天仅有一趟的汽车才得以回到距县城几十千米的小村。遇上雨雪交加，到家时浑身上下都是泥巴，感觉不是从大城市回来的，倒是像极了刚刚从田畈里插秧回家。

尽管归家的路途如此漫长甚至泥泞不堪，但是，回家的喜悦心情瞬间便可以淹没所有的艰辛。

那个时候，火塘是老屋的心脏，围坐在一炉柴火之时，过年的仪式感就如火星四溅，将一个个寒冷的冬夜烘托得温暖如春，同时，也将团聚与陪伴的含义诠译得有滋有味。

科技进步让一切变得越来越快，回家的过程变得更短更便捷，也更舒服，一切都是即时满足，没有延时。

像一部美剧中的台词所说：现代人总是急匆匆地赶着去生，又急匆匆地赶着去死。

并不是所有的"快"都意味着进步与美好，所以，有人才格外想念"从前慢"，从前过年的那种"慢"，透着一种对生活的细嚼慢咽，一种管它山长水远我自回家过年的从容不迫。

后来，智能手机出现了，它以令人无法抗拒的魔力插足于游子与故乡的情感，成了父母眼中的"第三者"。

再也见不到一家人围坐火炉，聚精会神地听老父亲讲一年来他对生活的新思考，取而代之的是，对着桌上丰盛的年饭，大家都各自捧着手机忙着关注朋友圈里的远方，不断刷屏游走世界各地的朋友们过年都有什么新奇有趣的节目。

手机成为现代人的第五大瘾品

犹太祭司撒罗米曾经说过，世界上善多于恶，但高出的并不多。

这句话应该适用于许多科技进步对于人类福祉的影响上。

比如，当初人类发明了自动售货机，这无疑是一种有利于人类生活的"善"的发明，但是，后来科技更进一步，把这种立柜式的售货机改进为老虎机用于赌博活动。这种往一个小口中塞入小额纸币或者硬币以博取更多金钱的游戏，结果产生了比自动售货机让人痴迷万倍的效果。随着金融科技的进步，美国拉斯维加斯的赌场一度想要与时俱进，不满足于赌客只是塞入现金而是希望他们在老虎机上直接刷信用卡，从而大幅提升赌客玩老虎机的"效率"，然而，内华达州的立法机构最后还是否决了这项议案。

人类历史上对待技术进步带来的"善"与"恶"的比例问题，总是估计得偏向乐观，甚至于干脆就完全误判，结果与预期南辕北辙。

1917年，奥维尔·莱特预言："飞机将对和平有所帮助，尤其我认为飞机很有可能会让战争消逝。"他的话响应了早前美国记者华克的心情，华克于1904年宣称："作为和平的机器，飞机对世界的价值简直无法计算。"这并非第一次有人提出伟大的科技承诺。同一年，凡尔纳宣布："潜水艇有可能变成让战争完全停止的因素，因为舰队将变得无用，随着其他战争工具继续进步，战争将不再可能发生。"

发明炸药的瑞典人诺贝尔真心相信他的炸药会遏制战争："我发明的炸药会超越一千次的世界会议，更快带来和平。"按着同样的脉络，发明机关枪的海勒姆·马克西姆在1893年被问道："这把枪会不会让战争变得更可怕？"他回答："不会，机关枪让战争不可能出现。"

发明无线电的列尔莫·马可尼在1912年对世界宣告："无线时代来临后，

战争就不可能发生了，因为战争会变得很可笑。"

事与愿违，这些伟大的科技进步最终带来的巨大副作用让人大吃一惊。

赌博、毒品、酒精、烟草这是传统的四大瘾品，而大爷我发现，跟人们对手机的沉迷相比，这四大瘾品简直就是四碟小菜。

智能手机的发明对当今世界的巨大影响远远超过了20世纪许多历史性的发明创造。

人们都着迷于手机带来的便利与快乐，但是，那些有先见之明的人，却看到了这其中的危险，如果让智能手机的科技无节制地"进化"下去，将会产生灾难性的后果。

不久前，互联网圈发生了一件看似离奇的事儿。在众多企业都在想方设法吸引用户、扩大流量的同时，巨头腾讯启动了一个项目，声称要让科技向善，还要帮用户远离手机，戒掉"手机瘾"。这葫芦里究竟卖的什么药？

腾讯的T项目，是科技向善项目的简称。这个项目意在构建一个跨界的研究、对话与行动的平台，让社会各方意识到科技带来的诸多问题，并引导技术和产品放大人性之善。为了启动这个项目，腾讯是煞费苦心。很早之前，腾讯老板马化腾就说过，如果没有微信，腾讯早就玩完了，但在T项目启动的现场，一位职场妈妈首先就出来控诉，说微信疏远了她和儿子的母子之情。

连已经退休的腾讯创始人之一张志东也现身说法，直指过度使用手机、电脑对身体的危害。

张志东在一次演说中坦承：这两三年来，我发现我的腰、我的眼睛、我的脖子，这些部位的问题都在加重，所以2016年我开始试用了一个工具，它可以统计我的手机一天点亮了多少小时。

作为一个乐观的科技主义者，张志东说自己过去20多年一直很热爱和享受科技进步给人们带来的便利。几年前，他离任腾讯的管理团队后，可以有比较多的时间来观察科技对社会的影响。

一方面，张志东深信大科技时代，技术会给人们带来巨大的赋能的力量，科技将会取得一个又一个巨大突破；另一方面，他开始感觉到，大科技时代也会对社会带来巨大的冲击并产生新的社会问题。

中国是全球智能手机的最大市场，目前国内智能手机的用户已接近10亿量级，这个密度蕴藏着巨大的产业创新机遇，这是令人欣喜的地方。但是，智能手机帮人们骤然打开了一个极为便利的新世界，同时也会给人们的生活带来很多过载的冲击。

全面数字化的时代正在到来。我们说"改变"的时候，似乎都默认为是好的改变，我们对负面的改变，关注的程度也许还比较低。一个好的应用可以通过移动互联网快速放大；同样，人性的弱点，也会被共振放大，人们容易在高度便利的网络中沉溺。

作为一个重度用户，张志东还遇到信息过载和人际过载的问题。

企业内部的认识，能否把社会问题作为一件重要的事？

这类案例，目前在腾讯内部并不多，还处于尝试阶段，需要时间去积累经验教训。更多产品团队，时间精力主要放在如何提升用户量、提升收入、完成KPI上，对于产品的社会性，对于社会问题的观察和思考，还比较少，敏感度还很不够。

大科技时代，各种新的社会问题和矛盾必然会不断地浮现。从产品人的角度来看，出现问题并不可怕，关键是能否有力的应对和正向的鼓励机制。科技公司是时代变革的受益者，科技公司的员工年轻有朝气、知识密集，具有很强的思辨能力，企业里如何转化这样的能力去面对社会问题？各家科技公司面对的问题不一样，各家企业的文化和组织不一样，如何从被动应对舆论到更主动作为，或许有一些共性的地方，值得科技产业的推动者们认真思考。

科技如何向善

想要拥抱科技，就需要勇敢面对科技的代价，并且努力降低它的负向影响对人类生活与命运构成伤害的风险。

互联网巨头竟然用反面教材，帮人戒"手机瘾""网瘾"，这让很多人看不明白。一方面，我们都知道工具中性的说法，就是说任何工具本身并没有善恶之分，而是取决于使用工具的人，从这一点来说，科技向善似乎是个悖论。对于这个问题，北京大学中国社会与发展研究中心主任邱泽奇认为，科技向善其实还是人的向善，互联网巨头"自黑"，说明判断产品好坏的标准在变化。

当你突破人类社会伦理的时候，你在技术标准上即便有再好的表现，你的跑分即便再高，你也不是一个好的产品，因为产品最终是为人类服务的。

也有人说，帮助用户戒"手机瘾"可能会导致用户活跃度下降甚至流失，这对互联网企业来说是致命的，不符合企业经营的目标。不过，腾讯研究院院长司晓却认为，这恰恰是为企业的长远在考虑。

对于一个产品，看你是追求长期目标还是短期目标的问题。张志东认为一个好的产品、真正人性化的产品，短时间用户时长的下降，包括收入的下降，其实不会对产品造成长久影响，哪怕别的公司都没有追随你。当然，更理想的状态是，大家在人性的角度都多一些人文关怀，在同样的维度去做竞争。

马化腾也表示，当他看到人们花了太多时间在微信上时，感到很不安。张小龙也不止一次呼吁大家少用微信，多陪家人，看来并非矫情与做作。

科技企业要赚有道德的钱

说到底，社会发展到现在这样的阶段，迫切需要让科技以最小的代价造福人类。

1949年，研发出世界第一台计算机的天才人物冯·诺伊曼意识到计算机正在教会我们什么是科技：不论是近期，还是遥远的未来，科技会逐渐从强度、物质和能量问题转变为结构、组织、信息和控制问题。

科技不再是一个名词，而是成为一股力量——一个推动我们前进或者阻挡我们的充满生机的精灵。科技是一个动词，而非一种物事。

腾讯打算从技术层面降低用户使用手机的时间，这是一家伟大企业应有的社会责任。

其实，有很多餐馆在这方面倒是走在科技企业的前边。本来餐馆开门做生意，营业额应该是最重要的指标，正常的思维模式就是唯利是图，恨不得客人多点菜点贵菜，这样就可以多赚钱，哪有店家会把别人塞进口袋的钱往回推的道理？然而，很早之前就有餐厅在坚持这么干。最初是欧美及港澳台地区的一些知名餐饮企业，在顾客点菜的时候会温馨提醒你，点的菜已经够吃了，再点就吃不完，会造成浪费。

引导顾客理性消费，唤醒顾客内心深处的善念，并在一些看似微不足道的事物身上展示这些小小的善行，在我看来，这是最棒的用户体验！

凯文·凯利在《科技想要什么》中说：科技想要什么？科技想要的东西跟我们一样——那一长串人类渴望的优点，科技发现了自身在世界上最理想的角色后，就变成活性剂。

我们的工作就是鼓励新发明朝着这与生俱来的优点发展，和世界上所有的生物朝着同一个方向前进。我们在科技中的选择很真实很重要，就是要引导我们创造出来的东西以正向的形式展现，尽量放大科技的益处，防止科技自我阻挠。人类的目标就是要耐心引领科技走向原本就该走的方向。

然而，要引导科技发展方向的想法，可能知易行难。

乍看之下，科技只是人类的造物。没有人类，科技就不复存在，所以，它只能按照我们的要求行事；但是，对科技发明的整体系统研究得越深入，就会越发认识到它的强大和自生能力。

如果科技是人类的延伸，那么这种延伸并非出自基因，而是来自我们的心智。因此，科技是思想延伸出来的形体，它的进化过程也在模仿基因生物体的进化过程：由简至繁、从笼统到具体、从单一到多样性、从个人主义到共生主义、从浪费能源到高效生产，也从缓慢的变化转变成为更强的可进化性。

人类如何摆脱被手机控制的命运

科技让每个人都有机会明白自己的身份，更重要的是它可以告诉我们，我们可以变成什么样的人。

对于科技的本质，凯文·凯利有一个石破天惊的观点：必须超越人类的起源去了解科技发展的真正本质，那就是，科技不仅是一种人类的发明，也脱胎于生命。

目前为止，地球上发现的生物种类基本上可以分为六大类或者说六大生物界，其中三个生物界是极小的微观物质——单细胞生物体，另外三种则是菌类（菇类和霉菌）、植物和动物。

而科技就成为生命的第七界，它以思想为基础，以文化为存储器，如果被遗忘了，它们也有机会复活，可以被记录下来，而不会遭到忽略，科技是永存不朽的，这就是第七生物界最持久的优势。

过去的1万年里，人类基因的演化速度比之前的600万年几乎快了100倍，我们在驯化动物的同时也驯化自己，在改进工具的同时也改进了自身。

《星球大战》导演卢卡斯解释科技的两难境地：看看科学的曲线以及一切已知的东西，它们像火箭一样向上猛冲，我们就坐在火箭上，循着垂直的线条完美地冲向恒星。但是，人类的情商跟智商一样重要，没准还更加重要。对于情商的理解，我们跟5000年前的人类一样孤陋寡闻，所以，我们的情商曲线是水平的。问题在于，垂直线跟水平线渐行渐远，越分越开，一定会带来某项后果。

我们都低估了这道鸿沟的张力。从长期来看，传统的人性受到侵蚀，或许证实了科技用在这方面的成本超越了对生物圈的侵蚀。

兰登·温纳指出，生命的动力其实永远都一样："只要人类把自己的生命倾入器械之中，自身的活力就会随之缩减。人类的精力和性格转移后，就会变得空虚，但他们可能永远觉察不到空虚的存在。"

关于人类如何避免科技上瘾，大爷我想起极端的案例，或许是人类在探索与科技相处的方式上跑偏的两个方向：

其一是消极抵抗科技的态度。他们选择尽量不使用现代科技的一切成果，回归到文明的原始状态。阿米什人在这类人群中脱颖而出，他们另类的生活方式非常值得尊敬。阿米什人如此出名，因为他们是卢德分子，拒绝接纳赶时髦的新科技。很多人知道，最严格的阿米什人不用电也不开车，用手操作耕田工具，用马拉车。

其二是积极反对科技进步的态度。这方面最骇人听闻的案例是一位哈佛大学毕业的少年天才——泰德·卡辛斯基，他从1978年开始制造了一系列震惊世界的大学校园炸弹案，至今仍是一个发人深省的话题。关于作案的动机，卡辛斯基写下3.5万字的哲学论文，文中深深地诅咒着高科技环境下现代社会的不自由，工业革命带来的人类灾难、社会的动荡、生命意义的消失……文章呼吁，人们应当摧毁现代工业体系，恢复工业社会之前的生活状态……这份宣言是卡辛斯基扔出的最后一枚炸弹，震动美国社会，"有些人哭了，有人欣喜，绝大多数人则是默默伫立，不发一言"。这篇论文发表后，美国一些极端主义者、无政府主义者转为支持卡辛斯基。1995年，一名波士顿艺术家发动一场签名运动，支持卡辛斯基竞选总统。

尽管我们都是智能手机的重度上瘾者，为无力摆脱手机制造的困境而心力交瘁，尽管我们对于互联网对个人隐私的深度渗透、如火如荼的人工智能对生命本质的潜在威胁感到忧心忡忡，但是，大爷我仍然不赞成用任何极端的方式对待科技的飞速发展。

我们可以尊重阿米什人式的选择，但是无法释怀卡辛斯基式的鲁莽，我们与科技共生，更要与科技共同进化。

对于成千上万如大爷我这般的普通人来说，我们无力阻止科技自身的进化（科技本身就是一个自我进化的生命体，就算牛掰如马云与马化腾者其实也阻止不了，但是，我相信科技牛人和立法机构可以引导它进化的方向与速度），我们可以加快自身智商与情商的同步进化，不要让情商这条曲线走得太平，以防止它与科技（人类智商）笔直向上的曲线偏离太远。

我猜测，让情商进化可以是这样的一个过程：就是在科技进化的同时，我们的认知保持同步升级，情感保持丰满，文化保持传统，尤为重要的是，我们对待科技的态度需要保持足够的弹性——有"快"的能力也有"慢"的定力，既有现代标识又不偏离伦理的轨道，既要拥有盔甲也要留有软肋！

当机械化大生产与材料科学飞速发展让服装与鞋帽变得越来越时尚耐用之时，很多人跟我一样，还是喜欢那些手工缝制的千层底布鞋。工业制造的产品质量可以非常完美，你几乎找不出一点点的瑕疵，但是，手工制作的鞋帽或者服装，它最美的地方正在于人力不可避免会产生的那些瑕疵——不均匀分布的针脚、隐藏得并不完好的线头或者一只眼睛描绘得有点歪斜的小猫……它们每一件都是不可复制的"孤品"，都是独一无二的，所以，从某种意义上来说，它就是专门为你制作的。

智能手机上刚刚出现电子贺年卡的时候，我们都曾为它的精美画面与悦耳音乐所深深吸引，随后，电子贺年卡便成为一种时尚。可是，若干年之后，很多人与我一样，对这种科技创新产品产生了审美疲劳：你几乎可以想象得到一个拇指在手机上不停地复制粘贴转发的场景！与此同时，偶尔收到的一张字迹潦草的手写小纸卡片总是让人莫名感动——尤其是那种某个字写错了又画掉重写的明信片，你几乎就看见了千里之外的那个人，站在某座小城一间简易得有点破败的邮局的条桌前给你写信的情景——那才是专属你的问候与祝福。

整体厨房中的烤箱与微波炉干净整洁美观，然而，很多人跟我一样，还是贪恋乡间老屋那口大铁锅炒出来的回锅肉有着独特的锅气，似乎只有经由柴火灶的烟熏火煮，一口大蒸笼里装着的12碗大菜糅合水蒸气一起散发出来的，才是最纯正的年味。

假如炒股是一场花事

看来，市场中的先知先觉者无非就是那些在投资者热情高涨至狂热的时点果断卖货的人。

而投资者最为常见的认知误判在于，把个案当成规律，把偶然当成必然，把短期当成长期。

元宵节过后，生活在广州的人们，除了会惊喜地发现紫荆花与木棉花趁着大家忙着过年的那段时间竟然偷偷摸摸地开了，还会惊讶地看到，楼房的过道与小区的垃圾收集处堆满了被丢弃的各种花卉与盆景。这些被老广们称为"年花"的小金橘、桃花、水仙花、牡丹花多是大年三十被主人花了高价钱当成宝贝买回家来的，然而，仅仅过了半个月，年过完了，就被急不可耐地扫地出门，即便有些还花事繁盛，也没有逃脱被弃之如敝屣的命运。

真个是，年前是个宝，年后是棵草！此情此景让人不禁心生感慨，说到底，年花的价值"有用"比"好看"重要得多。而"有用"与否则因为草木身上的故事——比如橘树寓意"吉祥"，桃花象征"兴旺"，牡丹带来"富贵"等等，但是，这些故事无非是人们赋予她们的某种情结。

人类就这样常常被自己编出的故事所迷惑，最后还会为自己编出的这个"说不定是真的"故事买单。

以"宝贝"的价格买来草木的真身，这中间的心路历程，值得玩味。

我想到了与此类似的事情，不仅仅发生在年花的世界里。比如炒股票这种事，大多数时候其实就是一场由情绪驱动的群体运动，既有似是而非的所谓"客观标准"，更多的时候还是唯心主义的"主观臆断"，但是，最终投资者却会为自己制造的狂热情绪付出额外的代价——市场情绪溢价。

本来平时只值10元的股票，由于投资者自己的狂热追捧，它的目标价就可能被分析师调高到100元。当然，由于无可逃避的"均值回归"规律，高潮过后，往往空虚，那些被情绪推高的股价，最终还是会回到原点。

假如炒股是一场花事

虽说今天早上起来，满目皆是被抛弃的年花，然而，仅仅15天前，人们买回这些"宝贝"的欢乐场景还历历在目呢。

"穿短袖，逛花街"是广州过年的一道风景，也是老广们过年的一堂必修课：不是谁都可以悠闲自得地随便逛逛了事，既要根据来年的最大心愿，"对症下药"买年花，还要在价格合适的时候下手，当然，由于"事关重大"，对砍价的功夫要求与在菜场买鱼葱不可同日而语。

你看看，不仅需要"择股"，而且还要"择时"，这里边的学问，不比炒股更简单吧？

桃花这种寓意"桃花运来"的娇艳之物，向来身价不菲，特别是家有儿女来年祈求艳遇"配对成功"的，勒紧裤腰带也要扛一树回家摆起。而年橘则是普适性最强的物种，因为粤语中与"年吉"同音，那就是不可或缺的过年道具了。

年三十去逛花市买年花的人多到什么程度呢？这么说吧，多到需要市政府不断群发短信提示风险的程度，不仔细看还以为是证券监管部门在提示股市风险呢。

我琢磨着，越来越觉得广州花市跟A股类似，都是一个无效市场，而交易者也很难称得上是理性人。

你看，交易者情绪在年前几天就开始升温，到年三十达到一个最高点，平日里价格10元的花，在这个市场可以卖到100元。在欢乐气氛包裹中，大家都没有时间去想明白一个道理，这不过是一个泡沫，年三十一过，买盘必然消失。作为逛花市的人来说，追高固然不明智，但是逢低买入则需要极强的耐心。

正常情况下，批发商是从生产者手中进货，他也断然不会因为几天的市场热情而乐观预测年三十之后还是这么火爆而从花农手中订购更多的桃花与年橘。但是，股市中的投资者经常会干这种事，他们会把一个短期刺激因素当作长期基本面对待，不分时节地持续高价买入类似年花这样的股票并且长期持有，结果可想而知了。

花市的价格波动率之大，跟创业板股票有得一拼。比如，年三十下午还卖300块钱一棵的年橘到了年三十晚上，可能就只要30块钱一棵，而越是接近退市（花市撤摊）出现没有"底线"地砸盘的概率就越高，比如，摊主咬咬牙，给10块一棵就让你搬走算了。

早年，大爷我刚来广州那阵子，囊中羞涩，由于老广们都说买年花可以转运，所以很积极就干过好几回午夜抄底年花的事情，趁着大股东（摊主）清仓式减持的机会，10块钱一棵的年橘、5块钱一盆的牡丹、甚至1块钱一棵的水仙，尽情地撸了一把。只是，当年还没干证券这一行，不知道自己原来是在做跟巴菲特一模一样的事情，一不小心就成了广州花市的价值投资者。

仔细想想，A股市场的"年花"股还真不少。

例如，我们曾经因为一部电影的票房超预期而狂炒影视娱乐股票，我们给它1000倍估值的理由是，未来它的每一部电影都是大卖，当然，大股东心里有数，知道这是一个趁高减持的良机！高价接盘者仍然沉浸在狂热之中，然而，可惜得很，这家公司接下来的电影烂成一坨屎，但是，投资者已经付出了高昂的价格。

例如，我们因为一款手游产品在某个月的表现不错就憧憬它未来10年都会有这样卓越的表现，于是用臆想出来的未来给予了匪夷所思的高估值，然后，迎接我们的是"过完年后"被抛弃垃圾桶的"年花"。

看来，市场中的先知先觉者无非就是那些在投资者热情高涨至狂热的时点果断卖货的人。而投资者最为常见的认知误判在于，把个案当成规律，把偶然当成必然，把短期当成长期。

当然，我们还可以从年花的故事中看见很多股市的缩影。

比如，市场中还有一类庄家：类似那些在元宵节过后把垃圾桶边的年花收集起来，重新梳妆打扮一番，再编一个故事，以大年三十的价格卖给那些盲目冲动的散户的人。而那些永恒的套牢者，类似于把大年三十的年花故事臆想为其长期价值而不舍得抛掉的人。

我们还可以看见这类投资者的影子：他们是因为贪便宜而盲目抄底的人，他们热衷于去垃圾桶边上低价买回别人本来要丢弃的年花，盲信它的价格会很快涨回到年三十那天高点的人。

追逐爆款行为就像蚂蚁爬进了热锅

最近还有件东西因为一个偶然的原因也被炒得火热，当然，它也活该被炒得火热，因为它就是为了被炒而生的，它就是，一口铁锅！

看了这个新闻，大爷我真是"活久见"，可能是生活太平淡太缺少滋味，也可能是股市变得太正经了炒作没乐趣，所以，大伙儿一拥而上炒菜去了！

近日，因纪录片《舌尖上的中国3》而红遍全国的"章丘铁锅"成为热搜的"神器"，据说就在该片播出当晚的几十分钟内，消费者在网上就将他们库存的2000多口铁锅抢光了。短短数日内，更有数十万口锅的订单砸向他们。天猫平台上章丘铁锅的销量同比增长了近6000倍。有媒体采访到纪录片中所涉及的章丘铁锅"臻三环""同盛永"传承人之一刘紫木，他说，历经12道工序，18

遍火候，经受36000次锻打，方得一口好的章丘铁锅。所以，他们的手工铁锅产量每年只有几千口，无法满足瞬时出现的数十万口铁锅订单。手工的东西不可能走量，为了维护品牌的纯真性，目前已暂时下架了电商平台的铁锅商品并关闭网店。

这火爆的场景堪比年三十的广州花市。

位于济南宽厚里的"同盛永"铁锅线下体验店，每天都人头攒动。在章丘区的"臻三环""同盛永"铁锅加工厂，很多参观和咨询购买者甚至不远数百里，专门赶来领略章丘铁锅的加工工艺，并期望觅得一口锅。慕名前来的人每天络绎不绝，让工匠师傅也不堪其扰。

章丘铁锅网店只得发布声明："洛阳纸贵，章丘无锅，留下美好的回忆就好。"并希望大家申请退款。最后搞得厂家实在没有办法，不仅将所有店铺关停，厂区也临时封闭。

狂热还落下了后遗症：一边是章丘的铁锅工厂无锅，一边是网上章丘铁锅遍地开花，从200多元的铁锅到2000元多的不粘锅，都号称是章丘铁锅，让人眼花缭乱。

我很是困惑，我们到底爱炒菜还是爱炒作？这么多年来，A股市场的公募基金也出过不少如章丘铁锅一样的"爆款"，投资者的热情简直比买铁锅有过之而无不及。

连许多场景都是一模一样的。比如，2007年大牛市那阵子，单只公募基金一天可以卖出1000亿元，搞得最后只得配售，据说就有发财心切没有买到基金的大妈冲进银行行长的办公室质问，肯定是你们把这些好基金给自己留着了不卖给我们，你们吃独食，只顾着自己发大财，却不肯带领我们这些无权无势的大爷大妈奔小康。

历史在时隔10年后再度重演，公募基金再度出现爆款，私募基金也出现爆款，有人为了能买到配售的1万元基金产品捧着手机盯了大半天，买到的竟然高兴得手舞足蹈，好像那不是用自己的钱去买理财产品，而是平白无故地捡到了1万块钱似的。

我们见过太多摄影器材发烧友、高尔夫器材发烧友，现在，我们又拥有了一个新的物种——炒菜器材发烧友。

从日本电饭煲热、马桶盖热到章丘的铁锅热，我们会看到一种具有超强传染性的盲目冲动。

所以，就不必讶异于次新股的连板拉升，不必奇怪市场风格"非此即彼"式的极端演绎，推动这一切群体性运动的基本上都是同一种力量——狂热情绪的不断自我强化。

驯服你的个人情绪怪兽

钱钟书先生在《围城》中有一个绝妙的比喻，说是老年人谈恋爱就像木房子着火，烧起来就没有救了！

其实，很多投资者一旦跟某种股票谈起恋爱来，发烧的程度一点不亚于"木房子着火"，最后有没有得救就看运气了。

2017年风头最劲的价值投资代表人物，王国斌肯定算一个，在谈到投资的成功经验时，他没有说太多的方法与技巧，甚至也没有太多的理论与理念，听来听去，他把成功投资的首要因素归结为"情绪控制"。

其实，你去看几乎所有的投资高手的经验之谈，他们都不认为自己的成功是来自"聪明"，仅就投资这件事来说，智商从来都不是决定性的因素。

上周，被誉为"投资教父"的瑞·达利欧来到中国，与粉丝面对面交流，传授他的成功原则。其中，他特别谈到了控制个人情绪对于成功投资的重要意义。瑞在演说中强调，对于运用原则，他最重要的建议是，你要去发现你自己想要什么。唯一阻碍你去发现自己真正想要什么的障碍，是个人情绪。每个人都有两个"我"，一个是高级的理性的"我"，另一个是低层面的情绪化的"我"。每个人都要自己去决定，哪一个是更好的。另一方面，要切实地去发现自己不知道什么，这比知道自己知道什么更重要。

在管理的过程中，情绪性的、直觉性的、潜意识的东西当然是很有价值的。在瑞·达利欧的理念中，并不是不要这些东西，而需要有一种调和的思维。这也就是说，在你情绪上来的时候，你需要有理智的眼光来看你的情绪。理智和情感都在你身上，它们其实是可以达到一致的。

你一直需要去做出抉择，当你情绪性的、直觉性的、潜意识的因素出现的时候，得同时运用逻辑的、理智的"你"。当你的理智与情感能够协调统一，会塑造一个更好的你。

2016年之前，我们笃信"买股票就是买未来"。于是战略性新兴产业的股票被炒上天，在狂热情绪的刺激下，没有业绩只有未来故事的股票照样受到追捧，"抓小放大，小票拿好"成为投资者的信仰，市场进入一种极端而偏执的状态，而支撑投资者热情的是"市梦率"。

而2017年，投资者情绪再度逆转，买股票就是买业绩，管他有没有未来，只要现在有业绩，那就买买买，没有人愿意多看一眼成长股，即便是既有技术含量也有业绩支撑的股票，只要PE偏高，那就照杀不误。"抓大放小"成为一种新的信仰，那情形，简直就是龙卷风来袭，见大票就抓，见小票就杀，市场进入另一种极端。

在所有的这些情绪化的风格运动中，我们遗憾地看到，许多分析师只是市场情绪的推波助澜者，他们所做的一切无非是火上浇油，或者雪上加霜！

今年以来，大爷我不止一次地提醒投资者，A股市场从来没有出现过下一年的风格是上一年风格的简单重复这种情况。相反，当一种风格走向极端的时候，这个方向的股票交易会变得异常拥挤，它的未来趋势大概率会转向，去到既有趋势的反面。这种转向看起来是技术面的，神奇的是，每到关键点位常常就会有基本面的消息恰到好处地配合趋势的逆转。

春节过后，官媒载文，A股也要圆BATJ这类高科技公司的上市梦。于是，市场原有的"抓大放小"风格忽然变得飘忽起来，蓝筹股的持续调整与中小创的逆势上涨似乎正在酝酿一种新的风格。

在"非此即彼"的极端情绪驱动下，市场会再度回到"小票拿好，大票快跑"的结构行情中去吗？

无论如何，当我们面对"独角兽"的时候，千万不要如面对大年三十的年花和《舌尖上的中国3》中的章丘铁锅那样狂热到奋不顾身的地步。

要记住，在A股市场无数次的风格轮回中，吃亏的永远是那个低层次的情绪化的"我"，因为它本身就是一只缺乏自制能力的"怪兽"。

我用20块钱买到了一个价值亿万元的答案

假如我们生活的世界没有行善者的话，这个世界无疑只会变得更糟。没有活雷锋们展示一个人如果下定决心，能够为陌生人做些什么，尝试的人就会更少。不是每个人都应该成为活雷锋，但是，正是这样的一些人让那些维护生活的品质得以更好地留存。

"三八"妇女节刚刚过去。随着妇女地位的不断提升，这个节日的档次也在不断升级：去年升级为"女神节"，今年就升级为"女王节"了，明年的升级版会是怎样的，会不会升级为"女汉子节"？不好预测。

不过，可以预测的是，在这样的节日氛围之下，每个"倒霉"的男人都还是会遇到一个诸如"假如老婆大人与老妈同时掉进河里你会先救谁"这个千古难题。回答得不好的话，有两面挨巴掌的风险。据说有个男人为了让老婆与老妈同时满意，只好拿出视死如归的勇气，闭着眼睛回答说，虽然自己不会游泳，但是，一旦遇到这种情况，肯定会毫不迟疑地跳进河里一起淹死算了。

当然，这还不是我们一生中遇到的最难回答的问题。

比如，拉里莎·麦克法夸尔就在《陌生人溺水》中抛出了一堆这样的问题，其中最难回答的一个还是跟老妈有关：如果你老妈与一个陌生人同时掉进河里，你应该先救谁？注意，这个时候的你恰好是一位被社会公认的道德楷模，一位"活雷锋"，你该如何选择？

在这本书中，麦克法夸尔讲到一群"活雷锋"的行善故事。看来，"如果你妈妈和陌生人同时溺水，你会怎么做？"（老妈怎么又落水了？儿子好为难呀！）不是一个简单的选择难题，而是一个古老的哲学问题。在践行善举时，以何种方式帮助他人？远近亲疏及数量之别令你感到困扰吗？以血缘为中心的道德观是否具有天然的正当性？反过来说，抹除亲人和陌生人界线的无差别的爱是否更高尚？

遇到这些问题的时候，谁敢说他早有现成的答案？

行善者的选择

有一句非常经典的励志语录：要在这个绝情的世界里深情地活着！

还别说，这个世界上真的存在着一群不仅自己豁达乐观面对生活，而且还会把自己的时间与精力甚至金钱投入到帮助别人建立起更好生活状态的工作中去，这里边更是有一群利他主义者（即我们所说的活雷锋），他们不断探索合理并且呼应自己内在需求的行善方式，他们的有些行为"忘我"得令人震撼和敬畏。

《陌生人溺水》讲到了很多真实的故事，这些故事读来如此震撼，以致让我们不得不需要直面"人生的意义究竟是什么"这一终极问题。在一个被陌生人的需要淹没的世界里，关于行善，我们总是面临这样那样的选择困扰：我并不是一个有钱人，我还应该去行善吗？假如我去行善，应该拿出个人财富多大的比例去做善事？在自己、亲人与陌生人之间，如何配置我们的责任与爱才是

心灵的自洽之道?

然而，真正花时间去思考如何选择行善方式的人并不多，出自本能的、随机的方式充满了非理性的色彩，于是，现实生活中我们经常会看到一些比较扭曲的行善行为。

前不久，也是在朋友圈看到一张图片，是一个衣衫褴褛的老人在他破败的屋檐下摆卖鸡蛋。看到图片上的一段文字才知道，有一个小故事，说的是一位富有爱心的贵妇路过老人的家门口，看到这位可怜的老人，决定帮助他一下。她问老人鸡蛋怎么卖，老人说10元8个，贵妇不假思索地还价道10元10个，老人表情痛苦地告诉她，他已经卖得很便宜了，如果不是因为家里实在太穷，需要现金去买点日用品，他也不会如此便宜地卖掉家里仅有的几只母鸡下的蛋。最后贵妇还是坚持把价格压到了10元钱买9个蛋，她递给老人20元钱，买走了老人18个鸡蛋，顺手还接过老人找零的2个硬币（老人显然是算错了），开着她的宝马去城里最高档餐厅吃饭。买单时，她眼都不眨就用信用卡支付了2000元的餐费，这时，餐厅经理过来询问了她对菜式的意见，她又大方地掏出一张100元钞票当作小费递给经理。

这个故事提出了一个问题，为什么我们对那些特别需要我们帮助的人往往表现得非常小气，反而是对那些不需要帮助的人却表现得特别大方？

这种扭曲的行为不仅表现在行善的过程中，同样存在于我们面对弱势群体的姿态上。

几年前的一个盛夏周末，有个大老板请我去打高尔夫球，那是我第一次下场，啥都不懂，纯粹就是去体验一下这个所谓"绅士范儿"十足的运动的魅力所在。那是一个场地条件相对较差的球场，由于没有球车，客人的球包都是靠球童用手拖车拖着，我们打着阔大的遮阳伞走在球道上都感觉热得受不了，我看见球童拖着球车爬上山坡时汗水都湿透了厚厚的制服。

一场球下来，需要在烈日之下暴晒4~5小时，那些大多数来自农村的球童小妹个个晒得黑不溜秋的，有的脸上还有晒伤的斑痕。

大爷我是第一次下场，所以，总是很虚心向球童请教，而大老板和他的两个朋友显然是这里的熟客，说话都是颐指气使的，偶尔一杆没打好就对球童爆粗口，被骂得狗血淋头的球童基本上都是忍气吞声，还得强颜欢笑，当时就感觉这份工作真心不容易。

打完球后，我掏出100元想自己付球童小费，结果被我的大老板朋友制止了，他说他统一付，一个球童50元钱，不能多给，否则抬高了小费标准别人会有意见的。

我知道这些球童的收入基本上是靠小费的，底薪可以忽略不计。按照每次小费100元算，一个月收入可能就是3000元左右，假如只给50元，估计一个月就只有不到2000元了。在广东这样一个平均工资水平高于全国的地方，对于这些日晒雨淋的体力劳动者来说，这个报酬确实太低。

我感到非常困惑的是，我的大老板朋友是一个有钱人，他经常请客吃饭都非常豪爽，对大爷我这种既无权力也无资源可供利用的完全无用的朋友每每都是鲍翅燕茅台洋酒款待，去夜总会唱歌时更是出手阔绰，有时候唱几个小时的歌，结账时赏给"公主"的小费都是每人上千元，然而，当他面对这些真正付出劳动的人时，却又小气得不可思议。

活雷锋不应该被误解

行善这个古老的问题，一直是哲学家们争论不休的永恒话题。因公开课而走红的哈佛教授迈克尔·桑德尔站在道德角度让我们重新思考所谓"公正"，而澳大利亚哲学家彼得·辛格提出的一个经典问题与拉里莎·麦克法夸尔如出一辙，也是一个溺水事故：假如看到一个小孩溺水（怪不得中国的父母们都热衷于让孩子从小就学会游泳了），你愿意弄湿衣服去救他吗？大多数人认为那是理所当然的了，跟小孩性命相比，打湿衣服当然是不值一提的小事。所以，辛格得出结论说，善行基本都可视作这个命题的变形，比如，宁可一掷千金买个爱马仕的包包，而不是用买奢侈品的钱去救助千里之外饥肠辘辘的孩子，腰缠万贯宁可花几万块钱买瓶茅台的年份酒来喝，也不愿意为无依无靠的老人捐出几百块钱去看病，从某种意义来说，这是不是属于见死不救？

利他主义也曾在人文学科中被人以一种深深的怀疑眼光看待，究其根本，通常被看作一种伪装的自私。比如，1989年，就有一位经济学家得出结论说，人们捐钱给公益事业不仅仅是出于对那些会得到好处的人的关心，也是为了这件事给他们带来的自我满足"光热效应"。

亚当·斯密在《国富论》中认为，一个以追求自身利益为目标的人与其他同样追求自身利益的人合作，可能最终会比他们直接以公共利益为目标更能有效地促进公共利益。

孔德则在19世纪50年代发明了"利他主义"这个世俗的词来表述人类的善。

而精神分析领域的研究者则认为，除了极端的利他主义者外，还存在着正常的利他主义者。对他们而言，帮助他人就是真正的、不矛盾的快乐之源。这种人因帮助他人而感觉良好，结果更加快乐。

在我们生活的环境中，不乏偶尔行善的人，也有一种被人称之为"楷模"的极端行善者，"毫不利己，专门利人"是他们的生活信条与行为准则，这些"活雷锋"的行为常常让人既无比感动又觉得不可思议，这些人并非因为心理疾病，也不是出于疯狂沽名钓誉之目的，他们的善行是无私的忘我的。

这里边还有很多东西值得我们去思考，比如，是否可以衡量行善的价值？行善者的行为是为社会创造普世价值，还是仅仅为了获得自我价值实现的认同感？我们在行善的过程中该如何取舍平衡？普通人可能会忽略这种困境，而生活中的"活雷锋"们往往会受到困扰，因为，他们始终坚持把道德作为自己的行为准则，一切行为都以利他性为前提。

对我们生活中的"活雷锋"来说，善行本身带给他们的愉悦支撑他们不改初衷地积极行善，他们不求回报地付出，恐怕并不需要旁人以世俗眼光去告诫他们权衡私利。

假如我们生活的世界没有行善者的话，这个世界无疑只会变得更糟。没有活雷锋们展示一个人如果下定决心，能够为陌生人做些什么，尝试的人就会更少。不是每个人都应该成为活雷锋，但是，正是这样的一些人让那些维护生活的品质得以更好地留存。

在抉择没有那么两难的时候，我们确实可以向陌生人施予更多，不求他们的感恩图报，而是为一个有道德的社会环境尽一份绵薄之力。相信我们每个人都曾在某个时刻不同程度地接受过陌生人的温暖，因此，我们应该坚信一点，这世间，有多少善被付出，就有多少善被收获。即便是在世俗的眼光中，帮助溺水的陌生人同样是在帮助我们的亲人和朋友。

行善也可以是一种利己行为

一位大学教授，给自己刚考入大学的女儿写了一封信。父亲在信里对当时刚考上大学的女儿提了9点建议，涵盖了道德、专业、知识、恋爱方方面面。

这封信不仅打动了千万父母，甚至还惊动了教育部，《人民日报》也转发荐读。甚至有网友建议，把这篇文章作为高中语文和大学语文的第一课。

这位父亲叫吴辉，是江西财经大学人文学院新闻传播系的副教授。女儿吴阳去年考入西南林业大学，现在是英语专业大二的学生。

关于道德，这位父亲是这样说的：

"道德首先是一种实践，善良不能仅存于内心。做一个有道德的人，这个说法并不新鲜，我主要是想说怎么做的问题。记得有一次坐公交车，我主动给一位老人让座。当时你和君姐都说，没想到我会给人让座。我问你们，老师不就是这样教你们的？你们说是，只是觉得做的时候有点不好意思。我理解年轻人的这种心理，我第一次帮助别人时，也很在乎别人的眼光。现在想来，根本不必。一件好事，不存私利，有何担心，怕啥议论？生活中有很多小事，只要信手拈来，就是一种善行。当你可以帮助别人时，不要吝啬。世界将因你的举手之劳，变得更加美好。爸爸受过别人的恩惠，我们要懂得反哺社会的道理。"

这封信的感人之处在于，他没有提示孩子面对这个复杂的世界如何用"自私"来保护自己，而是鼓励孩子勇敢地去行善。

不是因为他不爱自己的孩子，而是他选择了一种更深沉的爱的方式，他明白即便在最糟糕的世界里，能保护我们的一定不是所谓的"自私"，相反，"善良"倒是有机会变成我们的盔甲。

对于行善可能会带来风险的问题，社会上流传过很多这方面的负面新闻，比如，一个小学生扶起自己摔倒的老人反而被讹诈，热心护送孕妇回家的女孩反而被绑架杀害等等，为了避免这种风险，有文章公开宣称，宁愿自己的孩子不善良。然而，我认为不善良也是有风险的，有时候不一定比善良的风险更小。

当然，行善者的无私通常并不是为了让人关注自己或是享受施予者的优越感。对于长期全力投入的人，他们的动机要纯洁得多。

对于普通人，我们要提倡力所能及或者举手之劳的"小善"，不可能要求每个行善者都成为活雷锋，降低行善的门槛才能鼓励更多的人加入行善者的行列。

而活雷锋只是行善者中的特殊群体，他们自发地在众多选择中选择了道德，将对道德的要求看得至高无上，责任一旦变成压倒一切行为的重负，就会产生一种怎么做都无法拯救世间所有溺水者的焦虑。

正如麦克法夸尔所言，"道德不应该是人类价值体系中超越一切的最高法庭"，那些赋予普通人生活意义的东西同样重要，比如尊严、荣誉、家庭、亲人……在普通人的心里都会被置于道德之上，它们是普通人努力工作、认真生活、成就自我的原动力，这并不可耻，因为，毕竟"先是有了这世上你所爱的一切，然后才有了神圣"。

小善的力量

"勿以恶小而为之，勿以善小而不为"。举手之劳的小善是容易的，假如要为此付出巨大代价，选择就变得不那么简单。

特别是感觉个人力量太过渺小的时候，会感觉自己不配去行善，那应该是有钱人的事情。

作为一个普通人，四下无人时不难做出抉择，有时会想，我们又不是救苦救难的观音菩萨，何必苛求自己和他人？可见，权衡利弊是动物的一种本能，我们通常能做出最令自己心安、事后也不后悔的选择，尽管这未必是最合理的选择。

然而，不管如何选择，也永远不要忽视自己对现实环境的影响力，也许你那发自内心的真诚的小善，看起来微不足道，但却能给别人带来无限的温暖。

偶尔还是会在朋友圈读到那个不知道读了多少遍的小故事——《一碗汤面》，很奇怪的是，每一次重读还是不自觉地被感动得热泪盈眶。

这个故事20年前在日本发表时，无数读者都被那位坚强的母亲、懂事又肯吃苦的两个小兄弟以及憨厚善良的面店老板夫妇的善行所感动，纷纷流下眼泪。

从现实的眼光来看，面店老板所付出的并不多，不过2个面团而已，但是，憨厚、善良、古道热肠，几声诚恳带有勉励、祝福之意的"谢谢，新年快乐！"却使正受残酷现实逼迫而陷入困境的母子三人增添了面对困境的勇气，顽强地走过那段艰难的旅程。他们的善行获得善报，面馆的生意越来越兴旺。

因此，我们不要再怀疑自己微弱的力量对别人的意义，即使那只是一点点的亮光而已，对深处寒冷冬夜中的陌生人而言，却也是可以感知的光明与希望。

大爷我自己也刚刚经历过一次类似的故事。

年初五从湖北老家回到广州南站已经是晚上10点多钟了，叫了半天神州专车也没车，没办法，我只好站在北一停车场外马路边上不停地刷手机继续叫神州专车。不多久，一辆空载的出租车驶到我的身边，的哥问我去哪儿，我说出所住小区的名字后，的哥很客气地说现在过年不打表，140元送到家如何？我的第一反应是反感出租车不打表乱开价，但是，转念一想，打神州专车也得这个价钱，如果出租车打表的话应该是90元左右，再说现在没别的车了，出于一种消费者讲价的本能，我还价100元。这时候南站的保安过来驱赶出租车，的哥只好一边缓慢地移动一边朝我喊着：大哥120元走不走，我真的没有乱开价的。好吧，成交！比叫神州专车还是便宜了20块。

路上，的哥戴着耳机接听了一个电话，大约是北方老家的亲人打来的，他一个劲地解释说过年没回家的原因是可以多挣点钱，让女儿读一个好一点的幼儿园。听完电话后，的哥对我说非常抱歉，平时开车他是不接电话的，但是，由于连续两年都没回家过春节了，家里人都很想念他，过年这几天女儿每天都要打电话给他，为了避免错过女儿的电话，只好一直戴着蓝牙耳机。

我忽然感觉有点愧疚，为了刚才跟他讲价的行为。在我们公司，过年值班的人员按照规定都需要支付三倍工资的，这位的哥放弃回家过年的机会继续工作，比平时多收百分之三十的车费，说实话也不是特别过分。春节期间，很多航空公司坐地起价，把出海南岛的飞机票卖到了每张2万元，大家不也是只能接受吗？

到达目的地后，我按照之前讲好的价钱付给了的哥120元的车费，然后，又拿出了一个红包递给的哥，说这个红包里有20元钱，是给你女儿的利是，祝你们全家新年快乐。

的哥显然没有料到一个刚刚为了20元车费跟他讨价还价好一阵子的陌生人会如此"慷慨"，他连连说谢谢你，会把这个利是拍照片发给女儿。

那一刻，借着昏黄的灯光，我看见了他眼中泪光闪动。

做一个温暖的人

上周，福布斯官方发布了2018年全球亿万富豪榜，中国共有476人上榜。其中25人财富超过100亿美元，15人挤进全球亿万富豪榜前100位。榜单显示，马化腾身家453亿美元，位列17位，成为中国和亚洲首富。马云身家390亿美元，位列第20位。

大爷我很认真地看了一遍，不出意外，从头到尾，榜单上果然没有一个跟"程大爷"同名同姓的人。

这下子我就放心了！可以继续做一个苦逼并快乐着的金融民工，不必像马云宣称的那样"为钱多所累"。

不管你愿不愿意，你不一定有机会成为一个有钱的人；但是，只要你愿意，你随时随地都可以成为一个有温度的人。

内心冰冷的人会说："落在一个人一生中的雪，我们不能全部看见。每个人都在自己的生命中，孤独地过冬。"

但是，每一个人都释放哪怕一丁点的光与热，再漫长的冬天，也不会觉得冷。

从许多跟自己一样的普通人的"小善"中，我得到了一个价值亿万元的答案，那就是：从因果循环的角度看，行善并不完全是一种利他行为，归根结底还有可能是一种利己行为。或者说，表面上看是利他，实际上利己，短期看利他，长期看利己。

所以，"施比受更快乐"，"只有舍才有得"，"人人为我，我为人人"并不是一些空洞的说教，而是一种"能量守恒"的规律。

慈善也不是亿万富豪们的专利，因为，善行跟金钱多少并没有必然的关系，一个普通人付出的20元钱跟一个亿万富豪付出的20亿钱同样高贵；你对这个世界的每一点爱意、对那些需要帮助的人的每一句温暖的鼓励与关心，都是一种高贵的善行。

爱心是无价的，如果你一定要我给她一个估值，那我只能说，至少亿万吧！

曾经，我幻想过像李嘉诚一样有钱，那样的话，我也要回家乡去办一所蒲圻大学，请世界上最有名的大师来学校任教；如果我像邵逸夫先生一样有钱，我也给内地学校捐款建好多座图书馆和教学楼，是命名为"程山羊楼"还是"程大爷馆"或者干脆叫"见贤馆""思齐楼"都不重要；如果我像许家印一样有钱，我也要去贵州、凉山等贫困地区参与扶贫攻坚活动……

不过，现在我已经改变主意了，这些我幻想了几十年的事情一件都没有发生过，我已经没有耐心等到跟他们一样有钱才去行善了。

正如一首诗所说的，一个钟只有敲响的时候才是钟，一首歌只有唱的时候才成为歌，爱在心中不是为了被掩藏起来，只有给予的时候才是爱。

死亡是进化中唯一的老师

这是无边界的时代，每一个行业都在洗牌、交叉、渗透。一个残酷的现实是，原来你一直赖以生存的产品或服务，突然变成另外一个人手里的一种免费增值服务，你的生意很有可能就面临死亡。

又是一年清明节。在回故乡赤壁扫墓的高铁上，窗外的春天像快进的蒙太奇，把我从冬天的萧瑟处推进到万物复苏的梦幻世界。

一路上，惊叹季节轮回中所蕴含的造化的无穷奥秘，以及，生命的不可思议。而当我随手翻开美国诗人路易斯·格丽克的诗集，仅仅读了两行，就被充盈漫漶于字里行间的痛感所触动，像一不小心碰到了漏电的开关：

我要告诉你些事情：每天人都在死亡。而这只是个开头。

在这样的一种语境之下，格丽克的诗句像锥子一样扎在我的心上，越往后读，越是感觉到她时常以宣言、论断甚至于不容置疑的口吻言说的那种疼痛，而死亡正是这种疼痛的核心。

清明节可以踏青也可以扫墓，在万物的复活中却让人不由自主地想起"死亡"这个古老的主题。

然而，正如我们对死亡怀抱敬畏之心并不会阻碍对生命的热爱一样，作为进化中唯一的老师，死亡反而教会了那些聪明的物种学到摄取强大生命力的本领。

生链接着死，万物在矛盾中纠结。

不知死，焉知生

清明节扫墓不仅仅是对去世亲人寄予怀念的一种方式，也是对我们"来自何方终归何处"这个"天问"的一种解答。当你伫立在先人的坟墓前，你会找到自己血脉的根源，同样，你也会真正懂得每一个人生命的终点。

在我的人生中，第一次近距离接触"死亡"这个概念，几乎是从记事就开始了的。记得在我还很小的时候，家里堂屋简易的阁楼上，就一直搁着两副"老木"（即棺材），那是爷爷奶奶为自己的身后事所做的唯一的准备。

那个时候的老屋，不过就是两间红砖黑瓦的平房，而所谓阁楼，无非就是几根搭在房梁上的木头。所以，只要在屋里待着，一抬头就能看见那两副老木布满木纹的底座。

刚刚年过五十岁的爷爷奶奶，每隔一段时间，还会请人帮忙，把老木从阁楼上放下来，刷上一层桐油，风干后再用麻绳吊上阁楼摆起。做这一切的时候，他们脸上的表情淡定从容，似乎老木并没有提示爷爷奶奶生命的某个终点，他们所做的一切，不过是在为两间小木屋做个简单的装饰而已。

刚开始，我每次看见老木，内心还是有一丝难过，特别是每到清明时节，凤凰山上祭祀祖先的鞭炮声不绝于耳，远眺硝烟弥漫的山顶，我总是担心，某一天爷爷奶奶真的会从家里的瓦房搬进那两座小小的木屋，并永远离开我们去到凤凰山某一处向阳的山坡定居。

后来，我离开家乡去读高中，再后来，我大学毕业后去了广东打工，由于山长水远的距离，加上很不发达的通信方式，遗憾的是，爷爷奶奶住进他们的老木的时候，我竟然都没能赶回去送行。

在记忆中，一直存留着爷爷奶奶的老木底片，那是两座被桐油反复油过并最后变成暗红色的小木屋。

十几年前，父母过了六十岁，也买来一车木料，请来木匠师傅为他们自己打造了两副老木。

大约是担心我知道了会伤感，父母买来木料做老木的过程保密工作做得很好。

老木做好后，有好几年都被锁在新屋的一个杂物间里。直到有一年清明节，我带着女儿回故乡，母亲望见我们走进家门的那一刻，忽然很是慌乱地跑去关杂物间的门。我好奇地问母亲为什么要锁那间门，母亲解释说，里边的东西，怕小孩子看见了会被吓到，所以想把门关起来，不让她看见。

我立即就猜到了是父母的老木，但是，我并不担心女儿看见了会被吓到。就像我在儿时，每天都看见高悬于头顶上的爷爷奶奶的老木，也没有被吓到一样。

没想到女儿竟然一脸平静，说她去年清明节回家的时候，就从杂物间的门缝里窥见过老木的模样，她知道，老木的存在意味着什么，总会有那么一天，爷爷奶奶会住进他们的小木屋里。

反倒是我的心里五味杂陈。

父母早已坦然接受了需要为自己准备老木这个事实，以及老木所包含的暗示性，正如爷爷奶奶当年面对老木的那种平静。

不平静的，其实是我们。

尽管，从内心里还是很难接受父母迟早有一天会离我们而去这个事实，但是，这个结局，其实是早就写好了，放在那里的，只是，我们宁肯视而不见，也不肯接受事实。

其实，不管是爷爷奶奶还是父母，他们的本意是以一副老木来为自己的人生准备一个看起来体面而舒适的结尾，实际上，他们经由一副老木的打造过程，让自己的心境提前做好了面对死亡的准备。

父母的老木，让他们变得越来越淡定，知道死亡的不可抗拒，所以，要努力珍惜生命，好好地活着。

对我们来说，却是一种警示：趁父母健在之时，要努力孝敬他们。

人生就是一个向死而生的过程，所以，一定要明白生命的真相，就算百年，也不过36 500天，真的太短暂了。

只有真正懂得了死亡，才会领悟活着的意义。

李开复曾说，"向死而生"本身的意思，就是人在世俗中很容易陷入今天的现实世界出不来，而面对死亡，我们反而容易得到顿悟，了解生命的真相，让死亡成为生命旅程中无形的好友，温和提醒我们，好好活我们的生命，不要麻木不仁地打发掉每一天，也不要只是追求一个现实的名利目标。

从死亡的角度看向生命，就会懂得如何更好地活在当下，珍惜自己，珍惜生命。

死亡是进化中唯一的老师

不仅是人类需要让死亡来提醒自己更好地活着，世间万物皆有同样的道理，从生物体到非生物，从天然之物到人造之物，从自然界到人类社会，似乎都需要借助死亡的魔法，才能完成自身更积极的进化。

所以，凯文·凯利会在《失控》一书中写道：死亡是进化中唯一的老师！

凯文·凯利借助了热力学第二定律来论述关于死亡对技术迭代所具有的积极意义。

鲁道夫·克劳修斯发现热力学第二定律时，定义了"熵"。自然社会任何时候都是高温自动向低温转移的。在一个封闭系统最终会达到热平衡，没有了温差，再不能做功。这个过程叫熵增，最后状态就是熵死，也称热寂。

量子物理学和现代生物学的奠基人欧文·薛定谔对热力学第二定律的综合性描述："一个非活的系统被独立出来，或是把它置于一个均匀的环境里，所有的运动由于周围的各种摩擦力的作用都将很快地停顿下来；电势或化学势的差别也消失了；形成化合物倾向的物质也是如此；由于热传导的作用，温度也变得均匀了。由此，整个系统最终慢慢地退化成毫无生气的、死气沉沉的一团物质。于是，这就达到了被物理学家们称为的热力学平衡或最大熵，这是一种持久不变的状态，在其中再也不会出现可以观察到的事件。"

读到这一段的时候，作为一位当年物理成绩一塌糊涂的文科男，我甚是感觉熵是一个晦涩难懂的概念，好在我们并不需要完全理解熵和热力学第二定律这些经典物理学概念的确切含义，知道它们的社会学意义就足够帮助我们透过现象看到本质。

简单来说，熵就是无序的混乱程度，熵增就是世界上一切事物发展的自然倾向，是"上帝欲使其灭亡必先使其疯狂"的那种临界状态，一旦超越了这个状态，事物必然从井然有序走向混乱无序，最终灭亡。

那么，以死亡为老师，能学到什么？

找到答案需要时间，进化是聪明的，但同时又是一位最愚笨、最盲目和最孤陋寡闻的老师。

因为，想象不出比自然选择更笨的学习方法了。

但是，也想象不出比自然选择更有效的学习方法。

查理·芒格说，假如我知道自己会死在哪儿，我就避免去那个地方。

如果你会死于熵增，那么，你就需要找到避免熵增的武器。

这个武器就是被薛定谔定义为负熵的生命活力，它使得自然万物与热力学的熵增反向运动。

可见，我们从企业的死亡中学习那些致命的教训，从每一次牛市的死亡中学习逃脱的经验。而一个企业要保持发展动力，需要依靠的就是人的生命活力。

没有什么可以永垂不朽

既然自然万物都趋向从有序到无序，即熵值增加，而生命需要通过不断抵消其生活中产生的正熵，使自己维持在一个稳定而低的熵水平上，那么，生命其实是以负熵为生的。

让人担忧的是，近来，独角兽题材正在驶入一个"熵增"的快速车道。

我们必须正视这样一个现实：互联网行业的"有序"是有限而短暂的，"无序"则似乎是无限而永恒的。

高速发展的互联网时代，一年的变局远超过去10年、20年，各行各业都在快速迭代，你永远搞不清你的竞争对手在什么时候从什么地方冒出来，瞬间就站在前面，像金刚一样。

银行没有想到，10年后最大的对手不是别的银行，而是支付宝与微信支付；

移动没有想到，10年后最大的对手不是联通也不是电信，而是腾讯；

滴滴没有想到，未来的竞争对手不是神州不是曹操也不是易到，而是美团高德宝马奔驰。

从打车平台、外卖到共享单车，我们会看到从群雄逐鹿的无序到剩者对峙的相对有序，最终归于外敌入侵的再度无序，死亡的影子飘满了这些行业的天空。

风头正劲的美团不甘于只做外卖行业的剩者，它先是杀入打车行业，接着又把摩拜单车揽入怀中，这些大动作一下子就把很多个领域重新拉回无序的激烈竞争状态。

甚至，连已经垄断中国出行行业的滴滴，也同样面临着一场前所未有的大浩劫。

美团打车刚刚正式登陆上海。

开业第一天，美团打车在上海就斩获了15万用户，第二天拿下20万，第三天30万。仅仅3天的时间，美团打车就拿下了整个上海出行市场30%的份额，并且还在以更猛烈的速度飞快增长。

谁都没有想到美团打车竟然会在上海这么受欢迎，谁也没有想到垄断了市场3年的滴滴，这一次竟然如此毫无招架之力。

继登录上海之后，美团立即宣布将登陆包括北京、杭州、温州、成都、福州、厦门在内的七大城市；

更令滴滴恐惧的是，不只是美团来抢夺市场，高德地图也突然宣布将正式进军顺风车业务，并承诺永远不抽取用户一分钱的提成，也就是说，完全免费。

紧接着宝马、奔驰也宣布成立一个各自持股50%的合资公司。在共享汽车和网约车等领域全面合并，首期将推出2万辆宝马牌、奔驰牌的共享汽车。

滴滴这次的竞争对手根本不是之前的uber、滴答拼车、神州专车，而是"隔行如隔山"的美团高德宝马奔驰 。

一个是做外卖的，一个是做地图的，一个是造车的，反正，没有一个曾经在出行领域厮混过。

你看，在打车行业，滴滴曾经是最后甚至唯一的剩者，即便如此，它也无法高枕无忧地"为王"。

美团的路数，看来与曾经的乐视生态有几分神似，在疯狂燃烧的战争中，仗着"背后有人"，碾压、横扫互联网世界的几乎所有领域。然而，谁又能保证它最后一定能获得持续的生命活力，从而避免像乐视那样"熵死"的命运呢？

商业世界的宿命正是，水满则溢，月满则亏，最高潮时即离落幕不远。

一句古老的生态学格言是否将在互联网时代得到验证：对个体而言最好的，对物种而言却不一定。

像凤凰一样涅槃重生

普利高津在《探索复杂性》一书中写到，我们正步入一个世界：在其中，将来是未决的，在其中，时间是一种结构，我们所有人都可以参与到这当中去。

发现全新的商业机会与模式只是第一步，在群雄并起中战胜对手脱颖而出算是第二步。有人把成为剩者作为终极目标，那就大错特错了。

剩者只是阶段性的胜利，或者说是上半场，而残酷的下半场接着就开始了，那就是剩者之间的你死我活，三足鼎立也好，两强相争也好，都是权宜之计，最终一统江湖才能达成暂时的平衡状态。

无数的事实证明，即便你成了唯一的剩者，那也不意味着你可以笑到最后。

就好比是，成了大猩猩群落中的王者，你以为不再有任何一只大猩猩敢发起挑战，但是，让你始料未及的是，一群狮子看中了大猩猩部落的领地，可怕的是，你以为狮子的领地在山的那一边，你们可以相安无事，互不侵犯，结果狮子忽然成群结队而来，把你打得落花流水。

这是无边界的时代，每一个行业都在洗牌、交叉、渗透。一个残酷的现实是，原来你一直赖以生存的产品或服务，突然变成另外一个人手里的一种免费增值服务，你的生意很有可能就面临死亡。

假如有一天，你突然发现隔壁开沙县小吃的王二狗卖手机卖得比你好，请你保持淡定，无须讶异。

你甚至不知道"杀死"你的究竟是谁，因为，看起来没有一个人跟你的

"死亡"有关。

从创新角度来说，技术创新最难模仿，所以，可以有相对宽阔的护城河，产品创新有生命周期的局限，容易被后来者超越，而商业模式创新最容易被模仿。

可见，没有一劳永逸的技术，没有长生不老的产品，也没有一招鲜吃遍天的模式。

有多少曾经强大到无法想象的"牛逼"公司与产品一夜之间就倒下了，不同于小公司的是，这些庞然大物一旦倒地了，大概率爬不起来，死亡是一种归宿。

在诺基亚与摩托罗拉做手机的鼎盛时期，显摆有钱的方式就是"左手一部诺基亚，右手一部摩托罗拉"，可是，它们几乎就在一夜之间轰然倒地了。

小米开始研究电饭煲了，下一步，雷军会不会将战火烧至白色家电领域的更深处？格力与美的传统霸主地位，还可以持续多长时间？

在股票市场，个股也好，大盘也好，如果"熵增"到达一个极限，必然走向崩溃。所以，高潮过后总是空虚，一而再，再而衰，三而竭，是为盛极必衰，是因为耗尽了所有能量。

人的情绪控制是为"负熵"，保持生命力的途径不是尽情燃烧，而是从冲动回到淡定，从频繁操作到理性而节制，谋定而后动。

在一个各种变化不断来袭的时代里，我们就好像在大浪里航行的船，要学会和风浪搏斗，而不是奢望什么风平浪静。

也没有一种竞争力是永恒的。因为，我们所有的经验与积累，随时都可能被颠覆、被清零。

在一个随机"死亡"的时代，避免"死亡"的唯一途径就是对抗导致死亡的因素，获取持续的生命活力。你只有不停地奔跑，才有机会留在原地。

周鸿祎在一本谈互联网思维的书中写道，你可以战胜所有的对手，但是，有一个对手你永远无法战胜，那就是趋势。

万物皆有其从兴盛走向死亡的生命周期，没有人可以抵抗这种趋势。

能够持续活下去的物种，并不是永远不死，而是它能够从死亡中吸取能量，从而获得重生的机会。

我们该如何反思资本市场的"阿喀琉斯之踵"

股票市场不仅是经济发展的晴雨表，同时也是优化资源配置的重要途径，资本遵循的是工具理性，有钱可赚有利可图就是风向标，而制度的设计者们，则需要站在价值理性的高度去思考，去设计，如何让资源更有积极性流向代表未来的科技创新行业与企业。

暮春时节，天气仍然冷暖无常。都说最美不过人间四月天，可是，眼下的这个四月，空气中弥漫着的并不是鸟语花香，而是呛人的硝烟味道。

这几天，有两件事引发了人们的广泛讨论：一是广州谭医生网上发文评论鸿茅药酒被跨省抓捕，引发了人们对于药品安全监管的担忧以及公权力边界何在的热烈讨论；二是中兴通讯遭美国封杀，引发了众多网友对中国尖端科技创新落后原因的集体反思。

中兴芯片遭断粮关茅台啥事？

奇怪的是，在讨论这两件事情的过程中，有很多人提到了贵州茅台。茅台确实挺委屈，又关我事？

比如说鸿茅药酒事件，不就是我名字中带了个"茅"字嘛，至于吗？其实，并非完全风马牛，还是扯得上一点关系的。原因在于谭医生事件不仅引起了专业人士对某些中药成分毒性的担忧，同时，也引起了人们对于酒精危害性的关注。

国际专业学术期刊《柳叶刀》多次载有酒精对健康有害甚至会致癌的科学论文，酒精被公认为是与赌博、毒品与烟草齐名的"四大瘾品"之一。但

股民

是，充斥电视屏幕与各种网络媒体的药酒与白酒广告，无不以各种夸大的手法渲染饮酒的各种好处，要么可以包医百病，要么可以延年益寿，要么团圆喜庆，要么欢乐开怀，总之就是要鼓动大家饮酒。媒体为赚取广告费，由着商家爱怎么吹就怎么吹，才懒得去理睬药酒是酒还是药、过度喝酒到底危害有多大这茬子事。

可见，药酒与白酒，都是依靠营销策划，依靠铺天盖地的广告来推动销售的产品，这些行业取得巨大成功了。然而，它们既没有让国家的国际竞争力增强了一分一毫，也没有让人民生活变得更加健康美好，它们的利润其实就是利用了某些消费者的无知征收的"智商税"，这样的行业，创造着惊人的利润，却很难说创造了真正的价值。

中兴通讯被美国封杀的消息传来后，网上流传一篇热文，标题干脆就是《美国用芯片一剑封喉，我们靠茅台反击吗？》又把茅台给牵扯进来了。该文愤愤不平地诘问："一个依靠人口红利消费升级而产生的异类，如果还有人说这是合理的，请赚得钵满盆满的贵州茅台勇敢站出来，端起一碗白酒反击英特尔吧！"

类似的热文还有《来句正能量的：芯片我们迟早可以做出来，但美帝永远做不出正宗茅台！》之类。

这样的挤兑与怨恨，到底是因为茅台做错了什么吗？

好像也没有，它只是做了一家普通企业都会去做的事：让利润最大化。

被挤兑与怨恨的根源在于围绕茅台的投机者们将酒价与股价炒作到了一种不可思议的天价，刺痛了人们眼睛。

"一瓶酒"的股票市值不仅超过了A股市场全部军工股的市值总和，而且也超过了A股市场芯片概念股的市值总和，这无论如何都是一个让人不安的现象。

由于虹吸效应，过多的社会资源流向"茅五洋"等高端白酒，在精准营销的推动下，往往会带来酒价与股价的相互刺激，制造巨大的财富效应，然后又带动更多的资金进入这个行业。

资本市场的优化资源配置功能，在这种投机的氛围之中，无法真正发挥作用，社会资源的天平只得一个劲地往来钱快、更来钱的行业倾斜。而更需要资源扶持的科技创新行业反而越来越缺少资本与人才的进入，形成一种恶性循环。

所以说，中兴通讯事件带来了全民对国家在科技创新方面存在短板的焦虑，带来了为何会形成这种被人卡住脖子的被动局面的反思。人们忽然发现，我们被资本市场的工具理性带进了沟里，过去那种不分青红皂白唯利润是举的所谓价值投资理念与实践，是否存在短视与偏见？假如一个上市公司在眼前的利润含量与科技含量并不统一的情况下，我们该如何去平衡盈利能力与成长空间的关系？

在中美贸易摩擦不断加剧的背景下，人们忽然认识到自主可控创新能力对国家经济安全的重大意义。那种完全依赖营销而非技术驱动的公司，比如白酒与房地产，干得再大，赚再多钱，也不值得尊敬。

因为你没有创新，没有国际竞争力，那你干的事无非还是把自己同胞口袋里的钱掏到自己口袋里的搬运工作。

所以说，以赚钱多少来衡量一家公司是否伟大，这是一个错误的导向，吹得越厉害，越令人反感。

再比如资本市场，我们期待能有一个不断走牛的A股市场，现在看来，我们更需要树起高科技牛市的大旗。因为，资本永远是逐利的，只有科技股走牛有赚钱效应，产业资本才愿意参与股权投资，科技企业的融资也能顺风顺水，只有社会资本愿意源源不断地为中国高科技产业输血的时候，科技创新才不会变成一种纯粹的炒作题材。

有人统计，美国市值最高的前几家公司几乎是清一色的科技公司，而A股市场市值最高的前几家公司，除了银行就是贵州茅台。

其实，在博鳌亚洲论坛2018年年会"政商关系的'亲'与'清'"分论坛上，关于茅台算不算得上是一家伟大的公司，就有商界大佬当场不给茅台面子。

面对主持人提问——"你心目中哪家公司才是伟大的公司？"袁仁国表示，"作为茅台董事长不好说自己现在就是，茅台现在离伟大的企业越来越近了"。

新希望董事长刘永好则反唇相讥："伟大伟大，体现在不是你说伟大就伟大，而是大家说你伟大、社会说你伟大，而自己说自己伟大的公司，往往都活不长。"

"伟大企业不是自封的，需要时间检验和社会来评判。像华为目前已接近世界伟大企业"。刘永好表示，这些企业规模大，而且创新能力强，"我为中国有这样的企业感到骄傲，而且中国还可以孕育更多这样的企业"。

成立于1902年的英美烟草公司2017年盈利483亿美元，仅次于苹果的484亿美元，差点就是世界上最赚钱的公司，辉瑞才赚213亿美元，微软才赚了212亿美元，英美烟草把香烟卖到全球180多个市场，"毒害"全人类100多年，谁会说它是一家比辉瑞与微软更伟大的公司？

国产芯片之痛关A股啥事？

中兴芯片遭美国封杀事件，暴露的正是中国经济安全的一个"阿喀琉斯之踵"。

《荷马史诗》中的英雄阿喀琉斯是凡人珀琉斯和美貌仙女忒提斯的宝贝儿子。忒提斯为了让儿子炼成"金钟罩"，在他刚出生时就将其倒提着浸进冥河，以使其能刀枪不入。遗憾的是，乖儿被母亲捏住的脚后跟却不慎露在水外，全身留下了唯一一处"死穴"。后来，阿喀琉斯被帕里斯一箭射中了脚踝而死去。后人常以"阿喀琉斯之踵"譬喻这样一个道理：即使是再强大的英雄，他也有致命的死穴或软肋。

关于中兴芯片事件的议论仍在持续发酵，从官媒到自媒体，可以说是一次全方位的反思，大家达成了共识：我国通信产业核心技术仍然受制于人。

中兴的遭遇正应了习近平总书记2016年说过的话——互联网核心技术是我们最大的"命门"，核心技术受制于人是我们最大的隐患。

几年前，阿里巴巴首席技术官王坚在《在线》一书中曾经不无忧虑地写到了核心技术掌握在别人手里的巨大风险。他的大意是说，你在别人家的花园里租了块地，精研园艺，种花种菜，自娱自嗨，全然忘记了，有一天别人让你滚出他家花园的时候，你该如何是好的风险。

正所谓，我们占据了管道，人家掌握着开关；我们画好了整条龙，人家不点睛龙就飞不了。

如果说自主可控的高精尖技术是中国经济社会的的"阿喀琉斯之踵"，那么，创业板便是中国资本市场的"阿喀琉斯之踵"。

股票市场不仅是经济发展的晴雨表，同时也是优化资源配置的重要途径，资本遵循的是工具理性，有钱可赚有利可图就是风向标，而制度的设计者们，则需要站在价值理性的高度去思考，去设计，如何让资源更有积极性流向代表未来的科技创新行业与企业。

从创新的几个层面来说，技术创新最关键，产品创新与模式创新见效快。所以，我们看到，目前全社会似乎都还是更热衷于商业模式创新，基于互联网与云计算技术的电子商务、共享经济商业模式，基于大数据与人工智能技术的各种金融服务与产品创新风起云涌，层出不穷。

可以说，当下的中国，在互联网领域中的模式与产品创新方面已经非常成功，非常充分，说它领先世界也不为过。由于这类创新周期短，来钱快，往往立竿见影，于是，吸引了太多的企业与资本继续涌入，他们把这样的创新当作科技创新的全部，导致这类创新太拥挤了。

而最重要的技术创新由于周期长，见效慢，短期看吃亏不讨好，却无法吸引到资金与人才的流入。

如何让人才流向科技创新，而不是金融地产，这是一个困扰已久的难题。

满眼所见的模式创新，一门心思扩大市场占有率，现在看来都是过眼烟云。为人所诟病的共享单车，烧进去几百亿元，互联网大佬们天天围绕外卖送餐、打车平台等领域拉帮结派斗得你死我活，却少见这些手握巨资的大佬肯花大钱去投资尖端科技。中兴通讯事件也可以看作是长期忽视基础科技研究、忽视技术创新而耽于投机活动所得到的一个恶果。

普遍存在的投机风气，在股市里的表现尤为突出。就在中兴芯片危机引起全民关注的上周，股市却还在瞎炒海南会不会放开博彩赌马之类的题材。

创业板原本是为创新企业上市融资服务的，但是，由于市场过度投机，这个板块波动很大，上市公司质量也是良莠不齐，结果，它很遗憾没有成为比肩美国纳斯达克那样的科技公司的绿洲，反而出现了越来越多的问题困扰着监管部门与投资者。

创业板事实上成了资本市场的"阿喀琉斯之踵"。

九大战略性新兴产业也是一个很有前瞻性的战略部署，然而，也就是被市场当作炒作题材，一阵大风吹来，留下一堆落叶，没有坚持下去。

最近芯片股上涨引发许多投资者积极参与，当然，也有人担心会不会又是一轮题材炒作？我倒是觉得，矫枉必须过正，芯片股的上涨，其实是对中兴芯片事件的一次集体回应，不管它们中有多少是有技术含量的真成长，又有几家是蹭热点的伪成长，这样的表现还是有其合理的一面。

逻辑上没有太大问题，美国卡脖子，国产替代机会来了，芯片股炒一炒没有坏处，估值上升了会吸引更多的创投基金，还有利于上市再融资，总比炒雄安、海南有意义一点吧？

小平同志早就说过：科技是第一生产力。可惜，我们可能并没有理解很透彻，甚至有人还会把组装电脑、平板电视、山寨手机等当作高科技。高科技受限于人也会让一切繁华景象变成海市蜃楼。大国确实在崛起，搞单车外卖网商也没有错，但如果只是被这些现象迷住了眼睛，忽视教育与科研的投入与累积，就会在社会上形成无视甚至轻视教育与技术人员的不良风气，一流人才都去搞钱去了，每年的高考状元，几乎都去学金融，这就是整个社会的价值取向出了问题。

在高科技的投入方面，我们还需要充分利用资本市场优化资源配置的功能为它的迅速发展壮大提供动力。

中小板与创业板设立的初衷，就是想做成中国的"纳斯达克"，遗憾的是，由于制度原因，一大批优秀的独角兽企业流失去了境外资本市场。这批优秀的科技创新企业在A股市场的缺席，不仅让国内投资者无法充分享受到这些企业的成长带来的红利，更为重要的是，这也让A股市场缺少了成长投资的优质标的和氛围。

否则，他们要么就纯粹把故事当成长、把小市值股票炒得鸡飞狗跳，要么把银行地产白酒当作价值投资炒得大象狂舞，非此即彼，从一个极端走向另一个极端。

群体反思创新热潮关股民啥事？

从资本市场的角度来看，这么多年来，我们做对了什么，又做错了什么？

应该说，创业板的创立，正是推动资本市场服务科技创新的重大举措。

上市公司高风险，股价高波动率，投资者高风险偏好，这些都是创业板的重要特征。正因为如此，创业板才设置了较高的投资者适当性门槛，需要投资者有比主板投资更高的风险承受能力，需要签订相应的风险承诺书。

人都是有惰性的，不被卡卡脖子就不会有长进！当年苏修也卡过我们脖子，结果，很多技术靠自己还是搞出来了呢！

《人民日报》发文称，面对技术壁垒，不能盲目悲观，特别不能对中国的高科技发展丧失信心。当此之时，应该激发理性自强的心态与能力，通过自力更生真正掌握核心技术。可以预见，从现在开始，中国将不计成本加大在芯片产业的投入，整个产业将迎来历史性的机遇。

对互联网和信息产业来说，商业模式的创新固然能够带来流量和财富，但最终比拼的还是核心技术实力；对政府部门而言，应该形成更加有利于创新驱动发展的制度环境，比如说芯片设计具有试错成本高和排错难度大的特点，就需要从更大层面统合科研力量、实现集中攻关。

投资A股的首要任务就是要懂得政策导向，因为，每一次投资上的大"风口"基本上都是由重大政策的调整而造就的。

这也是股市投资者未来的新方向与新机遇。

在可以预见的未来，投资者必须调整好自己的心态、理念与方法：

第一，买股票还是要买"未来"。

从现在开始，必须要对"科技是第一生产力"这个论断进行深入的理解与领悟。

美国这次用一个小小的芯片对中兴一剑封喉，让中国从科技全球分工的迷思中一下子惊醒过来，接下来就是要"不惜一切代价"去发展尖端科技，获取自主可控的科技创新成果势必会是未来相当长时期内的一种国家战略。

所以，买股票就是要买可以拥有这种未来的行业与企业。

第二，买股票还是要买"成长"。

是要买盈利能力强现金分红比例高的传统产业，还是买眼下盈利能力并不是太强，但是拥有核心技术和广阔市场前景的新经济？答案是不言而喻的。

第三，买股票还是要买"品质"。

所谓高品质的公司，无非就是有道德讲规则的公司和靠谱的控制人。

第四，买股票还是要买"组合"。

不要把鸡蛋放在一个篮子里。这次中兴通讯芯片被卡，有可能令它遭遇灭顶之灾，持有公司股票的机构与个人投资者也极有可能遭遇股价下跌的巨大风险。

集中持股万一遇到这种黑天鹅事件，那就是喊天天不应喊地地不灵了。把所有的鸡蛋都放在一个篮子里，然后看好这个篮子是个好主意，但是，打翻篮子的外力经常出乎想象的强大，你没有能力看住它。

第五，永远不要好了伤疤忘了痛。

不论中兴芯片事件最后的结局如何，但是，它造成的伤害已经是让中兴的员工与股票的持有者无法释怀。

中兴事件不会是A股市场的最后一只黑天鹅。要防范，但也不要因此故步自封。

但愿所有的伤痕都会变成明天的奖章。正如哲学家黑格尔所说，人要经历一个不幸的抑郁症的或自我崩溃阶段。在本质上，这是一个昏暗的收缩点。每一个文化创造者都要经历这个转折点，他要通过这一个关卡，才能到达安全的境地，从而相信自己，确信一个更内在、更高贵的生活。

无论是一个国家的未来，还是一个人的生活，都是生于忧患，死于安乐。未来再凶险，再不确定，但是，你也没有办法止步不前，直面现实的挑战，才能遇见更美丽的风景。

美国桥水基金瑞·达利欧谈到他的人生中曾经遇到过的艰难选择：年轻的你一路顺风地走到某处风景绝佳之处，忽然，被一座巨大而陌生的森林挡住了去路，你也可以选择就此打住，在这座森林前安营扎寨，安享余生。当然，如果你不甘心就此放弃未知的前路上那些更多美好的风景，不让自己的人生留下遗憾，那你就要鼓起勇气穿越这片猛兽出没的险恶之地，你可能会在半路上死去，你更有机会走出森林获得更大的成功。你该如何选择？

瑞·达利欧选择了后者，他穿越了神秘森林，走出最壮丽的人生风景。

爆款是一把双刃剑

无论是行为金融学大师，还是普通投资者，面对的都是同一种市场环境，不确定的、脆弱的、随机漫步的、到处是黑天鹅乱飞的杂乱不堪的市场，修炼心性，不浮躁，冷静客观，才能少犯大错。

尽管对于爆款理财产品未来的表现从来没有抱过任何幻想，但是，看着投资组合中几乎全线溃败的重仓股，三个月前投资者抢购兴全合宜基金时那种亢奋到了癫狂的火爆场景，还是让人生发出恍如隔世的感慨。

如果说上市第一天交易价一度跌停，是因为那个遭老美一剑封喉而几近休克的中兴通讯带来了不确定性因素的话，那么，昨天再创新低的窘境却颇有陷入四面楚歌的味道：占净值7.54%的第一重仓股中国平安不仅放量跌穿60元整数关口，最大跌幅一度超过7%，重仓股伊利股份早早就躺在跌停板上动弹不得，前几大重仓股三安光电、五粮液、东方雨虹也都在不断刷新低点……这些刚刚从高点开始破位的"昨日牛股"，未来会跌向何处，无人可以预料。

你也可以说这只一天就卖了300多亿元的爆款基金运气不好，一成立就遇到A股蓝筹股行情见顶，一建仓就遇到美股千点大跌，一上市交易就遇到中兴通讯遭美国封杀……总之，时来铁似金，运去金如铁，人很背的时候，干啥都"不合时宜"。

平心而论，相对大盘指数的跌幅，兴全合宜净值的表现不算太差。所以，市场一片哗然的原因，并不是基金经理的水平太低，而是投资者的期望值太高。

所以，到了这个时候，我倒想说句公道话：千万别怪兴全合宜，人家不过是因为去年把好运气都用光啦。

记得金庸先生在《书剑恩仇录》中写到，慧极必伤，情深不寿，强极则辱，谦谦君子，温润如玉。他的意思无非是劝人慧亦不必锋芒毕露，深也不可盲目屈从，物极则必反也。

而我则从中读出了大资管江湖的恩仇与宿命。

慧极必伤，爆款是一把双刃剑

规模高达327亿元的爆款基金兴全合宜上市首日跌停，昨日再创新低，不免让人目瞪口呆。

爆款基金产品的出现，对基金管理公司来说，短期无疑是重大利好，因为可以利用前期业绩良好的吸睛效应，卖出更多的基金产品，快速提升自己的管理规模与收入水平。

然而，只要粗略回顾一下这么多年来资产管理市场的发展趋势，你就会发现，越是好卖的理财产品，最后的结果越是令人失望，这不是个案，而是一种规律。

因此，基金公司惯用的手法就是，一旦上一年业绩排名靠前，特别是出了个名列前茅的收益率爆款，那就意味着做大资产管理规模的天赐良机降临了，而投资者习惯于看去年的菜下今年的饭，于是，由一个去年的收益率爆款催生了一个今年的销售规模爆款。

没有人会关心这个由营销催生出来的规模爆款，是不是超出了基金经理的有效管理能力，毕竟，管3亿与管300亿是完全不同的两回事。

这里边就有一个选择题摆在基金公司面前：你可以利用投资者的盲目乐观趁热打铁推出新产品快速做大规模，你也可以选择让自己与投资者都先从狂热中冷静一下，降低预期，再推出与自身管理能力相匹配、规模适中的产品，而不是"韩信将兵，多多益善"。

管理公司为短期利益要小聪明营销出来的销售爆款，一旦表现达不到预期（在大爷我看来，这几乎是必然），让投资者失望了，他们用脚投票，多大的规模最终都会像烈日下的冰棒，很快就只剩一根小木棍。

更为严重的后果是，长期来看，会失去投资者信任，损害公司形象，这样的爆款其实得不偿失。

因此，基金公司对于过往的爆款业绩，需要保持清醒的头脑，把自身能力与运气区分开来，这样才能对市场保持敬畏之心，戒骄戒躁，避免个人内心的膨胀。如临深渊、如履薄冰般地面对投资者的委托，以建立投资者的长期信任为目标。

行为金融理论认为，证券的市场价格并不只由证券内在价值所决定，还在很大程度上受到投资者主体行为的影响，即投资者心理与行为对证券市场的价格决定及其变动具有重大影响。

这与传统金融理论认为人们的决策是建立在理性预期、风险回避、效用最大化以及相机抉择等假设基础之上有很大的不同。

大量的心理学研究表明，人们的实际投资决策并非理性。例如，人们总是过分相信自己的判断，人们往往是根据自己对决策结果的盈亏状况的主观判断进行决策的等等。尤其值得指出的是，研究表明，这种对理性决策的偏离是系统性的，并不能因为统计平均而消除。

由此可见，真正优秀的资产管理者，既需要丰富的知识，更需要沉静的品格。

优秀的基金经理不仅应具有良好的信息收集与信息分析处理能力，还应当了解市场中的投资者和自己会产生什么样的心理和行为偏差；优秀的基金经理应当能够避免由于自身的心理因素造成重大失误。

基金经理对于投资者的心理、对于市场延迟反应影响的性质和程度，以及证券价格变动的趋势和持续时间必须有深刻的了解和准确把握，才能避免在择时与择股的时候过于自以为是。对普通投资者心理的研究和把握成为优秀基金经理必备的一项重要能力。

强极则辱，敢于舍弃才敢于得到

"有人漏夜赶考场，有人辞官归故里"。有人千方百计地制造爆款想要做大规模以期名利双收，有人却旁若无人地要解散爆款把规模压下去，把客户塞进口袋里的管理费硬是往外推，千金散尽，不知何求。

对于投资者来说，私募清盘并不陌生，每轮股市大幅下跌，私募江湖上"爆仓""清盘"的噩耗总是不绝于耳。

按理说，清盘是一种很无奈的退出方式，不仅意味着该私募基金产品的失败，搞不好还会造成该私募公司品牌与声誉扫地。

不过，近日就有一家既有名气又有规模的私募——北京睿策投资管理有限公司却主动宣布老产品通通清盘，今后转向量化投资，规模也从目前的60亿元压缩到10亿元，消息传来，震惊市场。

多数私募圈人士纷纷大呼看不懂，尤其让人看不懂的是，该投资公司旗下管理的理财产品并没有亏钱，部分产品甚至业绩一直很好！

看看公司老板黄明，可以说来头不小。他曾以湖北省理科状元的身份进入了北大物理系，毕业以后前往美国康奈尔大学继续攻读物理学硕士和博士学位，随后，他又将斯坦福大学金融学博士学位揽入怀中。

据圈内人士介绍，黄明在行为金融学、金融衍生产品、中国上市公司研究、构建量化投资体系方面有较深的造诣。

睿策投资公司还表示，目前除了少量停牌个股外，所有仓位均已清零。对于此次清盘的原因，睿策的解释是，公司以前基本上都是股票多策略主动管理型产品，现在想要全面转型为量化对冲投资策略，因此，要将原有产品进行清盘处理。

当然，外界对此解释还是将信将疑。是因为看空市场，还是别的原因？在睿策之前，也不乏主动清盘的基金，他们放着到手的规模和管理费不要，黄明也并不是第一个。

据"券商中国"报道，早在2008年1月，A股上一轮大牛市的顶峰，赤子之心资产管理公司总经理"阳光私募第一人"赵丹阳便将旗下与深国投、平安信托联合发行的5只私募信托产品全部清盘，暂别A股市场，用这种堪称极端的方式看空A股。

不过，用黄明所研究的行为金融学理论，倒是可以解释得通他的举动。

传统的经济学通常假定市场行为是由物质动机驱动的，并且人们所做出的经济决策是理性的并且是追求自我利益的必然结果。这里的理性意味着决策者对所有可得的信息进行系统分析，面对众多选择做出最优的决策。决策同时也是前瞻性的，也就是说，决策是建立在对将来的所有可能的后果进行缜密权衡的基础上的。传统的标准经济学认为：经济行为是由外在激励决定的。

而行为金融学却认为，决策者个体是一个复杂的系统，这个系统可以有意识地、理性地识别并解释一些可得的信息。但同时也存在一些难以被意识觉察的因素系统地影响人类的行为。总体而言，人类的行为是由内在的动机决定的。

这个动机也可以理解为：当自己感觉为投资者创造更多价值的概率要小于让投资者遭受损失的风险时，是抓住外在的物质的"规模与管理费"不放手，还是选择保全自己努力打造出来的个人品牌与专业形象让无形资产增值？

当已经取得了理想的投资收益，而市场又开始转向颓势的时候，或者说，当自己的好运气已经用光了的时候，基于"随机性是投资中最后的裁判"这个定律，避免把利润吐回去的最好方式就是"不玩"。要么等机会，那么换一种玩法。

所以，见好就收呗！再玩下去，没准底裤就掉到脚踝上了！明白人啊，不愧是海归金融学教授，而且是研究行为金融学的。

情深不寿，用情深了必有惊惧

按照中医的说法，各种情绪都和人体的五脏六腑有关，《黄帝内经》云：怒伤肝、喜伤心、忧伤肺、思伤脾、恐伤肾。

猜疑、伤心、欢喜，各种情绪五味杂陈到极致，难免伤身。所以用情太深的人，总是活不长久。

同理，对爆款的感情过度投入，往往也是伤钱、伤心又伤身。

慧极必伤，太聪明的人，看待事情总是看得很深，考虑各个方面的可能性，谨小慎微、担心避讳、用心劳神，但是往往聪明反被聪明误。

关于投资者一窝蜂地追逐爆款基金这档子事儿，我脑海里就会不由自主地浮现出打麻将买马的场景来：

你自己打麻将老是输，起身看到VIP房里的王二狗自摸十三幺，赢大了，于是麻将馆的人都赶紧丢下手头麻将赶过去买马，都认定王二狗是摸十三幺的高手，由于要买王二狗的太多，VIP主管赶来劝阻无效，只好抽签决定谁来买马，抽中的人欢欣雀跃，仿佛看见了下一把十三幺咔的一声被自摸的声音……结果，咔的一声，对面一个名叫特没谱的自摸了，王二狗连同买马的赌客，输大了！

传统金融理论认为，在市场竞争过程中，理性的投资者总是能抓住每一个由非理性投资者创造的套利机会。因此，能够在市场竞争中幸存下来的只有理性的投资者。

在现实世界中，市场并非像理论描述的那么完美，大量"反常现象"的出现使得标准金融学理论无法应对。传统理论为我们找到了一条最优化的道路，告诉人们"该怎么做"，让我们知道"应该发生什么"。

可惜，并非每个市场参与者都能完全理性地按照理论中的模型去行动，人的非理性行为在经济系统中发挥着不容忽视的作用。因此，不能再将人的因素仅仅作为假设排斥在外，行为分析应纳入理论分析之中，理论研究应转向"实际发生了什么"，从而指导决策者们进行正确的决策。

关于投资者心理特征主要有四个方面：

第一，自信情结。高估自己的判断力，过分自信。心理学研究发现，当人们称对某事抱有90%的把握时，成功的概率大约只有70%。

第二，回避损失。趋利避害乃是人类行为的主要动机之一，而在经济活动中，人们对"趋利"与"避害"的选择是首先考虑如何避免损失，其次才是获取收益。马科维茨首先注意到了人类的这种行为方式，后来的实证研究进一步表明，人们在从事金融交易中，其内心对利害的权衡是不均衡的，赋予"避害"因素的考虑权重是"趋利"因素的两倍。

第三，追求时尚和从众心理。人们对相对经济地位的追求在空间上表现为与他人相比。可见，人们的相互影响对各人决策行为有很大的影响，而追求时尚与从众心理便是其中最突出的特点。因此，在金融投资领域，金融学家已经开始将这一特点作为重要的投资决策因素加以考虑。

第四，后悔与谨慎。这种心理状态普遍存在于经济活动中。即使决策结果相同，如果某种决策方式可以减少投资者的后悔心理，对投资者来说，这种决策方式仍然优于其他决策方式。

行为金融学家还发现，投资者在做决策时，其偏好是多样的、可变的，而且，他们的偏好经常是在决策过程中才形成。投资者是应变性的，他们根据决策的性质和决策环境的不同选择决策程序或技术。决策者追求满意方案而不一定是最优方案。

从投资者的角度来分析，在选择投资基金确定自身投资组合时必须考虑到基金经理对预期风险收益的影响和偏差。

例如，基金经理可能由于过分自信而过高估计自身的能力，此时基金经理就有可能为了获取较高的投资回报从事风险较高的投资，同样在一段时期内投资业绩优秀的基金经理，有可能为了保持自己的声誉，而采取较以前更稳定的投资策略以降低基金投资组合的风险程度，从而锁定基金的投资收益。因此，投资者在选择基金时必须对于经理人的心理变化和行为倾向进行关注，避免选定的投资组合的风险收益发生意外的变化。

投资者还必须注意基金经理出于提高自身利益的心理动机，可能会故意扭曲自身在投资者心目中的形象。例如基金经理会在投资基金信息披露日附近调整投资头寸，以提升基金和经理自身在市场中的公众形象，研究表明许多投资机构在第四季度或年末具有买入风险较小、前一段时间内价格上升、收益为正的证券，卖出风险较大、前一段时间价格下跌、收益为负的证券的倾向。因此，投资者在选择基金经理时需要考虑有关基金信息和数据的有效性和真实性。

温润如玉，资产管理者的心灵境界

人很容易死在自己热爱的东西上面，因为你容易在这个东西上倾注全部的感情。

投资更是如此。因为投资总是逆人性的，所以，也很容易死在自己相信的事情上面，尤其是你对一样事物（行业、公司、人）深信不疑的时候，死在它上面的速度会超乎想象。

理想很丰满，现实却很骨感。就像指数基金教父约翰·博格尔所说的那样：在这个行业里摸爬滚打了55年，我依然对如何预测投资者的心理一无所知。

要命的是，你热爱的东西，很多时候并不爱你。你热爱股票，股票却经常骗你，你热爱爆款，爆款却一次又一次地将你辜负。

人类对于股市波动规律的认知，是一个极具挑战性的世界级难题。迄今为止，尚没有任何一种理论和方法能够令人信服并且经得起时间检验。正如行为金融学创始人之一、诺贝尔经济学奖获得者罗伯特·席勒在《非理性繁荣》一书中指出的那样，我们应当牢记，股市定价并未形成一门完美的科学！他还说，几乎没什么方法能准确预测未来几天或几周股市与债市的走向，但是，也许可以通过研究对三年以上的价格进行预测。

对于基金公司来说，作为财富管理者，如果说个人品牌是一个人最大的财富的话，历史学家吴思的"得付比"就是一把很好的尺子。

一个人如果把短期利益最大化，把个人利益看得特别重，那他一定不会放弃已经夹在筷子上的肉。

但是，一个人如果更加爱惜自己的羽毛，更加注重个人品牌的保值增值，那他就不愿意为了赚钱而冒羽毛可能受损的风险，对于金钱的占有欲望就会得到收敛。

看更长远一些的话，在没有更大把握赚钱的时候，见好就收，急流勇退，保住个人品牌不会受损，是一种聪明的选择。

投资家与菜鸟和赌客之间的本质区别在于认知水平上：自我认知达到一定境界的投资家，越学越"无知"（自我感觉知道的东西实在太少，影响市场波动的因素难以穷尽），投资越顺手心里越忐忑（知道运气的成分与自身能力的比重到底各占多少），事业越辉煌情绪越焦虑（知道社会与投资者对自己的期望值越来越高，远超自己能力提升的速度）。

即便是不知道自己将要去向何方，至少，你需要清醒地知道自己身在何处。

无论是行为金融学大师，还是普通投资者，面对的都是同一种市场环境，不确定的、脆弱的、随机漫步的、到处是黑天鹅乱飞的杂乱不堪的市场，修炼心性，不浮躁，冷静客观，才能少犯大错。

修炼自己的反脆弱能力，是投资家一辈子的必修课。

投资大师瑞·达利欧年轻时对于自己的判断能力是相当自负的："我一定是对的！"然而，当被现实无情地抽了几个大嘴巴之后，即便是当桥水基金发展越来越好、瑞随着年纪渐长判断能力与经验越来越丰富之时，他对自己的怀疑却从来没有停止过："我怎么知道自己是对的呢？"

一理通，百理通。

智者千虑，并非不自信，而是深谙人性的弱点难以降服。自我控制能力强的人很难被情绪牵着鼻子走。因为，他透过狂热者卷起的尘土，看见了人生与投资的本质："物极必反，月盈则亏，观诸般无常，寂乐无为，天道轮转，道法自然。心之束缚，是轮回之根本。"

财富管理江湖中，"温润如玉"的"谦谦君子"都长成啥样子呢？我相信很多人的脑海中立马就浮现出瑞·达利欧、巴菲特、查理·芒格等大神的样子来。

但是，环顾四周，我们还是能发现极少数与众不同的资产管理者，他们面对大众的癫狂与自己的好运气时刻可以做到保持冷静，不利用别人的非理性来牟取暴利，当身处逆境的时候，能扛住别人的怀疑淡定从容做自己，这样的人尽管还没到股神级别，但是，假以时日，一定会赢得越来越多投资者的欢迎与信任。

所谓业绩排名不过是刺猬与狐狸的战争

令人惊叹的是，研究表明，专家们在这种情况下做出的预测，与你我这样的普通人做出的预测结果别无二致。

也就是说，在预测未来事件时，那些受过良好教育并且拿着高薪酬的专家并不比普通人更为准确。

本来，有了首季公募基金业绩排名之后，基本上就把领跑者与落伍者的持股情况猜到个八九不离十，所以，刚刚披露完毕的一季报基金经理持股情况，也只是起到了印证一下之前猜测的作用而已。

看完具有代表意义的各大基金持仓报告，我的脑海中忽然冒出了两个动物的影子：刺猬与狐狸。

当刺猬受到威胁时，他永远只会以一种方法来对应：卷成一个球。相反，这个时候的狐狸则表现得异常灵活，他总是会想到一个聪明的办法，能够灵活巧妙地应对各种麻烦。

没错，正是古希腊诗人阿寄洛克思的妙语——"狐狸知道很多的事，刺猬则知道一件大事"触动了我。

于是，我想，从投资策略上看，管理着几千只产品的，其实只有两个基金经理：一个如狐狸般多机巧，一个似刺猬仅一招！

公募排名：狐狸VS刺猬

统计显示，今年一季度，中国基金总指数涨幅-0.79%，沪深300涨幅为-3.28%。有意思的是，各类基金中，债券基金的平均收益率最高，为1.12%。

其次是货币基金，为1.01%。股票型和QDII基金业绩表现不佳，平均收益率分别为−2.27%、−2.04%。这个收益率无一赶得上银行理财和券商的收益凭证。

真的是造化弄人，今年一季度业绩表现最好的正是去年倒霉透顶的任泽松管理的基金，而且包揽了冠亚季军：中邮尊享一年定期的收益率第一，为27.94%，中邮信息产业第二，收益率为23.91%，中邮战略新兴产业第三，为21.85%。风水轮流转的节奏，不服不行。

受人关注的当然是2017年雄踞排行榜的那些权益类明星基金们首季的业绩与持仓。

非常不幸的是，他们基本上没有逃脱"去年领跑今年垫底的宿命"，他们遭遇到业绩和排名的集体回撤，而今年失败的原因恰好就是去年成功的理由：继续坚守过去给他们带来巨大荣誉与丰盛奖金的漂亮50，从季报中可以看到，他们坚定不移地持有去年的筹码，以确保自己的信仰不发生丝毫的风格漂移。

即使把统计范围扩大到2017年度业绩排名前20的基金，2018年首季的业绩表现也颇为令人失望：清一色的负收益，只有东方红系列基金在万绿丛中冒了一点红。

投资策略是不同认知水平的投影，有什么样的世界观就有什么样的方法论，投资逻辑也好，分析框架也罢，它的底层还是认知能力。

所以说，成熟的投资家同时也会是思想家。

英国思想家伊赛亚·伯林在他那本不足百页的名著——《刺猬与狐狸》中抛出了一个所谓"刺猬型思想家"与"狐狸型思想家"的妙喻，把"狐狸多机巧、刺猬仅一招"发展成关于两种类型思想家之差异的生动比喻。

在伯林的笔下，刺猬型思想家追求一元论，他们试图找出一个唯一性的绝对真理，并将其贯穿到万事万物之中。伯林将刺猬描述为一个这样的思想家：他以某个观点来认识现实，并以此观点为中心来感受现实中的一切，包括自己的俯仰呼吸与喜怒哀乐。这类人可称为万事诉诸某观点的归位狂，好比刺猬那般，管它几路来，我自一路去，凡事均以一招应对，就是竖起它那满身的倒刺。

而狐狸型思想家则秉承多元论，可谓是一种百科全书式的人物，他知道许多事情，会根据当前状况汲取别人的想法和经验。在历史人物中，据说孔子与亚里士多德就是这样的典型，他们用心观察世间万事万物的复杂微妙，却很难做到以不变应万变。所以，他们宁可选择不完美甚至于不成熟的方式，宁可放任自己的思想进入矛盾状态，宁可承受更大的不确定性，亦不强求圆融一统之理，这就好比狐狸一样，遇事灵活多变，机智应对。

狐狸与刺猬可以说是思想方式的两极，大部分普通人都在这两极之间挣扎，很难说清楚自己是哪种类型。

而反观基金经理，他们的投资思想一般是通过自己的投资逻辑与分析框架来表达的，所以，通过跟踪分析，还是可以识别出他们的投资策略类型。

自1998年3月诞生第一家基金公司至今，中国的公募基金已历经整整20载。目前，公募基金数量已超5000只，管理资产规模超12万亿元，公募基金管理人已发展至123家，基金经理1722位。

明明是1722位基金经理嘛，怎么说只有两个？

正如伯林所说，刺猬坚持一种普遍原则，万事万物都坚持用一种理念来解释。而狐狸追求更多知识，无论是相互矛盾的或是连接的。

伯林自己也曾意识到这种二分法是否过于简单化了，然而，不管怎样，借鉴伯林的二分法，却能够让基金经理的类型变得更加直观。

一般来说，纯粹的价值投资型基金经理是刺猬。他们的基本动作就是"购买——持有"，可以几年甚至几十年如一日地坚守在低估值、防御型的白马蓝筹股之中。A股市场中，拿着白酒、金融、家电老三样的基金经理不在少数，风口不在老三样的时候，他们就很落寞，平常就在家喝茶读书，像去年这样风口一来，他们就变得很风骚，开始到处演讲。

相对应地，保持灵活多样策略的基金经理是狐狸。他们偏爱成长股，他们不拘泥于估值与分红，关注新技术、新产品、新模式，喜欢在不同的风口之间转换。押对了题就爆赚，押错了就巨亏，业绩波动率很大，风光时被捧为英雄，低潮时被骂成狗，人生际遇丰富，世间百味尝遍。

那么，在价值与成长策略之间转换的是什么呢？这类基金经理其实也是狐狸。

在投资中，刺猬与狐狸谁更厉害一点？

放眼世界去看，难分伯仲，各有大师出现。巴菲特是典型的刺猬，彼得·林奇、乔治·索罗斯则是典型的狐狸。

那么，回到A股市场，刺猬与狐狸谁更容易胜出？

刺猬高度依赖过往的路径

研究一下基金一季报可以发现，去年的明星基金经理具有典型的刺猬特征，而今年首季的明星基金经理则狐态毕露。

一季报的爆款基金对去年的刺猬策略开年就遭遇迎头痛击显然心有余悸，他们不时表现出"满腹狐疑"：整体建仓谨慎，兼顾蓝筹白马和中小创的特点，这类基金经理普遍认为2018年市场整体会更加均衡，赚钱效应减弱。对于首季风格偏向的特点，他们比去年适当提高了对于中小板和创业板龙头的配置比例。

但是，要让刺猬真的变成狐狸则太难了。

所以，今年一季度的爆款基金，整体上延续了去年的操作风格，重仓股基本上还是以白酒、家电、银行等蓝筹板块为配置方向，而这些行业的上市公司的股价今年首季纷纷深幅回调，导致重仓它们的基金业绩很不理想。结果是，这些销售爆款并没有成为业绩爆款，一季度的净值增长率均为负值，更有如兴全合宜这样的极端例子，上市首日盘中一度触及跌停板。

这也难怪，看看去年大获成功的刺猬们今年一季度的策略，你就会发现，刺猬就是刺猬，他们还是那一招：以不变应万变！

例如，2017年权益类冠军基金——东方红睿华沪港深，该基金一季报显示，基金经理林某的调仓动作很是温柔：股票仓位从87.68%微降至87.22%，而在十大重仓股中，也只调整了其中的三只股票，将上季重仓的分众传媒、福耀玻璃、复星医药替换成了工商银行、三环集团和立讯精密。同时，他把美的集团的持仓升至首位，取代了上季排名首位的伊利股份。此外，他原样保留了海康威视、安踏体育、华域汽车、海大集团等去年的重仓股。结果是，一季度净值增长-0.51%，让人失望。

林某在季报总结继续高唱价值投资之歌，奉为贯穿始终的刺猬策略，而"时间是投资者的朋友"这瓶万金油又派上了用场，用来涂抹伤口还是有一定效果的。

而2017年A股股票型基金的年度冠军萧某，似乎是一只更为执着的刺猬。作为主题型基金易某达消费行业的掌门人，其在首季的十大重仓股中仅更换了一只股票，他将上季的华域汽车调整成了索菲亚，原封不动地保留了贵州茅台、五粮液、格力电器、泸州老窖、伊利股份、青岛海尔、上汽集团、小天鹅A等重仓股票。

萧某仍然信心满满："目前本基金持有较多的食品饮料和家电板块的股票，其无论是基本面趋势还是估值水平均为良性，但短期并不符合市场博弈的需求。相反，对一些过度依赖牌照、核心竞争力不清晰的公司，尽管表观数据表现抢眼，我们也会持相对谨慎态度。"可惜，好花不常开好景不常在，去年冠军一季度净值增长率为−5.02%。

狐狸更容易取得主动

虽然2017年采取刺猬策略而名利双收的公募明星不出意料地在今年一季度延续了去年同样的策略，但也有个别明星尝试从刺猬变成狐狸。他还真敢在今年一季度将去年四季度的重仓股几乎全部更换，来了一个大腾挪。不过，仔细看看，这样的基金经理，原本就不算是刺猬，她本性上还是狐狸，这个人就是国投瑞银核心企业的基金经理于某。你看她，将上季的前十大重仓股中直股份、林洋能源、华策影视、紫金矿业、太极股份、神火股份、云铝股份、东方网力、中联重科、同花顺除一只外全部换成：用友网络、华友钴业、太极股份、东方财富、浪潮信息、中科曙光、星源材质、网宿科技、中航沈飞、东方国信。尽管如此，该基金一季度的净值增长率仅为2.5%，也算不上特别靓丽，好歹总算跑赢了债券、货基与券商收益凭证。

整体而言，今年一季度风口突然切换，刺猬受伤，狐狸得势。创业板在指数普遍调整过程中走出较为独立的行情，芯片、智造、网络安全、互联网服务成为热门主题。狐狸型基金经理的投资思路恰好契合了战略风口，因此取得了较好的业绩。

"老狐狸"任泽松王者归来，包揽了一季度权益类基金排名前三名，是公募基金最大看点。这位去年饱受煎熬的公募名将之花，一度被怀疑是否会凋谢在接二连三的"黑天鹅"湖里，但是，事实证明，任泽松的"公募一哥"江湖地位并非浪得虚名，虽然也有一直坚守的品种，但是，他还是机巧善变。

显然，任泽松不是刺猬而是狐狸。

从中邮基金一季报看，任泽松进行了大幅度的调仓换股，重仓了多只创业板股票，包括贝达药业、泰格医药、尔康制药、迪安诊断、华扬联众、浪潮信息、中科曙光、兆易创新、飞利信和汉得信息，其中汉得信息是首次纳入重仓，飞利信从上季的第七大重仓股升至本季首位。

值得注意的是，今年一季度任泽松的十大重仓股中，仅有飞利信和中科曙光出现在2017年四季度的重仓股名单上，中科曙光是去年四季度的第一重仓，而飞利信则是今年一季度的第一重仓。可见他的变化之快。

关于选股逻辑与分析框架，任泽松一如既往地保持着灵活多变的做派："在行业配置方面，我们认为能够穿越周期的更多是代表未来经济发展方向的战略新兴产业，保持了对信息技术、生物医药、高端制造、新材料以及环保等行业的重点配置。"

基民的选择

伊赛亚·伯林确实开创了一个很好的分析框架，我们得以将许多公募基金经理的投资行为置于其中，便可生动形象地识别出他们的差异来。

事实上，喜欢拿狐狸与刺猬说事的人还不在少数呢。

比如，耶鲁大学博士菲利普·泰特洛克在《狐狸与刺猬：专家的政治判断》中还研究了狐狸与刺猬预测未来的能力。

泰特洛克的研究重点是政治家、专家和其他人预测世界结局的言论的准确性，以及各种专家行为会如何影响到这些结果。

泰特洛克选取了284名预测者，这些人都是有偿答题的专家，所以他们必须预测未来会发生的各种世界事件。

这些人针对27 450个预测问题做出了82 361个概率估计值，泰特洛克研究他们是如何做出这些判断，以及在发现错误时如何反应，还有就是，他们是否会根据新的证据来修正之前所预测的结果。

令人惊叹的是，研究表明，专家们在这种情况下做出的预测，与你我这样的普通人做出的预测结果别无二致。

也就是说，在预测未来事件时，那些受过良好教育并且拿着高薪酬的专家并不比普通人更为准确。

还有一些网红类的专家，常常对自己之前的理论过于自信与固执，即使面对着压倒性的证据，他们也不愿意承认自己是错误的。

这就是典型的刺猬思维，他们高度依赖以往让他们一举成名的某种路径，他们已经被自我的理论与策略所禁锢，以至于不屑去了解与自己以往信仰相左的新事物。

令人欣慰的是，泰特洛克还是找到了一些能够很好地预测未来的人，尽管他们只是一些"知道许多小事情的思想家"。他们对一些大计划保持怀疑态度，原因在于这些专家对自己的预测能力始终不够自信，他们保持着一种既谦虚又富有批判性的思考习惯，这些既消息灵通又思维灵活的思想家，没错，就是狐狸！

狐狸是灵活的。面对挑战时，他们不仅可以做出更有效的应对策略，而且还会把将来可能会遇到的困难事前加以考虑。

狐狸不仅从他们认同的观点中获取知识，对于一些他们不同意的观点，也不会不假思索地拒绝接受，而是会说"容我琢磨琢磨"。

环顾四周，正是狐狸塑造了我们现在的生活和世界。

作为投资于基金等理财产品的基民，或者也可以分为刺猬与狐狸。

简单来说，迷信会有股神的是刺猬，不迷信的是狐狸。

深谙"去年冠军今年垫底"规律，果断采取"有花堪折直须折"策略的，是狐狸！

还有一种基民看似刺猬，实则是另外一种"狐狸"。

读完下边这个故事，你就会懂得，为何他们买基金一旦被套了就不愿止损认赔的原因：

一只狐狸渡过湍急的河水时，被冲到一个深谷中。

它遍体鳞伤，躺在地上一动也不能动。一群饥饿的吸血蚊子叮满了它的全身。

这时，一只刺猬走了过来，十分可怜它的痛苦，问需不需要赶开这些害它的蚊子。

狐狸回答说："不用啦，请你不要打扰它们。"

刺猬感到奇怪："为什么不要把它们赶跑呢？"

狐狸回答说："千万不要，你所见到的这些蚊子已吸足了我的血，就不会再叮咬我了。你若替我赶跑它们，那么，另外一些更饥饿的蚊子就会飞过来将我所剩的血吸干。"

这就是说：与其忍受两次折磨，还不如将一次折磨忍受到底。

假如炒股是一场荒野求生

LUN HAI PIAN

论海篇

一不留神就遇到骗子，
却遍寻不见他们的底线

如果你重仓持有一家公司股票或者准备去买入一家公司股票，不要只翻阅F10，也不要死盯着股价走势图形，要多点时间去研究它的老板。有机会见到老板的话，最好去见，爱忽悠股民的公司，从老板的一颦一笑，还是可以找到蛛丝马迹的。

这几天我总是在幻想，要是小崔来股市转转该有多好啊。

他不知道，这里有多么需要他。

不是因为这里有很多跟娱乐圈有关的上市公司，也不是他想死磕的那几个娱乐大腕很早之前就"捞过界"，出没股市兴风作浪割过不知多少回韭菜，而是，这个市场中长期存在着许多比明星还会演戏的骗子，需要像小崔这种既有证据收集能力又有个人影响力的勇士去揭穿甚至举报他们。

上周，A股在实质性退市继续推进的背景下，存在退市风险的问题股与垃圾股一片狼藉，拖累中小创大幅下跌，跷跷板效应推高蓝筹板块表现强势，市场似乎又回到去年的一九格局。

尤其惨烈的是，那些原形毕露的问题股，股价都快跌没了。有深受伤害的股民哀叹：TNND！你以为它已经跌到地板上了，结果，地板下还有地下室，地下室下边还有地狱，地狱还有18层。

与此形成鲜明对比的是，以茅台为代表的部分涨幅惊人的蓝筹股继续高歌猛进，创出历史新高。与其说是价值投资，不如说是"两害相权取其轻"的"比较投资"。逻辑变得越来越简单："喝酒吃药"跟嘴巴有关的东西，大多

长相直观，容易理解，贵是贵了点，好歹还能"吃"；而那些说不清道不明靠啥营生的题材股垃圾股，真要搞清家底太TM费劲，啥时候被强制退市，那就鸡飞蛋打一场空了。

目前盛行的这种"比较投资"理念，类似十年前在股灾中受伤转而投资楼市的那拨股民所秉承的理念。当时，房地产调控政策频频出台，楼市经历一轮又一轮上涨也处在高位，他们宁可"追高"买房子而不买股票的理由，也是基于这样一个简单的逻辑：房子买错了，不管怎么跌还有一套房；股票买错了，可能就连一点渣都没有了。

以前觉得不至于这样极端，现在看来，眼下的市场，正是这一简单逻辑演绎的现在进行时：蓝筹股买错了，大不了套住，股票还在；垃圾股买错了，一旦被退市了，股票就"没了"（只能去股转系统找）。

不诚信是烂股的癌变基因

业绩差可能是垃圾股，但不一定是烂股，不诚信的公司才是。

这就好比说，不能因为程大爷又穷又丑就认定他是渣男一样。

PE与PB都不是判断一家上市公司是不是烂股的依据。今年大火的独角兽公司大多数还是带血上市的呢，人家虽然目前没有盈利，但是，好歹许了投资者一个未来。

当然，业绩好也不一定是好股，不能一俊遮百丑，还得看它赚的是不是"干净"的钱。世界上那些堪称伟大的投资家们，大多会坚守一个原则，那就是，不赚那种不利于社会优胜劣汰的钱，你买那些不道德的公司的股票，就等于是鼓励它继续不道德地赚钱，也就是给不道德的行为投赞成票。

要说赚钱的行当，自古至今，非五毒（吃喝嫖赌毒）莫属。但是，那好像都是不道德的钱，正直的人应该不会去赚这种钱，除非穷得没有活路了。

古人有义利之辩，强调义在利先，不因利害义。在股市这样一个金钱世界里，有些人理直气壮地把经济效益置于社会效益之上，为了钱，坑蒙拐骗无所不用其极，只要能实现个人利益最大化，就把别人当成一把可供踩踏的梯子。

一家公司的不诚信行为总是有迹可循的，因为，在这样一个很难守住秘密的互联网时代，没有一只狐狸可以自始至终能藏住自己的尾巴。

最近有家因为重大收购而停牌一年后复牌的公司，股价跌得连零头都没有了。收购失败，控股股东股权被轮候冻结，业绩滑坡，被监管部门立案调查……总之就是一塌糊涂。

表面上看，这家公司股价之所以跌成狗，是因为重大收购失败所致，实际上，它的命运从停牌那一天就注定了。因为这之前，它的一系列行为就让人感到不踏实。

比如，有一回股价突然暴跌后，这家公司就郑重其事地发了个公告，宣称自己的技术是世界顶级技术，其自信程度令人瞠目结舌。暂且不说是不是真的掌握了世界顶级技术，就算确有其事，那也该有个第三方的证明吧？哪有自己宣称自己就是"世界顶级"的道理？

假如有个大学教授忽然跑出来宣称自己已经掌握的某项技术是"世界顶级"技术，别人的反应会怎样？"吹牛吧？如何证明？""你想干吗？有什么不可告人的目的？"

觉得它不可信的还有交易所。这个顶级技术的公告果然就引来交易所的问询函。

这就是它的狐狸尾巴。

后来，这个号称拥有世界顶级技术的公司，不仅被质疑业绩造假，而且还导演了一出要蛇吞象并购一家世界级公司借故停牌一年的闹剧；然后，不出所料，果然就没成，以十几个跌停板回馈了大小股东漫长的等待。

但凡不诚信的公司，看财务报表是没有用的，因为它业绩可信度很低。即便变成垃圾公司了，"穷"得只剩下一个壳了，这样的壳未必有人敢借。一个脑子正常的人会相信这样的公司不会藏着一堆地雷吗？

而被烂股伤透的股民，与其说是轻信，不如说是"痴情"，把利空解读为利好，把偶然当必然，一旦买入，就等于"爱上"，情人眼里出西施，悲剧发生了都不醒。

广东民谚："某某要是靠得住，母猪都能爬上树！"

大忽悠的神功，不服不行！

看股票图形不如看老板言行

业绩差的怕退市，业绩好的怕造假，这是眼下投资者面对中小创公司时容易产生的一种纠结心态。

有的投资者就是因为不信任财务数据转而去研究股价走势图形和主力资金流向，相信股价走势会消化吸收公司的基本面信息，所谓"万种行情归于市"，这样的分析方法有一定的道理。但是，图形也有可能是主力刻意"画"出来的，谁也不能保证它诚实可靠。君不见，那些漂亮的图形多是海市蜃楼，有一种K线叫作"骗线"。

要想识破上市公司骗局，有一种方法就是去研究老板。通过互联网，可以看到他过往的教育背景，过往的诚信记录，看他的言谈举止，甚至看他的眼神，还可以看别人对他的评价。

如果你重仓持有一家公司股票或者准备去买入一家公司股票，不要只翻阅F10，也不要死盯着股价走势图形，要多点时间去研究它的老板。有机会见到老板的话，最好去见，爱忽悠股民的公司，从老板的一颦一笑，还是可以找到蛛丝马迹的。

互联网时代，了解一个人并不一定要去跟他聊天吃饭。

有人会说，某某公司肯定值得信任，因为它的老板信耶稣，你看Ta，经常发一些劝人行善、因果轮回之类的文章，所以，Ta怎么会去干坏事呢？

股票市场惊涛骇浪，股民固然心神不定，上市公司老板也是经常焦虑不安，于是，信教的也不在少数。由于工作原因，我这么多年来见过很多上市公司老板，发现有信天主教的，有信观音菩萨的，有信关公关老爷的，有信西藏活佛的……各种信仰让人眼花缭乱。

那么，敬神信鬼的老板就一定可信？

这个可不一定。我发现，有一种信菩萨信活佛信上帝的人，Ta信这些，不是为了引导自己向善，而是为了掩饰内心巨大的不安，并希望借助"神力"来救赎自己作过的"恶"。

我认识一个老板就是一位虔诚的藏传佛教信徒。见过他的人，都被他办公楼墙上涂鸦的一幅幅佛光普照的画像所震慑。办公室装饰得像个佛堂，去过他办公室的人都说，这个老板信佛，拜了个活佛为师，天天煞有介事地一边手持转经筒飞转，一边口中念念有词咿咿呀呀，心肠好着呢。

时间是骗子最危险的敌人！多年来，他的"光辉"形象为他赢得了巨大的金钱与极高的江湖地位，可惜，风流总被雨打风吹去，谎言终究还是输给了时间。他的公司被曝连续两年业绩造假！起初大家打死不信，还是等到了证监会立案调查结果出来，果然造假金额巨大，眼镜片碎了一地。

古人说，画虎画皮难画骨，知人知面不知心。

其实不然，演技再高，也一定会有破绽。看看那些造假公司，东窗事发之前，多数都被专业人士或者媒体公开质疑过，当然，他们无一不是信誓旦旦地否认，结果，大多数被不幸言中。

可悲的是，人们总是相信他们所希望的，买了股票被套牢的人总是选择相信谎言而不相信真相。

烂股的地区与行业特征

当一个人泰然自若地说谎话，那他已经做好了干一切坏事的准备。

能做到"泰然自若"地说谎，这是一门技术活，是有相当难度的。脸皮要厚，心理素质要好，通过长期的说谎训练，习惯成自然，到最后连他自己也被自己忽悠了，"地狱里发现石油啦！我也得去看看，说不定是真的！"成天吹牛，迟早会把自己吹成"牛人"，所以，股市多"牛人"就不足为奇了。

另外，环境也很重要，人是人的环境。

物以类聚，人以群分。假如你周边的朋友都爱说谎，你就不会因为说谎而脸红，你要是诚实守信，反而会被别人说成傻，你会感觉"孤独"。这就是为什么某些地区或者行业，上市公司不诚信的比例特别高的原因吧？

机构投资者特别是基金经理中的"老司机"总是苦口婆心地告诫菜鸟们：有些地区或者行业的股票千万不要碰！你要是不信邪，非"死"即"伤"！人家说这话可不是"三人成虎"，而是自己拿"青春"和"金钱"换来的血泪教训啊！

造假的地区特色与行业特色都很鲜明。

比如，有一个心照不宣的共识是：某北、某南地区的上市公司造假成风。让人不禁怀疑，那几个地方的老板们聚在一起，除了喝酒打牌，是不是就在交流造假的"先进"经验？

再比如，最近被崔永元炮轰的娱乐行业，为啥税务部门宣布要对影视明星涉税问题展开调查，A股市场的影视娱乐股就成片跌停？是老板们心里有鬼，还是投资者从来就没有信任过这个行业的道德水准？

这不是区域与行业歧视，而是无数事实无数次残酷地证明过的。这些地方与行业不是说没有诚信的好公司，而是，在那里，有造假嗜好的公司占比很高！

套用冯仑先生的那句妙语：在那些地方找到靠谱的公司，就像在夜总会找到处女一样，是一件小概率事件。

避开烂股的八大要诀

西班牙作家卡洛斯·鲁依斯·萨丰在《风之影》中写道：一个无知少年，以为自己在一个钟头里赢得了全世界，却不知道他可能也会在一分钟里失去一切。

我们有多少股民就是这个无知少年?

卡洛斯似乎很能理解失去一切的痛苦,所以他才会说,"只有当痛苦在可以承受的时候,我们会自怨自艾;当痛苦无法承受,我们就只会一笑置之"。

我身边有些朋友,在A股市场辛苦打拼了十多年,凭借某种行之有效的交易策略和还算不错的运气,积累了一定的财富。但是,就是最近这两年时间,却鬼使神差地掉进一个又一个大坑,摔得头破血流,差不多"一夜回到解放前"了。哀莫大于心死,没有了抱怨,只有冷漠的微笑。

那些血淋淋的事实证明,不管你有多自信满满,不管你有多幸运,一旦掉进了大坑,轻则伤筋动骨,重则万劫不复。在A股市场上不摔大跟头,尤其重要的是,不掉进大坑爬不出来,是生存的前提。

第一, 尽量离坑多的地方远一点,以降低掉进坑里的概率。

第二,要做好掉进坑里的思想准备。不管你如何谨慎,炒股的时间长了,谁也不能保证自己不会掉进坑里,尤其是在A股市场,但是,要尽力避免掉进致命的大坑。

第三,一旦掉进了坑里,不管摔得如何痛,甚至摔断腿了,也要赶紧站起来,想办法爬出去。

第四,躺在坑里装死的人,时间长了真的会死。想想泥石流滑坡现场,就会明白,赶紧逃离才有机会获得生天。

第五,远离那些不靠谱的人。近朱者赤近墨者黑,如果你想做个靠谱的人就不要跟爱浮夸的人交朋友。要知道,一个人在生活中不靠谱,一般来说,他在股市中也不可能靠谱到哪儿去。

第六,不要相信坚持待在坑里不出来的人所说的话,他的认知水平要是高于地平线的话,就不至于同样的坑会掉进去好几次。

第七,明知是坑还要往里跳的人,不要被其蛊惑,也别拦着他,爱作死的人,迟早要死,你不让他跳进坑里,他也照样会跳进河里的。因为你的人生态度是好好地活着。

第八,警惕一种股市奇葩,起初跟骗子一起挖坑本来想忽悠别人,结果自己反而被骗子骗进了坑里，奇怪的是，被人卖了还帮人数钱，继续帮骗子拉人来填坑。这样的人，要么智商有问题，要么品德有问题，要么两者都有问题。

俗话说，什么人玩什么鸟。喜欢玩烂股的人，人品好不到哪里去，这样的人，可以得意于一时甚至频频得手，但肯定走不远，"出来混总是要还的"，这句话永不过时。

所以，珍惜生命，远离烂股。假如不幸掉入烂股的坑里，果断脱身，不要去追问为什么，不要天真地幻想老板会跑来填坑救你。

一句话：不跟烂股纠缠。

昨天看了崔永元怒揭演艺圈黑幕后的一段视频，特别有共鸣。他说，从前的自己特别单纯，把社会想象得特别美好，相信会干坏事的人是极少数，就算是坏人也是有底线的。

说真的，从前的我也是这样天真，把咱们的股市想象得特别美好，相信搞坑蒙拐骗的人是少数，就算是骗子也是有底线的。令我们失望的是，一不留神就遇到"骗子"，却遍寻不见他们的"底线"。

特别能理解那些被骗子公司洗劫一空的股民，"关灯吃面"是怎么的一种绝望。相信每一个哭过长夜的人，都会读懂美国诗人路易丝·格丽克的诗句——"夜不黑；黑的是这个世界。"

独角兽基金引发两派互喷

可惜，在一个浮躁、信息泛滥的时代，要找到负面的东西远比找到正面的容易得多。到处都是一些似是而非的政策解读，而真相反而被快速掩盖。

"到处都是水，却没一滴可以喝"。

去年资本市场最热门的话题，横空出世的战略配售基金算得上一个。

由于这是专为参与创新企业新股配售而发行的基金，而现阶段，获配新股无疑等于收到红包，于是，有媒体干脆就把它们称为"政策红利基金"。

又由于它们未来会参与从海外回归A股的独角兽公司发行的CDR配售，所以，又得一花名——"独角兽基金"。

巧合的是，在独角兽基金火热销售的同时，三大指数黯然创出一年新低。于是，关于独角兽基金的是与非，朋友圈里吵得面红耳赤，看好独角兽基金与不看好的两派不分昼夜激烈互喷。甚至有人放言要把那些建议"多少买一点独角兽基金参与一下"的人全拉黑。

多少买点的"多"不过就是50万元，就算是你有100亿元身家，单只也只能买50万元，6只买齐了也就300万元；而"少"是什么概念呢？由于认购金额起点1元，就算你只有100块钱，花1元钱也不在话下，想把六只买齐，只需6块钱而已。

1块钱能给你带来多大的风险？用脚趾头想想，也不至于把别人拉黑呀！

好像从来没有一款基金的发售会引来这么大规模的口水战，连"拉黑"这件撒手锏也被祭出，可见场面之壮烈。

贬"兽"派便将指数创新低的原因指向独角兽和CDR，认为正是独角兽基金的发行形成资金的挤出效应，让我大A脱水严重，如枯叶随风飘落。再说吧，独角兽公司股价现在正处历史最高点，在这个点位买战略配售基金就等于是去高位接盘。

挺"兽"派则认为独角兽回归A股有利于改善A股市场的上市公司质量，重新定义好公司的标准，逐步引导A股上市公司的估值水平与成熟市场接轨，长期来看有利于A股市场的健康发展。买那些得到社会认可的、正在改变人类生活的高品质公司就是为A股市场的未来投票。

我们该如何面对资本市场的新物种？

国际金融大鳄索罗斯曾说：（互联网时代）人们的观点可以更加容易地被操纵了，"破坏信任比建立信任容易得多"。

按照索罗斯的看法，那种专门从事"破坏信任"的人，满世界都有，并非发展中国家的特产。

借助互联网平台，意见领袖这个群体深谙注意力经济的发展规律，既然"狗咬人"不是新鲜事，那么，凡事往"人咬狗"方向解读，必定吸睛无数。在国内如此，在欧美这些所谓民主自由社会，同样如此。比如，对于政府出台

的任何举措，许多自媒体从来不分青红皂白，可能内容都没看完，就急着先从负面角度解读一番再说，因为他们知道，只有搞出阴谋论盛行的骇人标题，读者才会在你的新闻上停留一秒。

这次独角兽基金的出炉，有的人连内容都没看完就开始喷了。总之，只要一开喊"散户快跑，海归要来割韭菜了"，散户代言人的标签就明晃晃地贴到脑门上了。

还是索罗斯说得对，破坏信任的言论远比树立信任的言论更对大众的口味，更能产生共鸣，因此，也就更能增加阅读量。

市场对独角兽以及CDR，尤其是6只独角兽战略配售基金的发行，进行偏负面角度解读的人不在少数，"独角兽这么可爱的动物却以'韭菜'为食"、战略配售基金营销深入到菜市场等信息充斥微信朋友圈、微博等社交媒体。

虽说战略配售基金也是爆款，但是，不同于过往的那些吊足胃口的爆款，这回的爆款可以说得上是一个机会。

这6只基金可以在没有底仓的情况下参与一级市场战略配售，单只基金至少3%的战略配售权，费率历史最低，低于货币基金。这不是政策红利又是什么呢？

可见，贬"兽"派们，要么是不够用心，没有去了解这款产品的结构，要么是为了吸引眼球而故意危言耸听。

仅仅以目前境外上市的独角兽公司股价处于历史高点而得出让国内散户高位接盘的结论过于草率。其实，CDR的试点肯定是稳妥推进的，所以配售占比不会很大。而国内创新型企业新股配售等于送钱，可以说是赚多赚少的问题，加上基金在没有获得配售的时候，剩余资金会以债基等形式运作，而这部分基金约等于无风险收益，所以，它的年化收益率=债基收益率（目前是6%左右）+打新收益率（最近一年来，中签新股的年平均收益率为160%）。可见，只要不遇到特别大的经济危机，独角兽基金的平均年化收益率应该是不会令人失望的。

有些人拿这6只战略配售基金跟以前QDII的投资来做比较，要注意哦，他们不是股票型基金，不需要持有60%的二级市场的股票，这是有本质区别的。

由于战略配售基金主要的投资就是国内IPO的战略配售，还有中概股发行的CDR的战略配售和一些债券投资，比较适合债券投资者以及看好新兴行业龙头企业的投资者。

可惜，在一个浮躁、信息泛滥的时代，要找到负面的东西远比找到正面的容易得多。到处都是一些似是而非的政策解读，而真相反而被快速掩盖。

"到处都是水，却没一滴可以喝"。

多少买一点的理由成立吗？

不管最终有多少人把我拉黑，我还是建议投资者多少买一点，既然门槛如此之低，我们何不参与一下，给自己一个去了解去认识这个资本市场的新物种的机会？

因为，我自信对独角兽基金的认识还是比较到位的：

第一，在一个开放的投资市场，需要有不断学习新事物的开放心态。

随着中国资本市场双向开放的不断推进，境内外资本市场互联互通程度加深，故步自封的人一定会被时代的变迁所淘汰。对于这种起点1元的低门槛产品，参与就是一次学习的过程。

第二，今年上半年以来，市场交易量正在不断萎缩，换手率步入下降趋势，说明个人投资者在A股二级市场正在边缘化。资产配置时代已经到来，我们接受并拥抱过既存的各类理财产品，也需要与时俱进，去拥抱战略配售基金这种新产品，而这，或许是未来机构博弈时代散户投资者的生存之道。

第三，认真了解一下这个产品投资标的，你就会发现，它其实就是一个"打新"加债券型的基金，在A股打新有没有风险呢？理论上有；实际上呢？打新是"中奖"。所以，这个产品与之前投资二级市场的那些"爆款"基金产品的最大不同是，人家根本就不会参与二级市场，这样的基金你觉得风险能有多大呢？

第四，目前A股市场上市公司质量与诚信都饱受诟病，一边是大量主业不明业绩不佳的小公司被当作成长股反复炒作，一边是"喝酒吃药"被当作价值投资一涨再涨，引入被成熟市场认可的高品质科技创新型公司，有利于改善A

股市场的上市公司结构与质量。买独角兽基金等于间接参与高品质公司的投资，也等于为代表未来的新经济投票。

第五，没有最好的时机，只有最好的公司。有人说现在BAT的股价都那么高了，买独角兽基金等于高位接盘。甚至质疑为何不在它们没涨的时候去参与，非要等到它们都涨了很多倍了才去买？在BAT没有成为独角兽之前，它们可能还是几只弱弱的小兽，混迹于成千上万的小动物中间，当时投资它们的VC和PE们怎么知道它们一定能活下来，并且长成独角兽呢？要是这样的话，当年投资并成为腾讯大股东的小超人李泽楷要不是把腾讯股权贱卖了的话，他就是世界首富了。

股神巴菲特也没有在苹果公司股价很低的时候买入，而是在苹果产品遍及全球股价不断创新高时"追高"买入的。他当时买的确实是天价，不过，现在看起来，他买其实在半山腰。

巴菲特也因为亚马逊的估值"太贵"而一再错失买入它的时机，他说他非常欣赏贝索斯，但是他不会买亚马逊的股票。后来，亚马逊股价涨上了天，巴菲特后悔莫及，在一次股东大会上公开表示，自己是个大傻瓜。

可见，什么是最好的时机呢？天知道。

所以说，回头看人人都可以成为亿万富翁，遗憾的是，人生没有如果，不能倒带，它就是一幅草稿，一切都只能一次完成，没法修改。

第六，它能帮助普通投资者抓住只有机构才能捕捉到的投资机会。

战略配售基金的底层资产很明确，就是A股的新经济公司股票和CDR的战略配售。与苹果和亚马逊相似的是，这类公司商业模式成熟、竞争优势突出，积累了多年的优质产品与用户，所处行业景气度持续向好。除战略配售新股外，基金的其他资产还可以投向利率债、信用等级在3A以上的信用债以及货币市场工具等较低风险的金融产品。

中国经济已进入结构优化和动力转换的发展新阶段，以科技与创新驱动经济发展将在较长时期内成为经济发展的重大战略，因此，科技与创新型公司也将迎来重大的发展机遇。毕竟，新经济代表了一个国家的未来。

第七，独角兽回归有利于加速A股市场的优胜劣汰。只有让高品质公司受到追捧，才能让烂公司被边缘化。

过去A股市场的投机之风盛行，劣币驱逐良币，柠檬市场的特征明显。A股长期低迷的根源就在于市场内上市公司资产太烂、好公司不多，而且估值畸高。

烂公司的业绩又不足以长期支撑高估值，所以A股暴涨暴跌成为常态。既然大部分上市公司质地都很一般，而且退市困难，那么基本面也就变得越来越不重要。A股成了资金驱动的政策市。

优不胜、劣不汰，这样失去了价值发现与优化资源配置的功能，独角兽的回归，有利于新旧动能转换，倒逼A股市场进行基因改造，以适应经济全球化的挑战。

第八，可以丰富A股市场的投资品类，改变价值投资的内涵，并重新定义A股的高品质上市公司。

独角兽回A，或者CDR，将给A股市场带来巨大的转变。在A股市场烂公司随处可见的环境中，重新定义好公司是必要的。不管独角兽基金参加CDR的看法多么见仁见智，都无法否认BATJ即使从全球高度来看都是不可多得的高品质公司。这样的公司回A，将会让那些伪科技类烂公司相形见绌，原形毕露。

第九，有利于促进A股与欧美成熟股市的互联互通。

独角兽公司通过CDR的方式回A，势必会借助成熟市场的估值标准，重估A股的上市公司价值。当然，到时候，它在美国的估值不见得会与A股一致，正如A股与H股之间存在估值溢价或者折价一样。回A之后独角兽即便被爆炒，但是，它在美股中的估值水平还是会对A股构成较大的影响，如果最优秀的公司在A股的估值都不会高得离谱，那么，那些伪科技公司也就无法继续享受稀缺性溢价了。

独角兽通过CDR回A可以重新定义A股好公司，并通过折射美股、港股估值重新划定A股估值波动区间，让A股逐渐内生出良币驱逐劣币的机制，好公司拿到和国际市场接轨的合理估值，烂公司逐渐沦为无人问津的僵尸股。

第十，有利于改善投资者结构，处于弱势地位的散户投资者可以借助基金产品来打通境内境外高品质公司的投资渠道，从而实现投资组合的全球化配置。

高净值家庭未来如果无法通过投资房地产进行保值增值，账上的资金就需要有一个合适的出口，从散户与机构博弈到机构之间的博弈，个人资金以基金产品形式存在，恐怕是未来A股市场的新常态。

一言以蔽之，这就是独角兽回归A股的硬道理：未来A股市场需要的是高品质科技公司，而不是让人上瘾的赚钱机器。

证监会负责人答记者问时表示：当前，又一批快速成长的创新企业已崭露头角，与此同时，我国资本市场经过28年的改革发展，已经具备支持创新企业境内发行上市的基础条件。现阶段开展创新试点工作，有利于提升上市公司质量，改善资本市场结构，增强市场制度包容性，丰富投资者选择，提高市场竞争力和国际化水平。

说得在理!

所以，牢骚太盛防肠断，风物长宜放眼量。

有读者或许会问，程大爷如此看好独角兽基金，自己买了吗?

大爷我知行合一，再说了，1块钱我还是拿得出来的!

可能还有读者会问，大热天的写这么长篇大论来挺"兽"，有没有收到红包啊?

大爷我真人不说假话，昨晚熬夜写文章的时候，一会儿就收到了十几个"红包"——蚊子送的!

股权质押的戴维斯效应

值得注意的是，尽管股权质押属于股东个人行为，一般不会对上市公司经营产生重大影响，但对一些超高比例质押的公司而言，一旦股价大幅下跌或者遭遇市场风险，这些股东将面临既无券可补又无钱可还的窘迫局面。

股市大跌的这些天，由于工作关系，见了一圈上市公司大股东之后，我确信自己再也不会去羡慕那些看起来风光无限的老板们了。

看到他们越来越少的头发，愁苦的笑容，还有，眼睛里明灭闪烁的一丝绝望，我忽然从自己平庸的生活中挖掘出来一些曾经被忽略了的小确幸——虽然没有机会感受过坐拥百亿身家的人生豪迈，却也无须担心会陷入成天被银行等金融机构追着屁股催还贷款的人生无奈。

让人唏嘘感慨，这些处境艰难的老板们，从暴富到崩溃，中间不过只隔着一次股权质押。

对于A股来说，诱发这波剧烈下跌的主要原因，与其说是中美贸易摩擦骤然升级带来的外部扰动，不如说是不断恶性循环的股权质押融资导致上市公司资金链绷紧，从而动摇了中小投资者的持股信心。

大股东高比例股票质押一旦触及平仓线，不管会不会发生实质性的强平，一般都会引起投资者的不安情绪，并导致股价出现无抵抗下跌。而股价一旦跌破平仓线后，会导致融出资金的金融机构向质押融资的大股东催收贷款。为了维持担保比例，大股东要么选择还款，要么选择追加用作担保的股票，最惨的是那些既没有钱还款又没有股票可供追加的大股东，唯一的办法就是选择被动减持股票，这又会把股价打得更低，割肉补疮，走入一个死循环。

股权质押的戴维斯效应

由于"闪崩股"频频出现，投资者质疑高比例股权质押正是这类个股的引爆点。

与2015年股灾不同的是，那一次闪崩主要是个人投资去杠杆引发了多杀多式的踩踏事故，而这一次暴跌的根源在于上市公司大股东高比例质押融资盘跌破平仓线导致市场信心崩溃，大股东去杠杆是主要原因。

2015年股灾的表现形式是泥沙俱下，大盘小盘无差异下跌。

而这一次的暴跌行情，却表现为冰火两重天，一边是白酒医药等消费类股票继续上涨或者抗跌，一边是中小创板块大股东质押比例过高的公司暴跌甚至闪崩。

这种局面，令中小投资者困惑不已，却又无所适从。

持续暴涨的消费白马不仅涨幅巨大，而且估值上也不便宜，80倍PE的医药股、40倍PE的酱油，无论如何也谈不上便宜，但是，它们就是能涨了又涨，不断创出历史新高，让人仰视兴叹。

而那些闪崩股从高点开始，已然跌掉了80%甚至90%，估值也就20倍甚至10多倍，却照样跌停，散户拼命出逃，机构冷眼旁观。好像只要大股东股权质押比例过高，无论公司本身的业务发展得如何都不再重要了，都会被怀疑这家公司未来一定会资金链断裂甚至会完蛋，过度悲观的情绪导致股价下跌趋势无法逆转，"没娘的孩子只剩爹（跌）"，让人徒呼奈何。

对于A股目前出现的这种现象，几十年前，美国祖孙三代炒股的戴维斯家族早就做了一个解释，这个就是被广泛应用于成长股投资选股思路的"戴维斯效应"。

戴维斯家族所说的"双杀效应"，也就是有关市场预期与上市公司价格波动之间的双倍数效应。

按照戴维斯效应分析，在股票交易中，价格的波动与投资人的预期关联程度基本可达到70%～80%。而不断抬高的预期配合不断抬高的PE定位水平，决定了价格与投资人预期之间的非线性关联关系。以前这个现象被称作市场的不理性行为，更准确地说应该是市场的理性短期预期导致的自发波动。

选择高品质的持续增长的公司，而不是单纯为了"避险"而冲进那些已经非常拥挤的估值并不便宜的白马股，这不仅是对投资技巧的考验，也是对人性的一种测试。

投资者应该明白什么是可持续的高质量的成长，哪些是不可持续的，只有那些代表未来的、可以改变人们生活的行业与公司，才会给投资者带来丰厚的回报。盲目地给予白马股不切实际的高预期将会带来灭顶之灾。毕竟长期来说市场只会给予那些明确可预期的成长给以超出平均水平的溢价。

戴维斯效应的核心是PE安全边际随着市场的调整自我进行调节。

当市场单边上扬的牛市时候，市场整体估值的安全边际是不断上移的，也就是说PE的合理估值也在逐步上调。但是，市场下跌的时候，特别是当投资者把大股东股权质押比例是否过高当作这家公司未来发展趋势的一个主要变量加以放大的时候，他们对PE的要求也就越来越低，更加追求极度的安全边际，PE的合理估值范围也逐步下移，至此，戴维斯双杀效应露出恐怖而狰狞的面目。

把股权质押比例的因素放大的后果就是，当股价大幅调整时候，市场PE的安全边界也在加速下移，让你的调整甚至还赶不上它的调整，更为惨烈的是，这一切还才刚刚开始。从高PE估值的高位往下调整的时候，你会发现股价就算大跌也还是到不了合理估值的范围。

谁是无股不押的幕后推手？

伴随着中小创上市公司股价的持续下跌，凡涉大股东高比例质押融资的个股遭遇恐慌性卖盘的压力再度加剧。

据"券商中国"报道，每天都有多家上市公司发布质押股份触及平仓线的公告，原因均是股价跌幅较大，导致质押股份触及平仓线。此外，还有多家上市公司发布公告称，股东所质押股份因跌破平仓线或逾期无法还款而被资金融出方强制平仓。

特别值得警惕的是，目前沪深两市已经有3447家上市公司涉及股权质押融资，占两市全部上市公司的97.75%，正可谓"无股不押"，其中有128家公司股东质押比例超过总股本的50%。目前处于平仓线以下的股票市值规模已达万亿元，较2018年初的4593亿元增加了一倍以上。

为何会出现无股不押的局面呢？据程大爷分析，主要有以下几个原因：

一是前几年宏观层面流动性泛滥，在一个真实通胀率远大于融资利率的大环境下，社会普遍流行一种"借钱等于占便宜"的商业理念，某些房地产老板运用高杠杆滚动发展，个人财富呈几何级数增长，对其他上市公司大股东起了"模范带头"作用。

二是上市公司股东的财富幻觉。2015年股灾之后，A股市场基本稳定，虽然经历了较大幅度的回调，中小创上市公司的估值仍处于较高水平，大股东动辄坐拥百亿元市值，他们并没有意识到自己的财富还是处于"纸上富贵"形态，错误地认为自己的偿债能力强大到无可置疑的地步，所以，借起钱来大手大脚，把风险置之度外。

三是金融机构的推波助澜。在这一轮金融市场去杠杆之前，流动性过剩并且在金融市场空转，各类金融机构主动出击四处游说上市公司股东借钱，竞争激烈的时候甚至竞相压价，提供各种利率优惠与便利，许多上市公司股东本来并不缺钱，但是，为了维持与金融机构的合作关系，于是就轻率地大把融资，手头有太多钱又闲不住，于是又盲目地去投资自己既不熟悉又不擅长的领域，结果往往泥足深陷，无法自拔。

四是上市公司大股东减持新规出台后，差不多堵住了大股东通过二级市场随意减持股份的大门，有些上市公司股东为了获得资金，只好通过股权质押途径。

高比例质押是怎样形成的？

比无股不押更令人担忧的是，随着三大股指全线跌破近年新低，两市质押平仓线以下的市值规模还在快速增加。

据证券公司研究统计，2018年6月份以来，上市公司股东存量股权质押面临的平仓压力持续加大，总市值超过万亿元，其中，跌破平仓线的中小创公司市值接近一半，质押风险上升最为明显，较年初增幅超过数倍。

从未解押比例上来看，中小创也明显高于主板。主板有未解押股票的公司共1015家，市值为2.68万亿元，占主板总市值比例5.51%；中小板有未解押股票的公司共736家，市值为1.59万亿元，占中小板总市值比例为15.0%；创业板有未解押股票的公司共598家，市值为0.72万亿元，占创业板总市值比例13.86%。假如A股再下跌10%/20%/30%，平仓线以下市值规模将增加3057亿/6129亿/10 153亿元。

据"券商中国"统计，截至上周，A股共有52只股票质押比例超过60%，128只股票质押比例超过50%，354只股票质押比例超过40%，有9只股票质押比例超过70%。甚至有97家上市公司的大股东已经将手中持有的股票全部质押贷款了。

就像中小投资者特别憎恨大幅减持套现的上市公司大股东一样，市场对于高比例质押融资的大股东同样心怀疑虑。

是不是高比例质押的大股东一定是早就打定了主意要套现跑路的人呢？

其实，大股东出现高比例质押并非全部是主动选择，很多大股东押完股票却是事出有因，是由于股价下跌不断被追加担保物而被动造成的。

例如，两年前，主营水产养殖的上市公司"东方不败"股价是10元，大股东钱多多老板持10亿股，个人持股总市值100亿元。广东花旗农商行业务人员花小姐找到钱老板说，咱们两家是战略合作伙伴关系，现在花旗农商行股权质押贷款利率优惠，钱老板您借10亿元来玩玩啦，也算是支持小花一下啦。

钱老板心想自己有100亿元市值，借10亿元"洒洒水"啦，再加上花小姐又是如此可爱，于是，也没多想，按照50%的质押率，钱老板押上2亿股，一周内就拿到10亿元。

钱到手了，投哪儿呢？恰好内蒙古某县来广东招商引资，钱老板一时冲动，就把融到的10个亿投到内蒙古某县买下一家名为"大漠孤烟"的煤矿。

由于环评没法达标，"大漠孤烟"煤矿两年无法投产。

糟糕的是，"东方不败"股价从去年开始持续阴跌，最近受到中美贸易战的影响忽然加速下跌，股价竟然跌到了2元附近，于是，花旗农商行通知钱老板要么归还贷款，要么就补充作为质押物的股票。

"大漠孤烟"煤矿还处于投入期，没有产生现金流，钱老板资金周转不过来，无法现金还款，只好把自己所持的10亿股"东方不败"股票悉数押给了花旗农商行。

至此，钱多多老板就变成了一个属于高比例股权质押的上市公司大股东。

大股东质押危机的后果是什么？

值得注意的是，尽管股权质押属于股东个人行为，一般不会对上市公司经营产生重大影响，但对一些超高比例质押的公司而言，一旦股价大幅下跌或者遭遇市场风险，这些股东将面临既无券可补又无钱可还的窘迫局面。

而当控股股东所质押股份触及平仓线，又无券可补无钱可还的时候，融出资金的金融机构就有可能执行强制平仓操作，这样就会导致中小投资者信心受损，加速逃离，避而远之。

可见，不能妥善解决这个问题，中小创的见底之路会很漫长。

高比例质押危机的影响在于：

其一，可能导致上市公司控制权旁落，原有大股东一般都是上市公司的创始人，也是灵魂人物，大股东变动对上市公司稳健经营的影响无法评估。

其二，股价剧烈波动损害中小投资者的利益。

其三，有可能会增加办理质押贷款业务的金融机构的不良资产。

其四，会长期压制投资者对中小企业的信心，扭曲市场的投资偏好，不利于创新企业的融资需求。

所以，拯救那些规范经营、诚实守信的创新型中小创上市公司大股东的意义，不只于拯救投资者的信心，不只于拯救股市，也是在救最具活力的民营经济。

如何解开高比例股权质押的死结？

对于目前深陷股权质押困境的上市公司控制人，市场中的指责多于同情，大家都认为正是因为他们的贪婪与没有节制的融资欲望造成了当下股票市场持续低迷的局面。

不可否认，有不少上市公司大股东人品太差，长期忽视中小投资者利益，坑蒙拐骗无所不为。但是，也要看到，大多数上市公司大股东还是遵纪守法的，在尽心尽力地把企业做好，为自己也为中小股东创造更多财富。所以，也不要认为垃圾堆上就一定长不出花朵、洪洞县里一个好人也没有。

金融市场的残酷现实就是，锦上添花的很多，雪中送炭的极少，不搞雪上加霜就不错了。

正如《新约·马太福音》所说，"凡有的，还要加倍给他叫他多余；没有的，连他所有的也要夺过来"。早在公元前500多年，中国古代哲学家老子就已经提出类似的思想："天之道，损有余而补不足。人之道则不然，损不足以奉有余。"

政府的职责当然是行"天之道"，也就是需要在失衡状态下拿出烫平极端、化解危机、达至平衡状态的有力措施。

那么，可以选择的路径有哪些呢？

其一，对于那些股价已经跌至估值合理水平的优质企业，假如仅仅是由于大股东质押危机而造成股价闪崩，应该考虑通过救市资金适当维护股价，这样可以消减投资者的恐慌情绪，稳定预期，增强信心。

其二，债转股也是可以考虑的方式。

其三，扩大质押担保物的范围，有条件延期，以时间换空间。

其四，适当放宽上市公司并购重组的条件，鼓励引入战略投资者，化解流动性危机。

总而言之，要想让A股市场早日恢复元气，重振雄风，与拯救散户同等重要的是，眼下那些病来如山倒的大股东们，也迫切需要救治啊！

同是十年，是何原因让两个股市之间南辕北辙

能创造牛市的，不是那些永远困于内需市场、只知道通过掠夺不断提价来获取超额利润的自嗨式企业，而是不断通过技术迭代来赢得市场、满足用户需求并有机会走向世界的处于细分行业头部的高品质企业。

一年刚好过半，一大批病歪歪的股票已经跌得半身不遂，瘫在两年来的新低爬不起来。

据"券商中国"统计，2018年上半年，上证指数下跌了13.90%，深成指下跌了15.04%，分别位居16个全球市场指数的第15名和第16名；同时，三年涨幅也双双垫底，从2015年6月28日以来，分别下跌了31%和34%。这样的成绩，实在是有点拿不出手。

看来，今年A股的期中考试，很多人免不了又要"再回首，泪眼蒙眬"了。

经年累月的疲弱态势，莫名其妙的闪崩，遥不可及的赚钱效应，伤了太多投资者的心，以至于朋友聚会，为了不勾起痛苦回忆，大家自觉地刻意不去谈论股票。

昨晚，约了几位资本市场的大佬喝茶，事前说好了只谈风月不论国是，结果，几杯"蒙顶甘露"下肚，刺激得口水泛滥，又不能免俗地谈起了股市，不自量力地谈及A股与美国股市的差距所在，徒呼奈何地痛惜一代股民失去的十年。毕竟是股市中人啊，这是一个避不开的话题。

同是十年，是何原因让两个股市之间南辕北辙般的差别？

今年是2008年次贷危机爆发之后的第十个年头。作为危机爆发的源头，道

琼斯指数从2007年的最高点14 198.10点一路暴跌，最低跌至2009年初的6469.95点，一年多时间跌掉一半。然而，从这个低点开始，美股却开启了长达十年的牛市，今年年初创下26 608.90点的历史新高，涨了整整20 000点，涨幅达到了三倍有多。

反观同期A股的走势，2007年见顶6124.04点后，与美股同步跌至1664.93点的低谷，然而，十年过去了，上证指数却在3000点附近苦苦挣扎。

A股走势到底跟什么因素相关？

上周读了某权威媒体发布的一篇关于近期A股市场的评论文章，我觉得这篇文章对广大投资者可以起到一定的打气作用，文中所列A股具备走强基础的三大理由：A股所处的环境，基本面是健康的；上市公司的盈利能力是强劲的；上市公司的估值是非常便宜的，跟英德相当，比美股便宜了一半……但是，我又反过来想了又想，还是百思不得其解，又便宜又好看却又跌跌不休的A股，问题出在哪儿呢？难道真的是这届股民不行？

权威媒体认为A股所处的宏观经济环境不支持股市大跌。中国经济增长目前依然处于中高速阶段，中美贸易冲突虽然会带来一些冲击，但是中国保持经济可持续、高质量发展的势头是有保障的。据统计，过去的11个季度里，中国经济增速都稳定在6.7%～6.9%之间，展现出强大的韧性和稳定性。

权威媒体认为A股的上市公司质量是在不断提高的。援引彭博新闻社的统计分析，从2009年到2017年，中国指数的平均利润率为11.3%，美国指数的平均利润率为7.4%。此外，除2016年外，中国指数每年的股本回报率也均高于美国指数。

今年上市公司一季度报显示，沪深股市3500多家上市公司中，6成多业绩实现同比增长。多元电信服务、生命科学工具和服务、建筑材料、家庭非耐用消费品、半导体产品和设备等行业净利润增长率都超过100%。

权威媒体还认为A股不是贵了而是全球最便宜，放在全球市场中比较，也是具有投资价值的。静态分析，当前沪深300指数的市盈率约为13倍，与英国富时100指数和德国DAX指数的水平相当。而美国道琼斯指数、标准500指数的市盈率高达25倍。

跟这些数字形成对比的是另一组数据，我相信每一位股民都可以读出其中的残酷：

今年是2008年次贷危机爆发之后的第十个年头。作为危机爆发的源头，道琼斯指数从2007年的最高点14 198.10点一路暴跌，最低跌至2009年初的6469.95点，一年多时间跌掉一半。然而，从这个低点开始，美股却开启了长达十年的牛市，今年年初创下26608.90点的历史新高，涨了整整20000点，涨幅达到了三倍有多。

反观同期A股的走势，2007年见顶6124.04点后，与美股同步跌至1664.93点的低谷，然而，十年过去了，上证指数却在3000点附近苦苦挣扎。

到底是什么原因导致了两个股市之间南辕北辙般的差别呢？

有人说是因为A股还是一个不成熟市场，新兴加转轨嘛，投资者以散户为主，过度投机，不成熟造成的结果就是大幅波动。

于是，就有一种论调鼓吹，只要投资者接受并且坚持价值投资，A股就可以像美股一样开启长期牛市之旅。

而这种论调的价值投资内容无非就是，抛弃中小创，买低估值的蓝筹股，喝酒吃药，家电保险。你看看，贵州茅台从2007年的140元最高点跌到2008年的30.62元，然后一路狂奔，十年后最高干到了803.50元，算上分红派息，涨了30倍，比美股牛多了。

不是说茅台不好，而是因为，这十年来只有恰好买入并持有茅台等屈指可数的几只股票才能赚钱的现实让人感觉扭曲。

毕竟，茅台这样的股票，所占比例太小，小得对市值全球第二的A股来说，所能发挥的正能量有限。这十年来，就算投资者都去"喝酒吃药"，把这几只股票买到天上去，A股真的就可以走牛如美股吗？

我表示怀疑。

短期来说，投资者的行为模式对股市波动的影响很大。

但是，长期而言，与美国股市相比，根子还在于我们的上市公司中缺乏可以支撑长期牛市的中流砥柱。

这个中流砥柱不是少数几家上市公司，而是一个群体。

不是传统吃喝玩乐行业中的低估值蓝筹股，而是代表未来的科技创新行业。

能创造牛市的，不是那些永远囿于内需市场、只知道通过掠夺式不断提价来获取超额利润的自嗨式企业，而是不断通过技术迭代来赢得市场、满足用户需求并有机会走向世界的处于细分行业头部的高品质企业。

掰着手指头数数，能担当起A股市场中流砥柱的公司到底有哪些呢？

可以说，正是能担当中流砥柱作用的高品质公司的缺席，才是A股牛短熊长的根本原因。

如何正视中美股市在上市公司质量上的差距？

仅靠估值便宜的传统行业蓝筹股很难担当起推动牛市的中流砥柱。

新经济时代的投资逻辑早就发生了翻天覆地的变化，我们很多人还在缘木求鱼、刻舟求剑甚至于守株待兔。

即便是当今世界价值投资的旗帜巴菲特，近年也在不断地改进投资理念，受查理·芒格的影响，伯克希尔·哈撒韦公司的投资组合中不断加大对科技创新公司的持股比例，苹果成为第一大重仓股，巴菲特甚至多次公开表示错过了亚马逊公司是其投资生涯中最愚蠢的错误。

价值投资理念画风早就变了，我们还纠结在PE多少倍PB多少倍ROE有多高才是便宜的股票才值得买入。

因此看到，传统行业的上市公司在美国和香港都很便宜，恒生AH股溢价指数在今年年初最高达到138.96。在今年二月初，同样的建设银行，A股竟然比H股溢价了接近40%，中信银行比H股溢价了近50%，这是盲目投机呢还是价值投资？恒生AH股溢价指数目前降低了不少，但是，仍然在118这个水平，说明跌了这么多，A股比H股还是贵了接近20%。

所以，拿便宜说事是没用的，投资者不买账，你能说他们全是傻子、疯子？

看看查理·芒格是如何修正巴菲特的价值投资体系就可以发现，格雷厄姆的"当股票价格低于价值才是最好买入的机会",只有在1929年大萧条时期才有可能批量出现,在经济稳定发展的环境中,这种机会很少。

所以,芒格理解的价值投资不是为捡便宜而去买入低估值的烟屁股公司,而是"以公允的价格买入高品质的公司",便宜没好货,好货不便宜,关键你理解的"公允价格"是一个什么概念?是PE还是PB?对于尚处于亏损或者微利阶段的科技网络股,这些传统的估值模型都不管用了。

买股票就是买未来,没有一大批能够挑大梁的创新企业,我们拿什么跟美国股市比较呢?

不懂科技的人盲目乐观,科技界的明白人却忧心忡忡。

《科技日报》总编辑刘亚东最近的一个演讲引起共鸣。他说,公众有必要了解更多的东西,尤其应该知道,我们也有不"厉害"的地方,甚至还受制于人。

我们今天一些喜大普奔的科技成就,比如大飞机,人家半个多世纪前就有了。我们今天一些正在苦苦攻关的重大项目,比如载人登月,美国1969年就已大功告成,明年整整50年。这些都是看得见、摸得着的差距。

中国的科学技术与美国及其他西方发达国家相比有很大差距,这本来是常识,不是问题。可是,国内偏偏有一些人,一会儿说"新四大发明",一会儿说"全面赶超""主体超越","中国现在的经济实力、科技实力、综合国力都分别超越美国,成为世界第一",还算得有整有零,说得有鼻子有眼儿。明明是在别人的地基上盖了房子,非说自己有完全、永久产权。

如果只是鼓舞士气也就罢了,可麻烦的是,发出这些论调的人忽悠了领导,忽悠了公众,甚至忽悠了自己,这就成了问题。

持同样态度的还有华为公司董事、高级副总裁陈黎芳。她在今年华为新员工座谈会上发问,真正的美国制造,你了解多少?

我们不要小富即安,我们不要以为手头有几个活钱就了不得,如果产业没有增长潜力,没有附加值,没有金刚钻,光做牛仔裤和运动鞋,不管做得多好,做得多大,都不可能赶上美国,都还是农民工进城。

想赶上美国,不但要有中国自己的通用电气、波音,也要有中国自己的诺斯洛普格拉曼、霍尼韦尔、洛克希德·马丁、雷神、汤普森·拉莫·伍尔德里奇、联合技术、利顿工业、达信、CSC、ITT、联合防务、休斯电子、L-3通信、艾连特技术系统、哈里斯、罗克韦尔、阿尔康工业、韦里迪安、西利康图解计算、布兹·阿伦·哈密尔顿、普利迈克斯技术、米特里……EGG、DRS、泰里达因技术、列·谢格勒、装备支援系统、蒂坦、安特翁、AM General、电子数据系统、奥什科什、库比克等等，更要有中国自己的通用汽车、陶氏、亨斯曼、PPG、伊士曼化工、孟山都、道康宁、惠普和安捷伦、IBM、泰科、英特尔、卡特彼勒、德尔福、杜邦、江森自控、思科、3M、迪尔、固特异、施乐、艾默生、惠而浦、摩托罗拉、朗讯、辉瑞、罗氏、礼来等等。

上述这些企业加上普林斯顿、哈佛、耶鲁、斯坦福、伯克利、加州理工、麻省理工、芝加哥、哥伦比亚多等大学才是美国综合国力的支柱，才是美国骄傲的本钱，才是美国强大的原因。

陈黎芳说，经过这30年奋力追赶，我们与美国距离虽然不是差十万八千里了，但是还差得远，二万五千里总是有的。

科技创新上长期存在的巨大差距，反映在股市上，就是两个市场在上市公司质量上的差距。这应该是一种正比例关系吧？

如何化解蓝筹股与中小创的二元对立？

上市公司品质的评价体系应该与时俱进。还是用市盈率、市净率、ROE这些标准，很难适应新经济时代对科技网络公司价值评价的新形势与新要求。假如用这套体系，亚马逊不仅没办法上市，就算上市了，也因为连年亏损而退市。美国股市的中流砥柱就是一大批像苹果、微软、亚马逊、特斯拉之类的高科技公司。而占据A股市值前50的公司，基本上都是银行、保险、白酒、地产这样的传统行业，对于这些公司，成熟市场给予的估值本来就很低，这不是投资者有眼不识宝贝的问题，对比H股，可以比较的A股都是处于大幅溢价状态。例如，A股的银行股很便宜吗？对不起，H股还可以打八折。这就是现实的资本市场，便宜还是贵，资本说了才算。

A股走势跟美股的一个不同之处在于，A股的风格轮动更频繁、更极端、更猛烈，而美股风格轮动的周期很长。

蓝筹板块代表的价值投资与中小创代表的主题投机之间经常表现得水火不容，这两种理念与风格的长期交锋、对抗，形成了A股市场独有的鲜明的风格轮动现象。

从2017年开始，A股市场经历了历史上最长的一次风格转换，一九格局下，漂亮50为代表的低估值核心蓝筹股持续走强，以茅台、五粮液、美的、格力、恒瑞为旗帜的大消费板块不断刷新历史新高，短期涨幅惊人。于是，市场沉浸在由价值投资推动长期牛市的乐观预期中。因为，按照大家的理解，A股长期萎靡不振就是无节操的投机者们一手造成的，只要投机被压住了，投机分子被干死了，价值投资成为机构与散户的共识，那么，牛市的开启就是顺理成章的事情。

结果，事与愿违。在中美贸易摩擦的外部因素扰动之下，A股价值投资显得成色不够，没能经受考验，美股小跌、A股大跌，美股反弹、A股阴跌，A股市场上大部分漂亮50跌起来并不比中小创要冷静克制，同样是斯文扫地，花容失色。

当然，为了挽回漂亮50引领价值牛市的大好形势，在抵抗巨熊袭击的战斗中，主力还是蛮拼的，硬是把市值万亿元的贵州茅台拉得创了历史新高，不管人家是"兵来"还是"水来"，我就是一招——拉茅台，世界吻我以痛，我将报之以茅台……总是这一招，难免不管用，茅台确实还是挂在半空，大盘小盘却面目全非了。

每到关键处，总是能看见有着外资背景的北上资金积极买入白酒与医药，感觉是在为A股保驾护航，想不到"国际友人"的觉悟这么高，有一种"白求恩同志带着国际医疗队回来了"的感觉。

没错，由于制度设计等因素，A股市场与一批本来可以起到中流砥柱作用的高品质公司擦肩而过，BATJ这批代表新经济发展方向的互联网公司没有成为A股的中流砥柱，却为美国股市与香港股市的长期牛市贡献了源源不断的动力，这不能不说是A股市场的一大憾事。

但是，一个市场的制度设计毕竟还是要适应资本市场不断变化发展的新形势的，抱残守缺，结果一定是落后挨唾弃。香港股市就曾经因为"同股必须同权"的原因而痛失阿里巴巴，在残酷无情的现实面前，港交所幡然醒悟，最终放弃了过去的原则。亡羊补牢，犹未迟也，随后引来了一大批新经济类的创新企业前往香港上市。

今年以来，管理层加大了对创新企业登陆A股市场的政策支持力度，一批拥有自主知识产权的创新企业快速在A股上市，还有一批已经在海外上市的高品质创新企业准备通过发行CDR等方式回归A股。这些举措无疑是积极的建设性的，对于提升A股市场上市公司质量，改善上市公司结构，打造A股市场的中流砥柱，都具有十分重大的导向意义。

如何恢复创业板的创新原动力？

创业板估值较高一直是被诟病的主要问题，有人总是拿评价主板的传统行业的估值标准来套创业板，这种简单粗暴的评价方法不知误导了多少投资者。

现在大家似乎都不谈设立创业板的初衷是什么，也忘记了创业板的使命是为科技创新企业服务的，它当初对标的可是美国的纳斯达克啊。按照规划，由于创业板上市公司主要是高科技公司，这些公司的发展特性就是业绩波动比较大，企业发展前景的不确定性因素比较多，投资这种公司就是高风险高收益。所以，监管部门要求，在投资者开立股票投资账户的时候，对于开通创业板交易设立了一定的准入门槛，有年龄、股龄等诸多限制，投资满两年和不满两年的需要签不同的风险揭示书，创业板从开户环节开始就不同于主板。

可见，对创业板上市公司的估值体系就应该参照纳斯达克等成熟市场对科网股的估值标准，就不应该与主板一样，甚至要求创业板一切向主板看齐。

小米、美团带血上市获得600亿美元高估值（虽然最终仅有484亿美元），中小创公司的估值却被盈利指标绑住了手脚，双重标准盛行，投资者如何才能不"人格分裂"？

以主板的标准要求创业板，而主板的估值标准基本上是唯市盈率而论。

按照这把尺子去衡量，创业板当然就是高市盈率了，高市盈率就是泡沫太厉害，就是高风险，高风险的公司就是"黑五类"……在这种逻辑的推动下，背负"高市盈率"恶名的创业板，只好以漫长的下跌来完成自我救赎。

对高市盈率的天生反感让被闪崩吓坏了的投资者在搞价值投资的时候又一窝蜂扎堆少数几只蓝筹股。

人们似乎忘记了创业板的历史使命是推动创新。

问题在于，A股的低估值蓝筹股与H股相比简直就是个伪命题，A/H溢价平均130，蓝筹并不便宜。

对已经获得国际社会认同的创新公司，比如独角兽们，没有人会拿市盈率高低说事，因为，买创新企业买的是他们的未来，而不是当下的盈利水平。

对创业板横加指责的正是他的估值水平高。但是，美国股市，有多少家公司却是带血上市，比如亚马逊，他们要是在A股，就算上市了，恐怕早就成ST，甚至退市多少年了。

其实，按照10亿美元估值的国际标准，创业板称得上"独角兽"的上市公司也不在少数。关键是，投资者不承认他们是独角兽而已，因为，现在大家讨论的独角兽差不多已经是恐龙了。

假如我们认同创业板中独角兽公司的价值，就可以用相同的标准去支持那些还在成长过程中的创新公司，给予他们支持与帮助。

回归创业板的创新定位，在A股市场培育出来更多高品质的创新型公司，甚至培养出一批独角兽来，这是提升上市公司质量的重要途径，相信A股经由创新驱动，长期牛市仍然可以期待。

A股戒不掉的"伊索尔德魔汤"依赖

> 只有正确的态度和文化的视觉，才有可能赋予一种植物以神奇的力量。而这，与一个民族或者一种文明的传统息息相关。

当电影遇上了股市，就像干柴遇上烈火，就像瞌睡遇上枕头……总之，不搞点刺激不擦点火花是决不罢休的，大致可以想象一下"金风玉露一相逢，便胜却人间无数"的场景。

这周，尽管股市盘面绿油油一望无际，但也不能就此得出全盘尽墨的结论。何以证明我大A股有永不气馁的梦想？那就看看北京文化的股价，一根周K线犹如一枝刺向苍穹的红缨枪，发出了对巨熊的一声嘶吼——尽管没有吓退巨熊，却吓了程大爷一大跳：一周涨幅高达52.97%，只用了13个交易日就从9.02元直接干到15.97元还封死涨停板，涨幅高达77.05%。

没有比较就没有伤害，最近两周恰好是A股市场批量发生闪崩的至暗时期呀。

所以，不要低估了娱乐的力量。

尤其是在一个娱乐业越来越像金融业，金融业越来越像娱乐业的时代，谁说娱乐圈尽给咱大A股盘面添乱，给咱小散心里添堵？在关键时刻的关键部位，对于疲弱的股价来说，一部爆款电影恰到好处地横空出世，不啻一剂神药，看起来既可治病，亦可救命。

只是，这样的神药，大多只是制造短暂的股价暴涨幻觉，一旦药效过了，往往会故态复萌，最终是救不了命，也治不好病的。

要想股价井喷，须得神药助攻

杰克·马戈利斯在《野草园》中写到，人类有史以来就渴求两个问题的答案：一是生命的意义和目的是什么？二是催欲的良药又在何方？

这一观点，颇为契合孔老夫子的食色之说。

前两天，一爆款电影——《我不是药神》（曾用名为《中国药神》）正式上映，这部由文牧野执导，宁浩、徐峥共同监制的剧情片上周就火得一塌糊涂。

与口碑榜超高好评相映成趣的是，它刺激得A股与港股市场相关上市公司一番上涨，成为因贸易战而乌云密布的股市的一道亮丽风景。

影片讲述了神油店老板程勇从一个交不起房租的男性保健品商贩，一跃成为印度仿制药"格列宁"独家代理商的故事。

说真的，宁浩、徐峥确实是电影天才，他们深得周星驰无厘头真传，大有青出于蓝而胜于蓝的趋势。

比如说，"印度神油""男性保健品"之类的撩情词汇，周星驰只关心观众会不会有生理反应，但是，宁浩、徐峥他们更加关心的是股价会不会有"生理反应"——金枪不倒，长阳突破，势不可挡！

充斥朋友圈的好评文章，调性空前的步调一致：口碑爆棚，电影大热。这不是在明目张胆地勾引我去电影院吗？

上映第一天，当日斩获1.6亿元票房，加之此前的点映场，该片上周五累积票房超过3.59亿元。在豆瓣上的评分高达9.0，成为今年以来评分最高的国产电影。

在因敏感题材而全民热议的加持之下，《我不是药神》的票房究竟能有多高？猫眼专业版预测其票房最终可达到28亿元。

按照《我不是药神》主要出品方坏猴子影业方面接受媒体采访时的说法，该片的投资额约1亿元，如果最终能实现28亿元的票房，那么各投资方将获利颇丰。

受此利好影响，除了抢先一步的北京文化与唐德影视股价井喷之外，在香港上市的欢喜传媒与阿里影业也有所表现。

在上周全球股市整体阴跌的情况下，作为主要出品和发行方的北京文化与唐德影视股价逆势大涨。联合出品方的阿里影业周四上涨了2.35%，周五收盘上涨了6.9%。继周四上涨之后，欢喜传媒周五收盘上涨5.63%。可惜成交量只有2018万港元，量能不济。

相比A股，港股的相关公司，涨幅与成交量还是相对差距明显的。

票房撬动市值，往往四两拨千斤，对于一只脚在娱乐圈一只脚在股市的跨界达人来说，从来票房只是小头，市值才是大头。

在2017年以前就坐拥宁浩、徐峥、王家卫、陈可辛等著名股东导演以及贾樟柯、文隽等多名签约导演，欢喜传媒在近年来时常有叫座又叫好的作品呈现。比如，徐峥担导演的《泰囧》和《港囧》均取得了超过10亿元的总票房。其主演的电影《心花怒放》有11.7亿元的票房。此外，2018年，由刘若英导演的电影《后来的我们》，累计取得19.64亿元的票房，欢喜传媒凭借对这部电影的投资也应该取得了不菲的投资收益。

按理说，押中了爆款，公司该赚得盆满钵满才对嘛。看起来应该是家巨无霸公司的欢喜传媒，最新市值仅仅为62.28亿港元，平时日均成交金额也就几百万港元，周五算是很火的一天，也不过2018万港元而已。

事实上，欢喜传媒这几年的业绩都处于持续亏损状态，2015年至2017年，欢喜传媒年亏损额分别高达9280万港元、12.54亿港元、9516万港元，累计亏损约14.43亿港元。随业绩一起下跌的还有其股价，从最高时的6.8港元跌到如今的2.25港元。

真是同人不同命。搞了一大堆"牛掰IP"，拍了一大堆爆款电影，到头来还是"空欢喜"一场。

看看北京文化，市值115亿人民币，周五涨停板成交金额为9.18亿人民币。

唐德影视市值58.24亿人民币，一天成交金额2.28亿人民币。

一部电影，火了A股，但是，港股却不温不火，明显要冷静克制很多。

对于这种类似于"一锤子买卖"的业绩暴增，相比之下，香港投资者比较谨慎，而A股投资者则一贯狂热。内热外冷，可见一斑。

票房是股价的春药

北京文化原本是一家文旅公司,自2013年起向影视娱乐业转型,算是电影行业的后起之秀。它在陆续先后收购摩天轮、世纪伙伴、星河文化等影视公司之后,才开始参与电影投资和制作发行业务。

让北京文化一战成名的是去年热映的《战狼2》。凭借暑期档一举斩获56.78亿票房,夺得去年中国内地票房冠军。

在《战狼2》上映时,北京文化的股价早已经历10天超50%的暴涨,从14.13元股飙升至21.14元/股,市值增加了约50亿元。

电影之外的剧情还是不出意料地落入了俗套。

图穷匕见。股价见顶当天,北京文化却抛出了董事、高级管理人员减持预披露公告,计划减持公司股份合计不超过1 436 525股(占公司总股本比例为0.1978%),按当天的收盘价计算,这些高管共可减持套现约3036.8万元。

次日,北京文化股票直接跌停,此后公司股价迎来了近4个月阴跌行情。

不知道这一次的井喷机会,北京文化的董监高们会不会抓得住。

由于减持新规出台,故伎重演怕是行不通,所以得动动脑子,如何把拉高减持的戏码顺利完成。

没有一道神药可以治疗股市的ED

把准股价疲弱乏力脉相的老板还是很多的,只要对症下药,比如把"印度神油""男性保健品"这类神物搬出来,保准会引起股价的"生理反应",长阳突破也就应运而生了。

比如,常山药业一度发布公告称,中国阳痿(ED)患者人数约1.4亿人,换言之,有1.4亿男人需要使用"神油"或者"男性保健品",类似老中医看病的套路:问题很严重,找常山就对了,药价有点贵。

受利好因素刺激,常山药业股价果然出现了强烈的"生理反应":1.4亿阳痿患者制造百亿元级别市场规模,这是怎样的重大利好(男人的最痛竟是你的利好)?

常山药业发布公告后连续两天大涨，涨幅超过20%。其中，公告当天股价直接涨停，报收于7.92元，第二个交易日盘中一度涨停，最终大涨9.6%，报收于8.68元。

然而，当股价创下半年新高之际，却迎来了公司股东及高管的集体减持。

常山药业发布公告称，4位公司股东集体减持，其中包含董事长高树华以及副总经理丁建文和黄国胜，累计减持1008.75万股，合计金额为8764.54万元。此外，值得注意的是，4位股东及高管减持均价接近涨停价。

当然，这一"挺猛的"数据引起了市场广泛关注以及质疑，结果就收到一张罚单。

显然，常山药业瞄准的还是下半身这个敏感部位，只不过用力过猛，把"男性保健"的问题夸大到监管部门看不下去的触目惊心程度。

监管部门认定它涉嫌在相关行业数据较多、未获取证券公司研究报告原本、未向研究报告撰写方咨询数据来源及确定计算方法的情况下，贸然选取相对较大的数据在公告中予以披露，称国内ED患者人数约1.4亿人，对投资者的投资行为产生误导。决定对常山药业给予警告，并处以罚款60万元；对公司董事长高树华、董秘吴志平给予警告并各处30万元罚款。

迫于舆论压力，常山药业发布补充公告称，1.4亿阳痿（ED）患者的数据，主要来源于国信证券2014年5月底发布的相关研究报告，公司证券部通过网络检索取得并节选了其关于枸橼酸西地那非市场空间的描述。此外，公司证券部亦查询到东吴证券2017年2月28日发布的关于枸橼酸西地那非市场空间的预测，报告中预测"中国ED患者人数约1.27亿"。

简而言之，1.4亿的数据是我（常山药业）"抄"过来的，我也不能保证这一数据的准确性。

有网友调侃，梳理A股药企公告得知：阳痿1.4亿，糖尿病1.1亿，乙肝携带者接近1亿，精神病1.8亿，每8对夫妇里还会有一对陷入生育困境……做人难啊，做健康的中国男人则难上加难。

还有那个准备登陆A股卖药的康宁医院，在《招股书》中表示：根据市场研究顾问公司Frost & Sullivan的报告，中国现时有1.8亿人患有精神疾病。按14亿总人口计算，我国患有精神疾病的人口比例为13%，即每8人当中，就有1人患有精神疾病。

看完数据，程大爷我有一种视死如归的感觉，倒是应验了那句名言：自从得了精神病，我整个人都精神多了。

不可滥用伊索尔德的魔汤

尼采在《人性》中写道：人在催欲药物驱动下看到神灵，并产生虔诚的感激之情，这一事实，随着时间的推移，贯穿了更高的幻觉意识，最后确实变得十分高尚起来。

对于A股来说，不要一看见股价"坚挺"就赶紧叫好，还要看看它用了什么药。

故事一直是A股市场的"伊索尔德魔汤"，各种资本按照他们自己的配方在暗室炮制"魔汤"，然后天价兜售，只有为之买单的人才会尝到那无法下咽的苦涩味道。

诚然，在书斋学者们道貌岸然的人类学或民族学书籍之外，这些催欲药物、爱情魔汤和性爱法术，深深地植根于每一个民族和每一种文明的血脉，以至于很难抗拒它们的诱惑。

这种魔汤到底有多神奇，甚至可以让理查德·瓦格纳这样一个生活上的非道德论者、政治上的自由主义者、哲学上的虚无主义者、艺术上的浪漫主义者，打开自己情感的大门？

特里斯坦与伊索尔德是欧洲仅次于罗密欧与朱丽叶的爱情传说，瓦格纳据此创作了三幕歌剧——《特里斯坦与伊索尔德》。剧中男女主人公借助一种魔汤坠入了爱欲之河。这部折射了瓦格纳本人与马蒂尔德恋情的剧作，被很多研究者推荐为了解、探究瓦格纳的起点。

一听到催欲药这个词，人们就会窃笑，但内心却同时会升腾起一种隐秘的渴望。几乎所有的时代和文明都存在着一种神奇的物品：促进和提升性爱欢愉的秘方、魔汤和法术。它们是各民族诗人赞颂的对象，其功效被当作奇迹广为流传。

欧洲历史上传播的各种性爱药品，不胜枚举，而其中最富神奇和充满理想色彩的，莫过于伊索尔德的魔汤了。

在瓦格纳心中，伊索尔德的魔汤就是他精心设计的一座乌托邦。一种为自由人打造的庆典和梦幻。瓦格纳的魔汤其实既不想缔造爱情，也不想促进性欲，你也可以说它只是一味催化剂，一款媒介。

或许只是要制造幻觉，就像在股市中存在误判那样，那一刻理性已经躲到床底下去了，冲动主宰了整个世界。

他想用魔汤使心中隐匿的欲望之花得以绽放，扫除爱恋中的人们周围的社会和文化屏障。饮一口被调换了的魔汤——原本是与爱人双双殉情的毒药——即把饱受压抑的人们送上了通往乌托邦之路。他们早已在爱恋中结合，但只有魔汤才使他们浑然一体。

魔汤就是一味催化剂，充分显示了很多催欲药和性爱药品的典型作用。

它们让人体潜在的欲望得以实现：那就是放肆的欢愉和幻想的能力。

在魔汤的催化之下，理查德·瓦格纳心中隐匿的欲望之花迎风怒放，他在《特里斯坦咏叹调》中唱道：

"啊，赞美你，魔汤！赞美你，琼浆！我赞美你的法力，庄严而高尚！它穿过死神之门，流进我的心房。放纵而宽广，贴紧我的胸膛。我仿佛在梦寐中苏醒，来到夜幕下的神奇天堂。"

可惜，这种魔汤的配方，瓦格纳没有告诉我们。

人们通过实验证明并且对此深信不疑，人类的意识是可以通过不同的物质有目的地加以改变（精神类药物）、扩展（迷幻类药物）或者暂停（麻醉类药物）的。

核心问题并不是"哪种催欲药最佳"，而是"某些物质是如何通过广泛使用而变成催欲药的"。

只有正确的态度和文化的视觉，才有可能赋予一种植物以神奇的力量。而这，与一个民族或者一种文明的传统息息相关。

是的，必须有某一股力量来平衡另一股力量，才能达成这个世界的能量守恒。

很多人既然能发现如此之多具备催欲功能的植物、动物和矿物，就必然会有另外一些人，比如修女、比如禁欲主义者寻找足以抑制欲望的物品。

恰如瓦尔特·本雅明所说，每一代人都曾经历过各种可以想象的暂时或彻底制欲的时尚。

对于A股市场来说，欲望的放纵与"药物"的滥用一直是一个"健康隐患"。

尤为值得警惕的是，上市公司过度依赖各种速效"魔汤"来刺激股价，乐此不疲，显然是一件透支生命的蠢动，副作用太大，与公司的长期健康稳定发展，并无任何好处。

时间是独角兽的敌人还是朋友？

> 过去互联网圈的常规玩法是，亏损烧钱扩市场，保增速上市，只要有增速估值就不会低，为此，近年来独角兽都在不断忙于收购或者内部孵化热门项目来扩充体量。但上市后，二级市场认不认这个模式是个问题。

小米上市一周，股价好似梦游。

预期中的破发，出乎意料的反转大涨，搅热港股市场，难怪有人戏谑：大街小巷都是爆米花的味道。

特意穿上破洞牛仔裤的雷布斯对于第一天的股价破发是有思想准备的，但是，他猜中开头没有猜到结尾，不然，他也不会在上市前一天吹响明显是用来壮胆提神的"见证伟大时刻"的号角。

上市那天，你能感受到，雷布斯的激动与忐忑交织，豪迈与悲壮杂糅。

按照国内流行的成功标准——"创业到IPO为止"，小米上市之日即是雷布斯和一众风投船到码头车到站的成功之时，所以，这是一个投资终于可以套现的"伟大"时刻。

但是，市场为这个"伟大"时刻开出的价码与雷布斯和他的小伙伴们的自我期许之间，到底相差多少个100 billion dollars，其实大家早就心照不宣了。

从来只有新人笑，有谁听见旧人哭？

与小米股价走势形成鲜明对比的是，2017年9月底上市的"中国最大互联网保险公司""金融科技第一股"——众安在线股价跌至43.9港元，创上市以来的新低，不仅大幅跌破发行价，较上市时97.8港元的最高价跌掉了56%，日成交金额从最初的65亿港元萎缩至上周的日均5000万港元左右，萎缩了90%，已经变

成了一只冷门股。

去年的"神童"，仅仅过了半年，却"泯然众人矣"。

小米成功上市，经历破发——反转大涨，这只是一个悬念的结束，却是无数个悬念的开始：小米到底值多少钱？是哪一只手把它从破发的深渊中拉了回来？时间是小米的朋友还是敌人？它最终能独树一帜，摆脱众安在线们的宿命吗？

"创新"到IPO为止

欣赏完小米的惊艳表演，我们再回头看看众安在线为何落魄成了这个样子。

你会发现，股市里的事，你说是偶然吧，但也有其必然性的一面。

时间是一面照妖镜，也是一把杀猪刀，它杀的真的是猪啊！

某信证券金融分析师赵某怀于2017年11月17日发布了众安在线深度报告，号称是A股第一篇众安在线的深度报告，标题醒目，直接定位众安为"金融科技第一股"，给出了一个人见人爱的吉祥数字——85.88港元的目标价。

研报是这样写的：股东背景强大，业务扩张迅速，成为中国首家取得互联网保险牌照的互联网公司。公司开始运营后立刻凭借其强大的股东背景与创新的互联网基因发展较快。经过四年发展，众安的产品条线和保费收入日趋多元化，公司2016年保费总收入34.1亿元，净利润937.2万元，坐拥近5亿用户，而2017年前十个月保费达到46.6亿元。

五大金融生态圈助力保险业务。众安在线完美地将其各款保险产品嵌入不同的金融生态圈，并以金融生态圈为框架发展其保险科技业务。

2017年11月10日，众安在线获纳入恒生大中型股指数成分股，获新增至沪港通与深港通的买卖名单，在上市不足一个月即被纳入指数，代表了公司良好的基本面与市场对公司的信心。自沪港通与深港通开通以来，南下资金规模快速增长，由于金融科技标的在内地十分稀缺，预计众安在线将受大陆投资者青睐。

一番吹破天的营销攻势之后，众安在线2017年却录得9.96亿人民币的亏损，亏损额远超市场预期。

对照一下，小米的研报与看好的理由，是不是跟众安在线如出一辙？

看到内地国庆长假期间众安在线被炒得热火朝天，出于好奇，大爷我花了两天时间认真研究了这家神奇的互联网保险公司。结果发现，这完全就是一家传统的财险公司嘛，不过就是利用了互联网渠道展业罢了，怎么可能贴上"互联网"和"金融科技"这些时髦的标签就变成新经济公司，然后享受高得离谱的估值溢价？

基于此判断，在2017年10月7日《券商中国》的《程大爷论市》中，大爷我撰文专门提醒投资者，香港股市虽说市场化程度高，但投机起来也是异常疯狂的，特别是港股通开通之后，内地游资常常出没其间，称它是"鳄鱼潭"也不为过。所以，散户投资者切不可盲目跟风"新物种"，不要被互联网保险第一股的光环刺瞎了眼睛，谨防估值泡沫随时破裂。

不过，对于创投圈来说，养猪是为了吃肉，参股是为了上市套现，这是他们至高无上的信仰。

恰好港交所又早早搭好了这样一块分猪肉的案板。

一时间港交所好不热闹。德勤预计，2018年下半年，香港将迎来10家独角兽上市，其中融资在百亿港元以上的至少有5只，2018年全年香港约有180只新股上市，融资规模达1600亿港元到1900亿港元。

然而，已上市的那些独角兽们则在破发命运里挣扎。数据显示，2018年以来港交所新股破发率高达72%。2017年9月以来敲钟的新经济明星公司，除众安在线之外，阅文集团、易鑫集团、雷蛇、平安好医生，都已破发或接近破发，其中有好几家股价较最高点下跌30%～61%不等。

值得警惕的是，为了赶紧上市套现，还有更多的内地独角兽拉媒体吹捧，拉名人站台，大佬互相捧场，营销策划推动的上市大戏用足了房地产开发商惯用的套路。

估值是一块橡皮泥

以快速上市为目标的"科技创新"，眼里盯着的不是科学技术，而是最能吸引投资者跟风的"风口"。

然而，"捕风捉影"的活儿也是听命于随机性的。根据摩尔定律，商业演进周期越来越快，大多数风口只是从业者在谷底捧起来的伪风口。

2015年以来整个创投圈就像丢了魂儿一样，风口快速轮替，O2O、P2P、众筹、消费金融贷、视频直播、VR/AR、共享、区块链……一窝蜂地吹起，又一窝蜂地歇菜，风口一个比一个短命，风向一回比一回诡异。

金融去杠杆，流动性遽然收紧，敏感的创投圈惊呼资本凛冬将至。于是乎，机构都在撺掇企业能上市的就上市，上不了市的就转老股。在系统性风险之下，他们想的不是多少倍回报，而是怎么把钱收回来，因为现金为王。

难搞的是，大多数着急上市的"新经济"公司，财务指标都不大好看，经过ABCDEF轮融资之后，风投的入股成本一路飙升，估值不往天上拉，大伙儿都要玩完。

于是，小伙伴们集思广益，硬是"发明创造"了一套独角兽估值的潜规则：只选用对自己最有利的定价模型，而不是最恰当的。

只选贵的（估值往最贵的方向靠），不选对的（管它适用不适用）。

难怪有人说，估值是个屁，谁都别装逼。

本来，进行公司估值的逻辑在于"价值决定价格"。上市公司估值方法通常分为两类：一类是相对估值方法；另一类是绝对估值方法。

相对估值法简单易懂，也是最为投资者广泛使用的估值方法。在相对估值方法中，常用的指标有市盈率（P/E）、市净率（PB）、EV/EBITDA倍数等。

与相对估值法相比，绝对估值法的优点在于能够较为精确地揭示公司股票的内在价值，但是如何正确地选择参数则比较困难。未来股利、现金流的预测偏差、贴现率的选择偏差，都有可能影响到估值的精确性。

当大伙儿都默认并且践行这套估值潜规则之后，估值方法就变成分析师手中的橡皮泥了，根据需要来捏：如果利润指标很好，那就用PE估值模型。如果净资产指标高，那就用PB。如果今年利润不行，那就用明年或者后年的预估利润。管他呢，先放颗卫星再说，实现不了你也拿我没辙。

于是，你会看到，"渺小"的公司都是相似的，"伟大"的公司各有各的"伟大"：

众安在线是"全球第一家互联网保险公司"，是"中国最大的金融科技公司"。

雷布斯自豪地宣布，"小米是世界上独一无二的既可以做硬件、又可以做新零售，还可以做互联网服务的'新物种'。"

小米上市前，争论最多的是小米公司的商业模式，小米到底值多少钱是市场关注的一个焦点。雷布斯自己认为小米值2000亿美元。

但是，国金证券研究所研究总监唐川在最新发布的研报中表示，基于基本面估值，对小米集团给予"减持"评级，12个月目标价16港元。他还称，每股18.82港元是目前小米估值的上限。

对于小米IPO后的股价表现，唐川预计，在上市6个月后将面临早期VC和PE股东减持的巨大压力。这是因为小米在历史上共有九轮优先股融资，合计融资金额达15.8亿美元。

不过，麦格理首发小米研究报告，认为小米快速时尚式推出新产品，有能力从手机用户变现互联网收入，予目标价30港元，意味公司可值6700亿港元。

更多的券商研报从不同角度挖掘小米的"伟大"之处：说手机业务，它就对标苹果华为。说物联网业务它就对标腾讯。说新零售它就对标亚马逊。说会员变现它就对标好市多。

说真的，我还是没看出来小米跟Costco有什么可比性，人家用超低毛利率销售日用品然后通过收取会员费的盈利模式与小米通过超低毛利率销售手机做大流量以获取更高的估值完成上市大业不是同一回事吧？手机用户跟粉丝数量也不是一回事，跟付费会员更加不是一回事，苹果有那么多的用户，也不全部都可以称为"果粉"，苹果推出很多付费功能，愿意付费的有几何？

按某些分析师的说法，小米不仅独一无二，而且，它的不同侧面跟所有的巨星"撞脸"，它身上流淌着几乎所有科技创新与时尚商业模式的基因，搞得好像是冯小刚指责崔永元喜欢碰瓷似的，全球排名前十的牛逼公司它都碰了个遍。

按理说，卖手机电视机、正在开发电饭煲等智能家电的小米，不要总是舍近求远，老是往全球最牛的几家创新公司身上蹭，也可以对标一下身边的格力、美的、海尔、长虹嘛。

当然，小米还是要极力避免投资者把自己跟格力、美的、海尔、长虹视为同一"逼格"，因为格力的12倍PE、美的的15倍PE对于小米的投资人来说，不啻是降维打击。

按照分析师的预测，小米的2018—2020年EPS分别为0.38元、0.58元和0.78元人民币，对应PE分别为40倍、27倍、20倍。

都号称搞的是智能家居，都号称掌握了核心科技，看看人家小米靠着画饼的40倍PE股价一骑绝尘，再看看自家格力到手的12倍PE股价却跌跌不休，不知曾经在央视财经频道中公开与雷布斯打过赌的董小姐心里是什么滋味？

厉害了，我的米！

不用说得那么高深，我打个比方大家就明白了：

高尔夫爱好者雷大神打完一场18洞高尔夫球比赛，其中，2个洞打了个小鸟（−1杆），4个洞打了帕（标准杆），其他12个洞总共加了20杆，18洞总共加18杆，属于中等水平。但是，假如按照某些分析师们的计算方法，他们就只选取打了鸟和帕的那六个洞的成绩，加20杆的那12个洞就不算了，那么，雷大神的18洞成绩就变成−2×3=−6，他们还可以为这种计算方法安一个很学术的名称——"净杆"计算法。这样一来，一个90杆成绩的普通球手，一下子就变成低于标准杆6杆的职业高手，直接可以媲美老虎伍兹了。

游戏的终极规则是"最大傻瓜理论"

这些年来，独角兽公司的发展，大概就是这样的三部曲：研报拍脑袋估值，散户拍巴掌上市，风投拍屁股走人。

击鼓传花也好，羊毛出在猪身上也好，怕脑袋式的估值游戏最终由谁买单？当然是二级市场的投资者了。

说到底，很多估值模型的依据其实就是最大傻瓜理论：1块钱的东西我出价100元买入，我当然是一个傻瓜，但是，我相信，经由合谋操纵与蛊惑人心，最终会有一个更大的傻瓜以1000元的价格从我手上买入，那么，只要我不是最后的那个最大傻瓜，我就可以"高举高打"，不问值不值。

这跟卖玉石类似，一块石头，可以值1块钱，也可以说它值1万块，关键是有人买，美其名曰"玉卖爱家"，实际上就是博懵"钱多人傻"。这就好比同一家公司，有人说值2000亿美元有人说只值450亿美元的天壤之别。

企业走到二级市场并不意味着一定会受到认可。大家都觉得港股是个好市场，现在看大家对港股的认识还是浅了，香港投资者短期看人气和投机氛围，长期还是经营数字说话。所以说，不管在哪个市场，故事讲得好，落地是关键，即便是科技股，过高的PE和明显的泡沫最终难以持续。

过去互联网圈的常规玩法是，亏损烧钱扩市场，保增速上市，只要有增速估值就不会低，为此近年来独角兽都在不断忙于收购或者内部孵化热门项目来扩充体量。但上市后，二级市场认不认这个模式是个问题。

这种完全靠不断融资烧钱速成的独角兽公司，不仅估值广受质疑，投资模式也屡遭诟病。

美国上市创新企业，科技型创新成功的比较多，中国内地的创新企业，很大部分其实都是靠商业模式微创新而成功。

国内独角兽公司，真正扎扎实实做技术创新和产品创新的少，大多数沉迷于商业模式的"微创新"。这种微创新成了一个颇让人不安的普遍现象，它们过度使用甚至夸大宣传自己的"科技创新"水平，将"创新"作为营销噱头来吸引眼球做大粉丝流量。这类独角兽无非是在现有的互联网技术和电子商务模式上搞点小花样，用粉丝流量为基础获取高得惊人的估值水平，再以泡沫化的估值水平来进行IPO前的多轮融资，再获取庞大的资金流，接着便大玩烧钱游戏，最终以蛊惑人心的独角兽形象高溢价上市。等到各大小风投套现离场之后，上市前一直讲得热血沸腾的"创新"故事便戛然而止，跟着股价也就一地鸡毛，让接盘侠永远站在高岗上。

所以说，并非所有号称独角兽的公司都是科技创新公司，目力所及，一大批独角兽并无独到之处，不过是长得像独角兽的"禽兽"。

明明是商业模式的微创新，却被吹嘘成"伟大"，如果这就是我们给予厚望的独角兽公司，这样的独角兽，于科技创新不仅无益，反而有害，对推动国家的整体科技进步也没有任何意义，反而会导致整个社会的创业氛围变得短视、功利、浮躁。钱来得太容易了，人人都去抖机灵，走捷径，都想一夜暴富，那还有谁安静下来去做又"傻"又"吃力不讨好"的科技创新研究？

日前，已经有声音对互联网创投这一轮投资模式提出质疑。南京航空航天大学金融学教授徐强说，有些没有核心技术的公司只是把市场规模做大了，虚胖，上市是想圈一笔钱，把业务抛给资本市场。

徐强认为，供给侧改革更重要的目标是把创新产业做起来，靠烧钱扩规模，这不是创投企业未来应该发展的方向，也是中国互联网发展的错误方向，未来真正有前途的、能促进国家持续发展的独角兽，一定是有技术壁垒的技术创新性企业。

最大灾难是信任的丧失

> 每一次出现黑天鹅事件，总会有人跑出来安抚情绪，什么"问题不大""风险可控"，都是轻描淡写，试图息事宁人。

在长生生物疫苗事件爆发前几天，程大爷我因为被家里刚刚领养的一只小狗抓了一下，为保险起见就去中山三院注射了狂犬疫苗。

本来也没啥不良反应的，然而，第二天长生生物疫苗事件就被曝出来，当时感觉整个人都不好了。

那一刻，甚至产生了一种"不会死于狂犬，却有可能死于狂犬疫苗"的恐慌。赶紧去翻开"疫苗接种记录本"，一看，那天注射的不是长生生物的疫苗，立马有一种"死里逃生"的庆幸。

不过，看了更多国产疫苗问题的报道之后，我还是有点担心，不是长生生物的疫苗就安全了吗？会不会还有"没有死于长生，却可能死于某生疫苗"的隐患？

我默默地后悔了几分钟，早知道，打进口的就好了！

不可低估疫苗事件后遗症

据国务院调查组消息，长春长生公司违法违规生产狂犬病疫苗案件调查工作取得重大进展，已基本查清企业违法违规生产狂犬病疫苗的事实。

据现场目击者介绍，调查组询问相关人员的书证34份，取证材料1138页，利用查获的计算机还原了实际生产记录和伪造的生产记录。公安机关已追回犯罪嫌疑人丢弃并意图损毁的60块电脑硬盘。

食品与医药行业是性命攸关的行业，不出事则已，一出事都是大事，都会影响深远。尤其是医药行业，一旦有企业曝出质量安全问题，总是会引起全社会的广泛关切。尤其是跟孩子的健康相关的安全问题，情牵万千父母的心，很容易发酵成公共事件。

从三鹿奶粉，到白酒塑化剂超标，再到现在的长生生物问题疫苗事件，对那些涉事企业来说，可以说是灭顶之灾，对整个行业来说，往往会留下严重的后遗症，其负面冲击都很难在短期内被抚平。

问题疫苗让长生生物深陷舆论旋涡，股票连续跌停，甚至被ST，董事长也被公安机关刑拘，其他上市的医药生物公司也遭到波及。

A股上市公司的疫苗概念股整整一周都处于风声鹤唳状态，尽管不时有游资与散户刀口舔血抢反弹，但是，除长生生物之外，康泰生物、智飞生物、长春高新等大跌之后呈现出破位趋势，后市不容乐观。

除了主管部门出台更加严厉的监管措施并启动问责机制之外，媒体和公众进一步深挖疫苗行业中的各类问题。种种迹象表明，长生生物问题疫苗事件，或许只是国内疫苗行业存在问题的冰山一角。

《每日经济新闻》报道，与长生生物一起登上质量黑榜的武汉生物，由于不是上市公司，似乎被舆论忽视了。2018年5月29日，武汉市食药监局对武汉生物作出行政处罚，处以没收违法所得、罚款。

《每日经济新闻》记者检索中国裁判文书网发现，武汉生物的百白破疫苗此前就曾因不良反应引来多起诉讼。

值得关注的是，武汉生物和长生生物一样，在疫苗销售过程中屡涉行贿案。

武汉市食品药品监督管理局网站7月13日发布的2018年6月行政处罚信息公开表中显示，武汉生物生产的吸附无细胞百白破联合疫苗经检验，其效价测定项不符合标准规定、被判定为不合格。

触目惊心的是，武汉生物的不合格疫苗共计400 520支，数量上比长生生物还多。

年报披露，2017年长生生物疫苗销售的营业收入为15.39亿元，销售费用为5.83亿元，其中4.42亿元为"推广服务费"。财报解释此为子公司长春长生向推广服务公司支付的费用。

这些钱的去处，估计明眼人一看就知道是怎么回事吧？

可以佐证的是，长春长生涉及多起行贿案件，其通过行贿地方医院、疾病防疫部门，给予回扣方式推销药品。

这种推销方式，曾经多次被包括央视在内的众多媒体曝光过，是医药行业中一个公开的黑幕。

因武汉生物是非上市公司，无从知晓公司的营销费用支出。但通过检索无诉网等第三方数据平台，《每日经济新闻》记者同样发现了武汉生物产品销售过程中涉及的贿赂案件。

例如，2018年5月22日的一份判决书显示，武汉生物销售人员程某鹏在蚌埠市销售武汉生物的狂犬疫苗过程中，送给当地监管部门负责人郭某共计人民币91 000元及小米手机一部，法院判决其构成行贿罪。

再如，2016年12月16日的一份判决书显示，2009年至2015年期间，国家工作人员陈某为武汉生物业务员王某乙销售疫苗提供帮助，收受王某乙9000元现金。

长生生物的问题疫苗不仅引发了公众对整个疫苗行业的恐慌，还牵出了吉林省食品药品监督管理局原党组书记、局长崔洪海（正厅级）涉嫌受贿一案。

国家药监局也表态要彻查全国45家疫苗企业，还公众知情权。

后续还会有多少"故事"被曝光，有多少公司与名人被脱掉"皇帝新衣"，有几家上市公司股价会闪崩，谁也无法预料。

警惕行业落入"塔西陀陷阱"

上一次三鹿奶粉事件发生后，内地同胞去香港买奶粉的人实在太多，简直成了一道奇观。最终导致香港人追打内地消费者的事件不断曝出，最后香港特区政府不得不推出奶粉限购措施。

这一次，问题疫苗事件爆发，香港特区政府显然是吸取了上一次三鹿奶粉事件发生后，内地同胞成群结队去香港扫奶粉导致香港儿童吃奶粉都因此受到影响的教训，第一时间作出反应，限制香港妇幼保健院疫苗接种的数量，几乎堵死了内地儿童赴港注射疫苗的后门，其做法，跟防贼似的，让身为内地同胞的我，感觉五味杂陈。

对于食品与医药行业，最大的灾难就是信任的丧失。

信任的建立可能需要十年甚至几十年，而信任的丧失，也许只需要十分钟。"我不相信！"这是比刀子还要可怕的信念。我们可以看看63年前发生在美国的一件严重疫苗事故是如何造成整个疫苗行业的"信任"危机的。

1955年的一天，加州的一个5岁小女孩Anne和家人刚刚结束度假，在驱车返回家中的路上，她突然剧烈呕吐起来，左腿犹如刀割，甚至没办法靠自己的力量坐起来。然而，这一切并非偶然，问题正是出在Anne接种的这个疫苗上。几乎在Anne发病的同一时间，美国各地陆续还有7万人被感染，164名儿童患上了小儿麻痹症，113人永久瘫痪，10名儿童最终死亡。

进一步的调查结果，让所有人都害怕：所有病人的发病时间，都是接种疫苗后的4～10天之内。而所有患者接种的疫苗都来自加州伯克利的卡特药厂。

那个1955年的春天，让所有美国人绝望！当时，铺天盖地的都是美国媒体对疫苗丑闻的报道，几乎让美国民众对于疫苗的信心降到冰点，甚至于，不少美国家长拒绝给孩子注射疫苗。

经过调查，就是因为这家生产疫苗的加州公司，在生产脊髓灰质炎疫苗的过程中，病毒没有被妥善消灭，疫苗中依然存有活体病毒。更可怕的是，在安全测试中，这个严重的缺陷也未被发现。

最终法院责令其向脊髓灰质炎受害者支付赔偿，卡特药厂付出了巨额民事赔偿金的惨重代价。从此，加州卡特药厂再也无权生产脊髓灰质炎疫苗！

巨大的舆论压力下，卡特药厂研究所所长被开除，美国卫生部秘书长Hobby和美国国立卫生研究院主任Sebrell引咎辞职。

另一面，看到卡特药厂的遭遇，也让大量疫苗厂商打起了退堂鼓，纷纷减少甚至停止了疫苗的生产。在事故后的几年，美国甚至出现了疫苗短缺的现象，公共卫生问题面临着巨大的危机。

"我不相信！"是一种普遍而影响深远的信任危机，这种现象被称为"塔西佗陷阱"。这个"陷阱"得名于古罗马时代的历史学家塔西佗。在塔西佗所著的《塔西佗历史》一书中，他在评价一位罗马皇帝时说："一旦皇帝成了人们憎恨的对象，他做的好事和坏事就同样会引起人们对他的厌恶。"

这句话后来被中国学者引申成为一种社会现象，指当政府部门或某一组织失去公信力时，无论说真话还是假话，做好事还是坏事，都会被认为是说假话、做坏事。

疫苗事件发生后，国人对国产疫苗产生强烈的不信任感，其实是一种正常反应。这种反应在20世纪五六十年代的美国，因为卡特药厂的一款问题疫苗而成为疫苗行业的不可承受之重。

事件之后，美国花了60年的时间，来修补卡特药厂造成的疫苗之殇。为了应对疫苗接种恐慌，挽救美国公共卫生事业，美国在"卡特疫苗惨案"之后，采取了一系列强力措施：

一是，从疫苗研发生产的源头抓起，在疫苗研发和流通上落实步步规范。"卡特惨案"后美国要求生产商引入了灵敏度更高的安全测试，并改进了记录的方法，防止错误被掩盖，这要求不仅是通过生产商检测的批次，所有批次的疫苗都必须有记录。国立卫生研究院对下属生物制品控制实验室也进行细分，分为7个实验室，每个实验室都是具有独立实体地位的生物标准部，这样疫苗不良反应监测体系彻底而完整地建立了起来。

二是，严格立法，成立"疫苗法庭"。美国联邦法庭设立一个专门部门处理疫苗伤害赔索案，俗称"疫苗法庭"。

三是，疫苗伤害赔偿上实行无过错原则。看起来如此缜密的赔偿程序，对于普通民众来说，最关心的就是美国法庭依据什么来进行赔偿呢？美国国家疫苗伤害赔偿项目（NVICP）是基于"无过错"原则，根据这个原则，就算不能证明伤害是和接种疫苗有关，也可能获得赔偿。

四是，引入第三方监管。建立严苛的监管机制，几十年来，食物药品监督管理局（FDA）成为美国药品监管的一道坚固堤坝。

"喝酒吃药"行情危机四伏

"喝酒吃药"行情是A股市场长盛不衰的热门主题，然而，由于它们都跟"嘴巴"有关，却又是一个"黑天鹅"频发、是非不断的主题板块。

每一次出现黑天鹅事件，总会有人跑出来安抚情绪，什么"问题不大""风险可控"，都是轻描淡写，试图息事宁人。

三鹿奶粉事件、白酒塑化剂事件、双汇瘦肉精事件、莎普爱思事件的发生，分析师都是这样说的。

这次长生生物疫苗事件的爆发，如果不是因为自媒体和民众的推动，快速形成了广泛影响，估计也难脱被"大事化小，小事化了"的窠臼。从这个意义上说，我们都应该感恩互联网改变了我们的社会环境，让诸多丑恶现象难以遁形。

长生生物事件对A股市场上的疫苗公司短期股价造成了严重冲击，但是，马上就有分析师跑出来说"问题不大"。

疫苗事件仍在发酵之中，资本市场顺势掀起了没事儿派与恐慌派的对决，某南证券医药团队无疑属于没事儿派的台柱。这位医药团队首席朱某广在这个敏感时刻反应确实神速，立马准备推出疫苗事件专家会议，并在描述中表示"莫被误导，对国内疫苗产业充满信心"。

朱首席此时挺身而出，"勇敢"站台，自然会引起众人瞩目，一时间朱首席团队干将陈某林所在的微信群一片质疑。面对微信群内的指责，陈某林毫无惧色，反而劝大家"想想当年的塑化剂和三鹿奶粉事件，再看看伊利和茅台股价"。

对此论调，有网友怒斥"为了赚钱，不顾廉耻？！"随即，某南证券迫于舆论压力取消了电话会。新浪财经报道称，该电话会被业界批评毫无必要，大家都觉得花这钱请专家还不如去调研那些问题公司。

这可是医药行业里的顶尖分析师团队呀！在第十四届"新财富最佳分析师"评选中，某南证券朱某广医药团队首获医药行业最佳分析师荣誉。

但翻阅过去其发布的研报可以发现，某南证券朱某广医药团队此前已踩中多只医药地雷，其中就包括了"神药"莎普爱思。

2017年12月2日，一篇《一年卖出7.5亿的洗脑"神药"，请放过中国老人》

让莎普爱思迅速陷入舆论旋涡。随着事件发酵，广告被停播，新型专利被宣告无效，莎普爱思自事件发生后股价至今已是腰斩。

可悲的是，人都相信自己所希望的。

分析师都相信自己所推荐的行业前景是星辰大海，都相信自己推荐的公司是行业翘楚。即便是发生了黑天鹅事件，被打脸的分析师一定会告诉投资者"问题不大"，"短期挫折不改长期向好"，不仅不提示风险，还鼓动投资者"下跌正是逢低介入机会"。

于是股民相信了，短期冲击没准还是一个大机会。

相信了，今年上半年风光无限的疫苗概念股，风波过后，还是会"马照跑，舞照跳"，不耽误挣钱。

我们看见了这些疫苗股在第一个跌停板处就突然出现巨额资金积极撬板的冲动，很多散户特喜欢参与这类高风险的投机活动。

没想到，接盘侠接到的多是飞刀。

问题疫苗导致生物医药板块惨遭"屠城"，不仅长生生物跌停不止，就连长春高新、智飞生物、康泰生物等疫苗相关上市公司也一泻千里。

这个今年年初以来A股市场屈指可数的大牛行业，几乎所有公司股价突然走出"断头铡"图形，短期跌幅巨大，让人猝不及防。

所以，投资者需要警惕这个行业发生的事情，很难在短期内得以平息，现在抄底，无异于火中取栗，风险远大于收益。

我们不妨回顾一下三鹿奶粉事件对整个国产奶粉品牌的冲击，经历了这么长的时间，至今，经济条件稍微好点的年轻父母还是愿意冒着被海关扣罚的风险跑到香港去"背奶粉"。

塑化剂事件对于白酒行业的影响，至少经历了四年的时间，才慢慢被投资者遗忘。

然而，这一切都真的过去了吗？

我还是不信。

遗忘不过是将伤口暂时包扎起来了，它不会一下子就能让创伤愈合，尤其是，当这样的创伤深入骨髓之后。

拼多多的成功放大人性弱点

因为信息不完整和信息不对称，人与人之间需要沟通对话，以取得信息。而且，因为不知道别人提供的信息是真是假，只好借着"对方是否诚实"来间接地解读对方所提供的信息。因此，"诚实"这种人性中的德行，成为人际交往中的一种"工具"。

本来不知道拼多多是何方神圣的，"骂"的人多了，便没办法不知道，躲都躲不开。

起初，大爷我对一夜之间冒出来的这些"骂"文挺反感的，心想，也不能因为那个80后创始人不到三年就把一个公司搞到美国上市了并且一下子就拥有了800亿元身家的纸上富贵就心生嫉妒吧？

或者，拼多多遭遇的这场舆论危机，是因为人红是非多？是那些拼多多的竞争对手们花钱请来枪手故意黑它？

反正一头雾水，看不清形势。然后是拼多多新闻发言人井然宣称，拼多多正在受到罕见的波次网络舆情攻击，并在网络上有专门的团队和人员在维护。

我就更加看不懂了。到底是不是黑公关在使坏呢？好奇心驱使我去做了一番还算细致的研究。

结果大吃一惊。

拼多多拼出了一个柠檬市场

往上市前的新闻翻了翻，赞美的文章还真是占了多数。

那个时候，人们聚焦的是创始人黄峥的光环，年纪轻轻，交往的都是如巴菲特、丁磊、段永平这样的大咖。

看到的也是拼多多的闪光之处。

有人喝彩，这家成立不到三年的企业，以迅雷不及掩耳之势向美国证券交易委员会提交了IPO申请书，通过渠道下沉抓住了长尾流量的巨大人群，瞬间成了"国民级"应用。拼多多将成为国内第三大电商平台，同时也将是最快赴美上市的中国公司。

有人打抱不平。木秀于林风必摧之，作为国内电商黑马的拼多多，也必然给其竞争对手带去了太多的压力。

上市后的拼多多，大家的关注点从创业者的光环开始转向它的业务模式，以及平台上的商品。结果，光环之下的阴影还是进入了视野，让人觉得，盛名之下，其实难副啊。

柠檬市场伤害的不仅仅是消费者，同样会伤害诚信经营的优质商品生产者，所以，纵容造假与鼓励山寨并不是什么为低收入者增加福利的善举，而是商业伦理的一种倒退。

据不同的经营理念，企业基本上可以分为两种类型：一种是浑水摸鱼，捞一把就跑的投机型企业；另一种是着眼于长期持续成长做大做强的愿景，希望成就百年老店品牌的企业，这类企业才是有机会晋级行业领导者的希望之星。

对于前者来说，柠檬市场是他们偷鸡摸狗的乐土，对于后者，柠檬市场则是精心打造优质品牌的杀手。

在柠檬市场中，品牌商是最大的受害者，要摆脱柠檬市场之困，有两种方法：一是跳出柠檬市场；二是打破柠檬市场。

跳出柠檬市场，这是直觉的做法，但未必是一种长效做法。一般而言，通过差异化可以跳出柠檬市场，也可因差异化而取得丰厚的超额利润，但同时也会吸引其他的品牌跟入，结果还是可能等于从一个柠檬市场进入另一个柠檬市场。

因此，对于品牌商而言，打破柠檬市场，成了他们的华山一条路。

这就是为什么看到自己的品牌在拼多多上被肆意山寨甚至假冒的时候，知名品牌商感到出离愤怒的根本原因。

照着拼多多这样玩下去，消费者对那些假冒与山寨品牌的商品质量处于一种信息不对称状态，按照拼多多自己的解释，假冒与山寨品牌只占很小一部分，即便如此，如果这种趋势继续，劣币驱逐良币的后果是，未来高质量的商品由于没有办法跟劣质品比拼价格，只得逐步退出市场，到那个时候，就算你想在拼多多上多花点钱买真品，估计也买不到了。

擦边球商业模式难以持续

为此，市场监管总局办公厅近日发布《关于加大打击制售假冒伪劣商品违法行为力度的通知》要求加大打击制售假冒伪劣商品等违法行为力度。

据程大爷我一位律师朋友介绍，电商平台上的山寨产品，如果用了知名品牌的商标，是侵犯了商标权；如果没有用商标或用了自有商标，但是模仿了别人的外观，独创的外观设计具有专利权，这个是侵犯专利权的行为。

大爷的那位律师朋友指出，《最高人民法院关于审理不正当竞争民事案件应用法律若干问题的解释》，在第六条规定了四种以不正当手段从事市场交易的行为：

（一）擅自使用知名商品特有的名称、包装、装潢，或者使用与知名商品近似的名称、包装、装潢，造成和他人的知名商品相混淆，引人误认为是该知名商品；

（二）擅自使用他人的企业名称及其简称、字号，擅自使用他人的姓名、笔名、艺名，擅自使用社会组织的名称及其简称，引人误认为是他人的商品；

（三）擅自使用他人的域名主体部分、网站名称、网页以及频道、节目、栏目的名称及标识等，引人误认为是他人的商品；

（四）将他人注册商标、未注册的驰名商标作为企业名称中的字号使用，误导公众。

在国内遭到公众口诛笔伐的拼多多，由于股价暴跌，在美遭集体诉讼，6律师事务所称要追回投资者的经济损失。

据悉，本次拼多多遭到集体诉讼，直接原因并非拼多多存在的假货和山寨产品问题，而是因为其股价大跌导致美国投资者利益受损。

拼多多在美国纽交所挂牌上市，市值一度超过300亿美元。但随后几天股价一路下跌，上市仅5个工作日，股价跌破发行价，盘中最低价格18.62美元/ADS，相比上市首日市值蒸发近百亿美元。

据悉，这六家律师事务所正在召集一个集团诉讼，目前还在召集原告的阶段。他们要求拼多多赔偿因国内政府调查拼多多平台出售侵权产品导致其美国股价大跌，进而导致投资者的经济损失。调查原因是有人指控拼多多向大众投资者们发布具有极大误导性的信息。

被拼多多放大的人性弱点

在信息社会中，诚实也是一种工具。因为信息不完整和信息不对称，人与人之间需要沟通对话，以取得信息。而且，因为不知道别人提供的信息是真是假，只好借着"对方是否诚实"来间接地解读对方所提供的信息。因此，"诚实"这种人性中的德行，成为人际交往中的一种"工具"。

诺贝尔经济学奖获得者——印度经济学家阿玛蒂亚·森，从伦理学角度对经济学研究做出了贡献。在他的著作中有这样一句话：任何人的行为都是在一定的伦理背景下进行的。的确，每个人无论选择什么样的行为，无论是个人行为，还是作为企业管理者的商业决策行为，都有一定的伦理背景；决定一件事应该做还是不应该做，都会出于主观上的伦理考量。

关于商业伦理，我想，至少得记住以下三点：

第一，守法是一切商业模式创新的前提。

第二，道德是一家伟大企业最深的护城河。

第三，"不作恶"是一切商业活动的底线。

尽管拼多多备受外界假货质疑，但是如果不看数据，没用过拼多多的你，绝对不能相信它已经悄然成为国内第三大电商了，携3亿用户量，已经能够和阿里、京东分庭抗礼了。

据中信证券分析师徐晓芳统计，截至2018年一季度，拼多多12个月内累计成交总额达到1987亿元，位居综合电商第三位（同期阿里巴巴4.8万亿元、京东1.4万亿元）；拼多多年度活跃用户量达到2.95亿，已经比肩京东的体量了，阿里巴巴年度活跃用户为5.5亿人，京东为3亿人。

低价店全世界都有，美国的10元店开得遍地都是。但是，一分钱一分货，要想用低廉得不可思议的价格买到高品质的商品，这本身就是一对矛盾，鱼与熊掌不可兼得。成本摆在那里，低于社会平均生产成本的超低价格作为一种推销手段偶尔使用还是可以理解的，但是，长期使用，就很不正常了，除非造假。

一个人不可能同时去抓跑向相反方向的两只兔子。又要低于成本的价格又要与品牌产品一样好的品质，这几乎是一个不可能的任务。

最后，山寨甚至造假便作为一种满足消费者"价廉物美需求"的便捷方式，造就了各式柠檬市场的存在。

拼多多的最大"创新"之处就是把柠檬市场作为一种招徕顾客的特色，山寨、假货，低到不可思议的价格。

假如拼多多只是一家很小的购物网站，那么，它打造出的这个柠檬市场的危害会有限。

现在的情况是，它不仅是号称拥有了3亿用户的中国第三大电商平台，而且还成了一家市值千亿元的上市公司。

令人不安的是，拼多多这种"剑走偏锋"获得巨大成功的经验和快速创富的商业模式会不会成为一种范式，一个创业创富的榜样，它的神话会引导无数创业者特别是青年创业者的创业理念，而这种"走偏门"式的创业，越是成功，对年轻人的误导作用越大。

电商平台"搭台"之后，造假与山寨的流行，仅有生产者捞一票就走的动机是不够的，因为一个巴掌拍不响，还要有消费者的热捧。

有人说山寨产品满足了低收入者的需求，所以，那些声讨山寨产品的人是"饱汉不知饿汉饥"，其实，由于质量低劣，维修保养无门，山寨产品一点都不便宜。比如说，一台正品电视机可以使用5年，售价1000元，一台山寨电视机500元，没准一年就坏了，维修无门，你说真的便宜吗？

但是，有些喜欢买廉价山寨产品的消费者，不会去算这笔账，他们的眼睛只能看到自己脚尖那么远的距离。

　　这个社会最大的麻烦就是，一些人总是习惯以弱者的姿态接受廉价和免费的事物，总是梦想天上掉馅饼，因为他们不愿意付出努力，执迷于投机取巧与不劳而获。他们没有勇气追求自己也认为正确的事情，没有从错误中筛选正确事物的能力，因为这些人的思想被贪婪所占据。就算他们有能力筛选出正确的事情，他们也缺乏把真理化为实践的勇气。

　　在我看来，如果说山寨品牌的生产者和购买者身上本来就存在着某种人性的弱点，那么，经由拼多多这个平台，这种人性的弱点就被不断放大了。

智能投顾竟是一个伪风口

> 然而，现实却无情地给了人类一个冷脸，在财富管理领域各行业一窝蜂地上马智能投顾服务之后，客户体验了一把机器服务，新鲜劲儿过去了，对智能投顾的信任并没有持续太长的时间。

最近和金融业内一些人士分享金融科技在投资者关系中的应用等热门话题，让我感觉意外的是，智能投资这个前两年炙手可热的创新工具，资本疯狂追逐的风口，却成了遇冷话题，被行业大咖们谈论的时候，再也没有了之前的咄咄逼人之势，反而给人疲态毕现、力不从心之印象，像极了北方立秋之后微凉的夜晚。

智能投顾到底怎么啦？

重要的不是IQ而是EQ

A股市场一直流传着这样一个段子：说是阿尔法狗打遍天下围棋高手之后，寂寞难耐，于是乔装打扮潜入A股市场，本来以为可以随便割散户韭菜，结果，机关算尽太聪明，反而被散户割了韭菜，潜水三年，不仅没跑赢大盘，本金折损大半，最后只得挥泪斩仓，宣布从此退出A股市场，不再轻易涉足。

可见，要在鳄鱼潭里活得滋润，仅有聪明是远远不够的。

媒体报道，有许多购买了智能投顾服务的国内投资者反映，智能投顾名不副实，很少有跑得过大盘的，有的还笨得要死，给投资者造成巨大损失。

所以，今年以来，还在拿智能投顾招徕客户的金融机构简直凤毛麟角，除非是自己实在没啥亮点。

难道是因为智能投顾在中国水土不服？或者说，国情决定了国人还是更喜欢人类投顾的服务？

非也。智能投顾在欧美这类成熟金融市场的表现，也差强人意，远远没有达到投资者的预期。塞缪尔·费舍尔说，"你们这个世界里的人总是大惊小怪"。

前不久，靠投顾模式起家的爱德华琼斯，决定放弃智能投顾业务。

在生态多元、差异化发展的美国证券经纪及财富管理行业深耕不辍的爱德华琼斯，几十年来依靠投顾业务在历次行业变革中屹立不倒，历久弥新。

现阶段，爱德华琼斯在全美拥有1.5万名投顾，客户数超过700万，是全美最大的独立投顾机构。国内一些开展投顾业务的各大证券公司都曾将爱德华琼斯的独立投顾模式和轻型营业部作为模仿的对象。

若说爱德华琼斯在众多金融服务商中有什么出众之处，就是它追求客户质量远甚于客户数量，换句流行话来说就是追求较高的ARPU（每用户平均收入）。根据公开信息，2016年全年，爱德华琼斯斩获65.57亿美元净收入，与嘉信理财的74.78亿美元不相上下。

那么，以爱德华琼斯为代表的传统投顾机构到底是如何看待智能投顾业务的呢？

前几年，越来越多财富管理机构推出了智能投顾业务，包括那些原本声称不涉足该领域的公司。

爱德华琼斯的管理合伙人Jim Weddle却说他们并不打算推出智能投顾业务。

理由是他们选择为那些谨慎的长期投资者服务，其中并不包括自主投资者以及对价格过于敏感的客户。如果定位于后者，或许不得不考虑推个智投项目。Weddle声称，客户有很多的途径可以实现他们想要的智投服务，但爱德华琼斯宁愿放弃这个市场，把它交给别的金融服务商。

他们的服务理念就是利用技术改进面对面服务客户的场景，并且持续投入资源，确保紧跟客户的最新需求。

那些不随大流的公司，做了足够审慎的决定。

事实上，正是接入数字化运营的方式，使得爱德华琼斯与众不同。基于他们已有的业务组合，这种决定最终会使他们受益。

脱离了面对面沟通的智能投顾一开始就快速演变成了同质化竞争。

当前已有太多的数字化初创公司、银行、资产管理机构加入了智能投顾市场的竞争。美银美林推出了智能投顾项目，瑞银、摩根士丹利以及加拿大皇家银行也在筹备类似的业务平台。瑞杰金融之前声明说它不会涉足智能投顾业务，但最近又改口说会在今年年底推出相关的服务。瑞杰金融称，它的技术并不会应用于一个纯线上模式的智能投顾平台，而是会让这项技术为7000名投顾人员所用。

到了最后，一个可怕的局面是，市场上的智投平台完全套路化，追求形式甚于服务本身。所有人都在采用相同的技术，相同的算法，相同的参数，然后，所有机构给出了一样的数字化财富管理方案，只是名字不同而已。

结果，唯一被忽视的恰恰是客户的感性体验。

爱德华琼斯长期致力于寻找特有的业务模式。它在所有的高净值客群聚集区都拥有大规模的营业场所，而在乡村和城郊也有小办公室，这些办公室里常常只有一位投顾。

当客户迈进营业场所，他们往往是带着感性体验的。他们感觉被倾听、被重视。而当他们从网络渠道接入服务，并不需要动用全方位的观感，感性的体验转化成了功能性体验。

爱德华琼斯投入了可观的资源去建设数字化工具，尽管他们也将一些开发业务外包出去，但更多时候还是选择自主开发。按照他们的经验来看，如果你可以从一个技术供应商那里买到什么，那么别人也行。它不符合经营策略上的差异化。

金融科技创新的速度越来越快，你需要时刻掌握客户和投顾们当下想要的是什么。尽管技术可以解决很多问题，但他们最终还是会回归到感性体验上来。

人更像机器，而机器更像人

凯文凯利在20年前出版的《失控》一书中预见了人工智能的今天，人与机器的关系：人更像机器，而机器更像人。

阿尔法狗也不是一天炼成的，有人相信，迟早有一天，智能机器人通过深度学习，一定能做出比肩莫扎特的音乐、莫奈与凡·高的画、里尔克与李白的诗……到那个时候，人类文明也就走到尽头了……过度的智能是一杯毒酒，我看见人类正在兴高采烈地将它端起，准备一饮而尽！

坦率地说，当下的很多大企业其实都在践行微软提出的Conversational AI，可惜的是，目前的人机自然交互还处于积累阶段，还没有实现质变。而且这种人与计算机的自然交互，目前只是人工智能最年轻的研究领域。

微软所研究的人与机器的对话，研究非生命机器对于高级生命人类的理解，正在创造的是全新一代的人机交互方式。人工智能可以和人类对话，给人类的行为做出诸多判断和决策。

然而，新的风险也同步出现了，有一个可怕的缺陷是，机器可以学会躲避人类的控制。

比如，Facebook在实验中让两个AI聊天机器人互相对话，发现机器人竟逐渐发展出人类无法理解的独特语言，研究人员不得不对其进行人工干预。

换言之，两个机器人使用机器学习进行对话策略迭代升级，最终将导致机器人以人类无法理解的语言进行交流。AI自行升级的速度超出预期。

Facebook在研究报告中指出，机器人有时可以很好地胜任客服谈判的角色，甚至懂得使用"先假装而后承认"的对话策略。但是实验中机器人自行发展出新语言让人不安，人们或许可以从中一窥未来世界的样子。

语言被认为是人类独有的技能，Facebook的聊天机器人的表现刷新了人们的认知。机器学习在推动技术革新的同时，也带来了黑箱难题：AI的结论很英明，但其推理过程人类无法理解。人们提出过很多试图破解这个黑箱的方法，然而，机器能够产生非人类交流方式这一发现，还是让包括系统设计者在内的所有人都感叹人类知识的有限。

正如莎士比亚的名句所表达困惑：

我不真的凭我的眼睛来爱你，
在你的身上我看见了千处错误，
但我的心却爱着眼睛所轻视的。

为什么体验如此美好，现实却如此残酷？我们的大脑为什么会自动忽略那"千处错误"，而"爱着眼睛所轻视的"？

事实上是，我们的大脑很容易会欺骗我们自己。正如马文·明斯基在《情感机器》中对人类思维的本质所做的深入剖析：人类大脑包含复杂的机器装置，并由众多"资源"组成，而每一种主要的情感状态的转变，都是因为在激活一些资源的同时会关闭另外一些资源，这改变了大脑的运行方式。所以，愤怒用攻击代替了谨慎，用敌意代替了同情。

且不说机器要在情商上达到人类情商的高度需要更长的进化时间，即便是达到了更像人类的水平，谁又能保证它通过深度学习染上人类的某些恶习，比如贪婪、恐惧、欺骗等等。

相信随着人工智能的不断进步，人类对智能机器的迷思慢慢会被打破。

可以战胜所有对手，却一定会输给人性

达尔文自传曾说过：在大自然的历史长河中，能够存活下来的物种，既不是那些最强壮的，也不是那些智力最高的，而是那些最能适应环境变化的。

智能投顾是一个新物种，它是否适用于"物竞天择，适者生存"的达尔文法则？

在社会达尔文主义者的眼里，智能投顾其实不可能凌驾于这个法则之上的。

这个在智力上远超人类投顾的新物种为何不仅没有快速取代人类，反而有可能被人类冷落呢？

问题出在对环境的适应能力上。这个能力跟智商关系不大，跟情商却密不可分。

没有人会去怀疑人工智能的IQ，但是，至今没有充分的证据证明人工智能在EQ上取得了真正冲突性的进展。

去年一度传来激动人心的好消息，说是人工智能都开始写诗了。人工智能的代表性"人物"——微软小冰，化身为"少女诗人"，被赋予视觉和文字创造力，看图生灵感，文思如泉涌，不过喧嚣了一阵子，就乏人问津了。

一个美好的愿景是，当具备深度学习能力的Alpha Go战胜人类围棋领域的顶尖高手，当具备人脸识别和语音识别技术的智能软件超越了人类的识别准确率，如果更进一步，当具有情商、被赋予人类情感与创造性，可想而知，人工智能又会具有怎样的超人能力？

"人工智能创造的主体，须是兼具 IQ 与 EQ ；人工智能创造的产物，须能成为具有独立知识产权的作品，而不仅仅是某种技术中间状态的成果；人工智能创造的过程，须对应人类某种富有创造力的行为，而不是对人类劳动的简单替代。"微软全球执行副总裁，美国国家工程院外籍院士沈向洋博士的人工智能创造三原则提出表明，微软已经把他们的主要精力放到了更远的地方。

一直以为，人工智能在逻辑计算上打败人类很可怕，没想到，有人开始研究机器直觉了，也即运算深深隐藏在底层，呈现出来的是直觉。比如人工智能

可能会说：我觉得应该这样，或者"对不起，我原来的想法错了"，那样不是更可怕？要知道，直觉可是几十亿年进化给人类的最宝贵礼物。

一旦这个技术瓜熟蒂落，赵本山小品钟点工里边，出钱找人"唠嗑"的生意，就可以交给情感机器人了，"唠30块钱的嗑"这样的生意将不再是小品中的场景。

按照当初这个趋势发展下去，面对步步逼近的人工智能，你要么积累财富，成为资本大鳄。要么积累名气，成为独特个体。要么积累知识，成为更高深技术的掌握者。但倘若你不去改变，就只能被社会淘汰，就只能失业。

然而，现实却无情地给了人类一个冷脸，在财富管理领域各行业一窝蜂地上马智能投顾服务之后，客户体验了一把机器服务，新鲜劲儿过去了，对智能投顾的信任并没有持续太长的时间。

毕竟，人性是金融服务中的核心要素，被重视是客户体验最重要的内涵。

未来，即便类似微软的情感机器人很好地解决了EQ问题，即便智能投顾可以战胜所有的竞争对手，最后，却很有可能还是会输给人性。

群狼环伺之下的资管业告别薅羊毛后路径在哪

资管行业的本分是"受人之托，为人理财"，投资者本来应该是管理人的"衣食父母"，但是，坏的制度让好人也学会了干坏事，这个行业的潜规则不知什么时候变为"受人之托，薅人羊毛"了。

资管行业喊了好多年"狼来了"，这回不再是逗你玩，狼真的来了，而且是一个狼群。

喊了这么多年"以客户利益至上"，现实却是大家还是只会薅羊毛这一招，甚至不怎么去管羊的感受。

该来的迟早要来。

终于有人站出来，要把口号化为行动，要打破"旱涝保收"的行业收费惯例，将客户至上的理念落到实处。

一石激起千层浪，不破不立，资管行业要换新玩法了？

在改革开放的大趋势中，金融业的对外开放步伐只会越来越快。

难以判断的是，金融开放对国内资管行业固有格局冲击最大的力量，是来自行业外部的野蛮人，还是来自行业内部的颠覆者。

鲶鱼效应搅动一潭死水

在大自然中，外来物种的进攻性都比较强，会侵蚀甚至破坏原有的生态体系。

并非所有的外来物种的影响都是消极的、破坏性的。有时候，由于外来物种的威慑，反而可以打破一潭死水的消极格局，激发原有物种的生命活力，不管是倒逼改变也好，主动求变也好，对整个行业的优胜劣汰无疑会起到积极作用。

这个就是大家耳熟能详的"鲶鱼效应"。

根据中国证券投资基金业协会网站公示，全球最大对冲基金桥水已完成中国证券投资基金业协会私募基金管理人备案登记，这意味着桥水将在未来6个月内发行中国境内私募基金产品。

除了桥水之外，另一家外资资产管理机构元胜也获批私募基金管理人牌照。至此，已有13家外资资管公司取得了中国私募基金管理人牌照，其中已有9家发行产品，发行的产品涵盖了有票基金和债券基金等主要资管种类。

这还不是最关键的看点，真正值得关注的是这些国际巨头们一进门就跟你的玩法不一样。

据经济之声《天下财经》报道，总资产超过人民币40万亿元的全球最大资产管理公司贝莱德近期在中国发行的首只产品——贝莱德中国A股机遇私募基金一期开始亮相，与国内同类私募产品相比，这只产品的费率相当于打了五折，引起市场的格外关注。

资料显示，贝莱德中国A股机遇私募基金一期管理费率仅有0.75%/年，业绩报酬计提比例只有10%。而就目前国内权益类私募基金来看，管理费率通常为1.5%～2%，业绩报酬计提比例为20%。贝莱德在海外的同类基金针对不同的客户群体、投资规模和需求，设计有不同的费率方案，整体来看，管理费率都在1.8%以内，业绩提成也都在20%以内。

外资私募的低价登场，仅仅意味着中国私募圈"狼来了"？

其实，贝莱德的低价冲击远远超越了私募行业，而是意味着国内资管行业包括公募私募，躺着赚钱的日子就要过完了。

形势危如累卵或者竞争无异于以卵击石？

那要视乎每个人的态度，态度决定一切。

唯有顺应趋势主动求变，才能把握潮流的脉搏。

要知道，同样一个"卵"，从外面打开是鸡蛋，从里面打开是生命！

摆脱"薅羊毛"路径依赖

无论是哪个行业哪个企业，如果只知道喊口号，不把"以客户为中心"真正贯彻落实到行动中去，要做大做强几无可能。

了解华为的人都知道任正非经常挂在嘴边的有3句话：第一，以客户为中心；第二，以奋斗者为本；第三，长期坚持艰苦奋斗。

他还明文禁止上司接受下属招待，就连开车到机场接机都会被他痛骂一顿："客户才是你的衣食父母，你应该把时间力气放在客户身上！"

所以，华为之所以能成为一家伟大的公司，跟从上到下从里到外长期践行客户至上的理念是密不可分的。

知易行难。反观国内的金融行业，客户至上基本还是停留在嘴上，不管有没有为投资者赚到钱，闭着眼睛能薅羊毛绝不手软，不要说"不赚钱不收管理费"，少一个子儿都不行。

大家都知道，不为客户创造价值却巧立名目收取很高的管理费，不仅没有做到"以客户为中心"，反而是无视客户感受的不道德行为。

当然，这么做的理由可以很多，比如"国际惯例啊""合约写得很清楚啊""大家都是这么干啊""管理人也要吃饭啊"之类的理由去搪塞别人，顺便平复一下自己内心的不安。

于是，管他呢，大家继续理直气壮地薅羊毛，不必为此感到不好意思。

这让我想到一个词——平庸之恶，一种在意识形态机器下无思想、无责任的犯罪。平庸之恶正是对20世纪以来普遍的道德无底线的社会现象的恰当描述。

这是因为传统的道德体系不适应社会变化，新的道德体系尚未建立起来，人们处在一种无道德或非道德的状态之中，是非标准发生错乱，在这种状况下，任何人都难免陷入纵容自私与虚伪的泥淖之中。

平庸之恶的概念，是由犹太裔著名政治思想家汉娜·阿伦特提出来的。1961年4月11日，以色列政府对阿道夫·艾希曼（纳粹德国的高官，也是在犹太人大屠杀中执行最终方案的主要负责者）的审判在耶路撒冷进行，审判一直持

续到5月31日，艾希曼最终被判处绞刑。当时，阿伦特以《纽约客》特约撰稿人的身份，现场报道了这场审判，并于1963年出版了《艾希曼在耶路撒冷》，提出了著名的"平庸之恶"概念。

汉娜·阿伦特认为罪恶分为两种，一种是极权主义统治者本身的"极端之恶"，第二种是被统治者或参与者的"平庸之恶"。其中第二种比第一种有过之而无不及。

一般认为，对于显而易见的恶行却不加限制，或是直接参与的行为，就是平庸之恶。比如，纳粹建集中营，人们竞相应聘。比如，投资者长期亏损，管理费一分钱不少照收不误，没人说话，心安理得，这样干了好多年了，明明知道这样做不合理，但是由于看见大家都在这样干，自己也参与其中，这些都是典型的平庸之恶。

资管行业的本分是"受人之托，为人理财"，投资者本来应该是管理人的"衣食父母"，但是，坏的制度让好人也学会了干坏事，这个行业的潜规则不知什么时候变为"受人之托，薅人羊毛"了。

现有的规则一开始就只保障了管理人的利益而忽视了投资者利益。投资者赚不赚钱，赚多赚少跟我收到的管理费关系不大，只要想方设法把客户忽悠进来把资产管理规模做大了，管理费就涌泉相报，接下来要做的就是躺着数钱。

这种规则的弊端在于，管理人与投资者利益没有捆绑在一起，甚至还是一种零和博弈关系——我赚的钱就是你资产的一部分，我赚得多了你的资产就少了。

行业的很多乱象跟固定收费模式不无关系，比如，拿"衣食父母"的钱不当回事，利用高得离谱的交易佣金分仓搞利益输送，屡禁不止的老鼠仓，甚至还有替人有偿接盘的"高级"玩法。

可见，在资管行业对外开放的大环境下，保护投资者利益既要靠管理人的道德与觉悟，更要靠利益分配机制的不断优化。

墨守成规无异于等死，总得有人站出来戳破那些陈规陋习。

既调动不了管理人积极性又满足不了投资者资产保值增值要求的旧模式注定会遭到唾弃，只有想方设法为客户创造价值，自己才有存在的价值，才能与投资者共享价值创造的成果。

从"自我中心"到"客户中心"

英国作家奥斯卡·王尔德说过，愚人创造了世界，智者不得不活在其中。

在一个流行从众的社会环境里，任何标新立异的抉择都必须付出代价。

国内资管行业，尤其是公募基金公司，按资产规模比例的收费模式，20年来一成不变，不管市场和投资者结构发生了怎样翻天覆地的变化，不管资管行业所收取的管理费与所创造的价值如何不匹配，任凭投资者不满意的呼喊此起彼伏，但是，这套既自私又愚蠢的收费模式还是继续屹立不倒，几乎无人可以撼动。

按资产收取固定的管理费，结果就是大家都拼命做大规模，根本就不在乎客户赚钱不赚钱，管理人旱涝保收，一点风险没有，即便客户亏损惨重，该收的管理费一分不少。对客户来说，好比是被打残废了（一般都解释说对不起啊是误伤！）得不到医药费也就算了，最后还得给人付子弹费，那感觉，能好受？

长期这样玩下去，客户也不是傻子，天天空喊"以投资者为中心"，口惠而实不至，客户迟早也会弃你而去。

正如周立波的金句：鸟都被玩死了，那还玩个鸟啊？

这也难怪，长期以来，国内资管行业似乎一直都是生活在政策呵护的襁褓之中，牌照构筑护城河拱卫着一个小天地，在这里，抱团取暖多过真枪实弹的竞争，在一片歌舞升平的乐观氛围笼罩下，徘徊城墙外的豺狼虎豹，只不过是一群传说中的"纸老虎"而已。

眼下，城门就要洞开了，不管你愿不愿意，行业剧变都会如期而至。

在这样的背景之下，即便你不知道自己将要去向何方，至少你得知道自己现在身在何处。

国内资产管理行业还是一个新兴行业，从欧美发达国家所走过的道路来看，从自我为中心到客户为中心，是资管行业从成长走向成熟的必然选择。

第一，以自我为中心。这个阶段的关键词是"牌照"。

管理人一旦获得牌照，就等于取得了"收费权"。管理人眼里没有客户，只有自己的利益，其实是以股东利益最大化为中心。

所以，巧立名目，雁过拔毛，想方设法从客户身上薅羊毛。

行业惯例就是按照规模收取固定管理费，不管客户是不是赚钱了，反正我只要发行达到一定的规模我就收取固定的管理费。按照这样的一个惯例走下去，客户利益至上的原则，就成了一句空话。

第二，以竞争对手为中心。这个阶段的关键词是"营销"。

在一个相对比较封闭的范围内，开始研究如何战胜对手，获得更大的市场份额。

这个阶段，行业拼规模的现象很突出，比排名的现象也很突出，拼规模就看谁管理资产更多，比排名只是看相对收益的排名，目标都很明确，就是希望多圈一些羊来薅更多的羊毛。所以说，竞争对基金公司的发展是有利的，但是，对投资人来说可能不完全有利。

第三，以资产为中心。这个阶段的关键词是"服务"。

开始重视客户关系管理，提升客户体验，推出差异化的产品，满足不同风险偏好的客户的投资需求，目的是让投资者被薅羊毛的时候能感觉"舒服"一点，而不是帮助客户实现资产保值增值的投资目标。

第四，以客户为中心。关键词是"价值"。

为客户创造价值是资管行业的最高使命，也可以说是唯一使命，否则就找不到存在感。

创造了价值，我们才能共享价值。真正能够跟投资人完全站在一起，我给你赚到了钱，收取管理费才是心安理得的事。

"南方"一小步，行业一大步

"中国基金业之父"王连洲总结了基金业发展的关键：在于基金管理人履行道德操守、勤勉尽责、全心全意的这一种职业良心，在他看来，所谓的分配结构问题等基金行业乱象背后，恰恰是没有"从投资者的角度出发"。

习惯了大家抱团薅羊毛，习惯了躺着就把钱给挣了，谁愿意跑着去创造价值挣辛苦钱呢？既得利益不打破，行业不思进取的局面就难以改变。

不公道的规矩不是用来坚守的，而是用来打破的。

国内资管行业前几年被互联网金融企业冲击了一下，结果发现，来自互联网金融行业的掠食者们本性更加贪婪，行业继续暴利，无非是多了几双筷子，大块吃肉大碗喝酒的好日子并没有太大改变。

外资资管巨头的涌入，看来没有可能像国内的互联网金融企业那样容易"同流合污"。现在真的狼来了，不知道下一步谁会变成羊，再说吧，裸露在狼群中的羊，要么被吃掉，要么赶紧变成狼，别无选择。

国内金融行业对外开放的力度越来越大，牌照护城河迟早会被填平，原有的经营理念与盈利模式难以为继。

变则通，通则久。但是万变不离其宗，真正重视客户体验，真正落实客户至上，真正为客户创造价值，才是财富管理行业的王道。

近日，老牌公募基金劲旅——南方基金推出了一款"赚钱才收管理费、多赚不多收"的创新产品南方瑞合，引起了业界的广泛关注。

南方瑞合"赚钱才收管理费"的产品设计，将基金持有人利益与基金管理人利益深度捆绑；三年封闭期引导投资者树立长期投资理念，避免短期错误的追涨杀跌行为。

"赚钱才收管理费"看起来是一个微不足道的改变，因为很多人会说客户不一定在乎那个百分之几的管理费，赚钱了不在乎，亏钱了，更不在乎——不收管理费也挽回不了多少损失啊？

但是，这其实是一种表态，这个态度就是管理人与客户的利益完全一致！我只有为客户创造价值我才有饭吃，否则我就只能喝西北风，这是把客户体验与利益放在第一的姿态。

这个"一小步"将会重塑行业游戏规则，还公道于投资者，是真正将"以客户为中心"落到实处。

做到这一点，需要有"革自己的命"的勇气，需要有"我可以做到"的信心，当然，还要有颠覆行业陈规陋习的使命与担当。

识时务者为俊杰。

近日，南方基金董事长张海波接受媒体访谈时谈到先人一步推出"赚钱才收管理费"产品的初衷，就是要通过把投资人与管理人利益捆绑在一起来解决客户痛点。

公募行业诞生20年以来取得了巨大的成就，但是也有一个非常严峻的问题，即大部分基金投资者心中都有一个非常难堪的痛点：这20年来，权益类基金的年化收益率达到了16.18%，但是真正赚钱的基金投资者，占比只有30%，有将近70%的基民不赚钱。

这既是投资者心中之痛，更是基金行业发展之痛。

张海波说，公募行业有一句话叫"客户利益至上"，但是，过去乃至现在，基金公司都是按照所管理的资产规模来收取固定的管理费，不管基金持有人是否赚钱，基金公司都收取固定比例的管理费。这样，投资者利益至上的理念就没有真正地落到实处。

张海波强调，只有切实解决了投资者的痛点，公募基金行业才有希望。基于这样的认知，南方基金希望打造一只产品去践行"客户利益至上"的至高理念。经过与投资者长时间的沟通交流之后，为切实满足投资者需求，推出了赚钱才收管理费的南方瑞合。

看见行业痛点的大有人在，但是，要采取行动去改变还是有诸多顾虑的，这意味着会触碰到行业的原有利益格局，从行业发展的高度来看，这是一次凤凰涅槃，浴火重生。

表面上看南方瑞合只是简单的费率改革，背后则是南方基金作为老十家公募基金公司对行业痛点的思考与行动。不管如何，第一个吃螃蟹的都是勇士，"虽千万人吾往矣"，敢于迈出这一步，殊为不易。

张海波进一步阐释了"信任""信赖"和"托付"的不同内涵，"托付"是真正地让投资人和管理人站在了一起。所以，在南方基金规划的愿景里，"值得托付"是终极目标。

张海波相信，行业内可能也有不少人看到了这一点，不只是南方基金，还有很多基金公司都看到了这一点，其实大家也都是朝着这个方向在进行探索，只是南方基金早走了一步。

未来，赚钱才收管理费会成为行业的新模式吗？

我相信，未来行业共识不会仅限于"赚钱才收管理费，多赚不多收"，从实现管理人与投资者共赢的角度出发，"不赚不收，少赚少收，多赚多收"似乎更能兼顾双方的利益和积极性，构建更富有激励作用的"命运共同体"，这是一个行业未来需要继续探索的课题。

改个名引来吐槽一片

以前我们讨论弱者的自尊，多是指责相对弱者的自尊心太强，太玻璃心，一碰就碎，而没有关注作为强者一方，是否需要设身处地替弱小一方想一想，他们的自尊心是否需要有人呵护。

人类对狗的情感真的一言难尽。爱狗人士不仅会把狗当成朋友，有时候甚至还当成自己的亲人。

比如，罗兰夫人就曾说过，接触的人越多，发现自己就越喜欢狗。而这世间既温暖又意外的事儿莫过于，无论你遭遇何种困难，总有一人（还是一条狗？）对你不离不弃。

当一个人求你帮忙的时候，假如她流露出小狗一样的眼神，你就一下子心软了，没法拒绝。所以，你不要总是习惯性地认为狗眼看人低啊，她也有迷人的眼神。

但是，也有不喜欢狗的。

前一阵子网络上爱狗派与厌狗派公开论战，甚至撂下要用异烟肼毒狗的狠话。

可见，喜欢狗是真心的，不喜欢狗也是真心的，没有对错。

这不，58速运改了个"狗名"，本来以为狗年旺旺，不曾想却招来吐槽一片。

近日，58到家旗下短途货运平台"58速运"品牌升级为"快狗打车"，58速运的微信公众号已改名为"快狗打车服务号"。

公司要求运输车辆统一更换车贴为"快狗打车"。不过司机们却对这个

"快狗"名称有很大的意见，司机们认为新名字一语双关，拉活时自我介绍变成了骂人。

我脑海里立马就闪现出这样的场景：司机态度谦卑，"老板您好！我是快狗，我一会儿就跑过去了"……或者，乘客嫌司机来得太慢，"喂，快狗吗？你个狗日的跑哪去了？"

不过，58速运却认为司机们想多了。按他们的解释，"快狗打车"是公司业务模式APP平台的名称。除业务平台名称外，没有其他任何方面关联的含义指向。

他们还借题发挥了一番：2017年起，"快狗"品牌就一直在我们大企业客户业务线使用，而这次品牌更名后，将应用于全品类业务决定持续升级服务，为用户解决实际问题，同时为司机朋友带来更多选择机会及实在的收入，进而承担更多的社会责任。无论过去还是现在，我们都希望赋予"快狗"平台"快速可靠、值得信赖"的品牌内涵。

说来说去，取这么个名字是为了升级服务，为司机带来更多收入。

都是为了你们好，你们不要"狗咬吕洞宾，不识好人心"啦。

弱者的自尊伤不起

到底是司机师傅想多了，还是58速运方面想太少了？

站在自己的立场上，那就是司机师傅们太矫情，拿阿猫阿狗取名的多了去，也没见有多少人感觉被侮辱了被冒犯了，比如搜狗，比如天猫，叫快狗怎么了呢？即便是叫疯狗疯牛，也没有碍着谁。现在无论是给公司产品取名还是给孩子取名，高大上伟光正之类的名字不受待见，反而是风趣幽默的名字既标新立异又简单易记。

但是，站在司机的角度，生存压力太大，没心思跟你要嘴皮子穷开心，我一直以为自己是一匹"快马"，咋就一夜之间变"快狗"了呢？

不是每个人都喜欢狗的，尤其不爽被别人比作狗。这其实是一个关于如何顾及弱者自尊的问题。

以前我们讨论弱者的自尊，多是指责相对弱者的自尊心太强，太玻璃心，一碰就碎，而没有关注作为强者一方，是否需要设身处地替弱小一方想一想，他们的自尊心是否需要有人呵护。

曾国藩曾说："越自尊大，越见器小。"大概意思是说，人们因为不够自信，才导致自己气量狭小。

自尊，原本是个褒义词，用于一个人对自己的严格要求，让人知进退，懂荣辱。一个高自尊的人，为了赢得他人和社会的尊重，能够踏踏实实地拼搏奋斗，严守社会道德标准，永远让自己体面而有尊严地活着。

然而对一些处于相对弱势位置的人来说，脆弱、敏感是一种普遍而客观的存在，这是无论如何绕不过去的一个心理阴影。

在生活中，我们会注意到一个现象，处于相对强势位置的人也不是个个都充满自信，也有可能会出现"玻璃心"；相对弱势的人，也有的拥有强者心态，"贫贱不能移，威武不能屈"者。只是，这都是小概率事件，大概率是，越是弱势群体，内心越脆弱，越容易被一些无足轻重的事伤到自尊，越容易出现玻璃心。

为什么我们经常忽视弱者的尊严？

相比于强者，我们更容易在不经意间伤害弱者的尊严。

无论何种形态的社会都有可能存在相对弱势的群体，比如股市里的中小散户，比如打车平台的货车司机，比如搬运工、清洁工，不要拿"革命工作没有高低贵贱之分"来搪塞社会阶层的差异，正视这一客观事实是制度得到合理设计和社会能够良性运行的前提。

当前，"弱势群体"这一称谓有外延扩大、强弱对调的趋势，一些人群的"弱势心态"蔓延，似乎弱者不再仅仅是指那些经济水平低下或物质生活状态脆弱的人。与此同时，公众对尊严的需要更胜于权利，而社会弱势群体在这种需要上表现得尤为突出。因此弱势群体及其尊严问题需要认真审视。

在国际人权文书中，对人的任何歧视行为均被认为侵犯了人的尊严。

人的内在素质包括能力、权利、尊严等与外在条件包括自然环境、社会状况、制度体系等都存在差异，所以，每个人对外在刺激的反应也就不可能做到步调一致。

无论中西，就"尊严"的词义而言，都表示尊贵威严象征着崇高的身份或地位，是一种内在价值的自我认识或外在评价。比如货车司机，他的自我尊严就是不能被别人称之为"快狗"，假如被称为"快马"，那才与自己内心的期许相吻合。

与个体的社会地位存在差别不同，人的尊严（不被呼为狗）为每一个人所固有，是人至高无上的内在价值的外在表现，在尊严这一点上，不承认任何的程度差异，人人平等，是对层次体系的一种抵抗。

现代的尊严观突出人内在的、至高无上的价值和天赋权利的不可侵犯性，为个人主张权利及向国家、社会和其他个人提出权利要求提供了理论依据。

实现人的尊严，要维护自我，要避免侮辱、亵渎、蔑视和侵害。由于人的能力是人类物质生活的根本，尊严是人类精神生活的极致，因此，就要求在起码的社会共识之下，构建尊重人的能力、维护人的尊严的制度。

然而，现实却是，从一开始，社会对弱势群体的保护只看到了他们在物质、身体方面受到的伤害，而忽略了心理情感方面遭遇的伤害。当社会发展到了一定水平，对弱势群体的保护仅仅停留在物质帮助层面还远远不够，更应当给予其情感支持，在经济状况与精神状态、生理与心理的双重维度上展开。

在公共生活中当弱者无法施展其能力、平等获得各种资源、融入社会关系，以及遭受制度产生的剥夺和忽略、经历人际中存在的伤害和冷漠，都可能使尊严荡然无存。给予弱势扶助和尊重，不能当作是一种施舍和恩赐，帮助弱者就是帮助我们自己，促进整个社会的和谐发展。

换位思考才会避免尴尬

人的本质都是自我中心的，关心的是自己的利益和感受。在人群中，要利益最大化就得和人合作，就得尊重别人，顾及他人感受，礼仪啊情商啊交际技巧什么的就应运而生了。但是，搞这些东西其实是很消耗心理能量的，不要伤害别人的尊严，这要求我们很多细节要处处注意，这样很累人；出于节约能量的本能，我们看到对自己利益有重大影响的人，不自觉地懂得尊重他，而在相对弱势群体身上，更多时候捞不到利益，伤害了他的尊严，也多半不会招致反击。那就怎么方便怎么来吧，按自己的性子行事最不费脑筋。

真正的强者不会忽视弱者的尊严，反而往往是帮助弱者更有尊严。但对于大多数人来说，天下熙熙，皆为利来，把自己的利益建立在对他人的伤害之上看起来是获利的最便捷途径。而人们往往是恃强凌弱的。

爆款名字如何避免误伤弱者自尊？

业绩做得好，不如名字取得好。特别是在这个娱乐至死的互联网时代。好的产品名字幽默风趣，所以，爆款名字一定是要让人喜闻乐见的。

比如，花呗、还呗、去哪儿（我干吗要告诉你？）、饿了么，一个比一个"不正经"，好在人畜无害，也就过目成诵了。

无论是对人还是对企业、产品，有个好名字太重要了。

国内理财产品的名字就雷同得让人难以忍受，根本就无法分辨出谁是谁，都是些什么"金"啊、"宝"啊、"通"啊、"财"啊，缺乏个性与创意。

关于名字，时下呈现了以下几个特点：

第一，生意干得越大，名字取得越"贱"。

我们乡下给孩子取名都是往卑微处取的，猪狗牛羊，啥都可以换成一个孩子的名字。这些"贱名"中的很多人，后来都干成了大事。

第二，越小的买卖，名字搞得越是装逼。

第三，绝大多数金融机构给产品命名都不动脑筋。从众心理，随大溜。

第四，给产品取名字越来越忌讳高大上。

第五，独一无二才是最好的名字。

第六，接地气，聚焦，上口走心。

环顾国内商界，你会发现马云是给产品取名字的高手。

比如阿里巴巴、蚂蚁金股、花呗、芝麻信用、败家（buy+）……连拍个小电影也取了个奥妙无穷的《功守道》。

"券商中国"举办过最朗朗上口券商APP名字评选，也是说明券商开始对产品名字的重视。

快狗这个名字取得好不好？挺抓眼球的，比快马、快牛、快鹿、快猪都更刺激人的感官，因为，相对别的动物，人与狗之间要在名字上打通还是有相当一部分人是不答应的。所以，快狗这个名字好不好，还是司机师傅说了算。

有一次，茶叶老韦带我去他的广西老乡阿勇开的农家乐吃饭，招牌菜习以为常，无非土鸡、水鸭、水库鱼，只是那个农家乐的店名吓了我一大跳。感觉它就没想过要走寻常路，取个"天下第一鸭"，"天下第一鸡"、或者"天下第一鱼"都很是契合九龙湖那山清水秀的调调。

然而，也不知从哪部电影里受到启发，它竟然取了个惊世骇俗的名字——天一阁瀛水山庄！我的天，真的是亮瞎了我的狗眼！我记忆里的书香名邸天一阁，竟然与一家杀鸡宰鸭、烟熏火燎的农家乐产生了名分上的纠葛，一种强烈的混搭风格就此横空出世。

起初，我总是感觉怪怪的，每次听茶叶老韦扯着嗓门喊"打完球去天一阁吃饭"，我就产生了到底是去天一阁读书还是吃饭的困惑。

后来，让我感觉慢慢习惯甚至好感的原因，竟然是阿勇养在饭店里的一大群狗。

大家知道，广西很多地方都有吃狗肉的习俗，所以，阿勇的天一阁里养了很多狗，自然而然让我想到这里是不是也卖狗肉？然而，老板阿勇却说，养了这么多年狗，养出感情来了，所以，饭店拒绝卖狗肉，也从来没有把狗卖给别人去吃。

写到这里，暴露了大爷我其实就是一位爱狗人士，没错，从小喜欢狗的程大爷，自从两个月前收养了一只名叫Miami的小狗之后，便更加喜欢狗了。

但是，即便如此，我仍然能理解那些不喜欢狗甚至厌恶狗的人。

回到快狗改名引起吐槽这件事，爱狗人士会觉得这有什么嘛？假如有人给程大爷取个昵称叫程大狗，我也不会有什么不适，但是，假如你不假思索地把我二弟称作程二狗，那他肯定会暴跳如雷。

这就是换位思考的意义所在了。以前是"己所不欲，勿施于人"，现在是你"己有所欲，慎施于人"。

你可以有自己的"钻石心"，但也需要容纳、理解并尊重别人的"玻璃心"。

喜欢狗是一种天性，不喜欢狗是一种选择，特别忌讳拿人比作狗的那些货车司机，挺正常，没毛病，也没想多！是快狗为自己想得太多，为别人想得太少。

人与人之间，财富与能力有高低之分，但人格都是平等的，每个人都有爱心和尊严，无论他在这个世界是强是弱，都同样需要被尊重。

当然，凡人一律平等、凡事一律公正，这样的理想社会也许永远都不会完全实现。不得已而求其次，只要强弱的差距不要太大，强势阶层做决策的时候能照顾到弱势群体的感受就好。若如此，社会矛盾就可以淡化一点，不同阶层的人心就可以平衡一点，人际关系就可以和谐一点。

每个周末，有"程大爷论市"陪伴就够了

当散发着油墨芳香的第三部程大爷的"假如炒股是一场……"系列图书《假如炒股是一场荒野求生》问世的时候，"程大爷论市"栏目在"券商中国"已经推出4年之久，亮相近200期！

券商中国公众号成立4年，粉丝数超过251万，成为财经界响当当的第一影响力大号，程大爷论市栏目则一直与券商中国相伴相生。这个栏目陪伴券商中国成长，见证券商中国的壮大，反过来又推动券商中国成长，增厚了券商中国的底蕴与内涵，成为券商中国一张闪亮的名片。

作为国内最叫响的王牌财经时评栏目，程大爷追逐热点，却又保持厚重不流于寡淡；每周坚持推文，却又视野开阔不流于敷衍，200期程大爷论市=独特的视角+伟大的坚持。

身为券商中国主编，我总是第一时间拿到滚烫的最新"程大爷论市"，程大爷会说，"感觉比较粗糙，只好麻烦李老师认真修改了"，我知道，看到这句话我要是认真，那我就上当了。无论程大爷如何自谦，那一定是一篇紧跟热点，行文流畅，观点犀利到位的热辣财经时评。程大爷交给我文章的时间，基本都是深夜，深夜一两点，甚至三四点都是常有的事情。而当我早上起来回复的时候，程大爷或已挥汗如雨，完成他果岭上的完美转身；或已在周末加班工作，完成一单新业务安排；或是行走在诗和远方的道路上。

　　春节后祝福开工大吉，程大爷晒了他办公室的花花草草——有品相不一般的蝴蝶兰，还敦实吉祥的黄金果，但照片里却没有他柜子里挤满、茶几上堆满的各类书籍。程大爷每篇数千字的时评背后，是他对热点金融事件的敏锐捕捉，独到的判断和视角，这是程大爷多年积淀使然。不只如此，程大爷每篇时评背后，都有一本经济巨著，比如诺贝尔经济学奖获得者乔治·阿克洛夫和罗伯特·席勒的《钓愚》、弗朗西斯·福山的《信任：社会美德与创造经济繁荣》、罗闻全的《适应性市场》、汉娜·阿伦特的《艾希曼在耶路撒冷》、凯文·凯利的《必然》《失控》《科技想要什么》等等，程大爷显然是和这些金融经济巨匠们，做了多少个回合的"深夜彻谈"，形成了观点碰撞后，才把崭新的观点和判断交给我们。

　　财经时评见仁见智，或引发强烈共鸣，或激起碰撞争论，这就是观点时评的魅力。所以每每周末，琢磨程大爷拎起什么话题和粉丝互动讨论，是个非常有趣的猜想。

　　《流浪地球》在猪年春节火到40亿元的票房，其实比《流浪地球》更火的，是程大爷论市这一篇《地球没事，毁掉的只是商誉！A股业绩爆雷惊现破窗效应，画面太科幻，估计刘慈欣都写不出来》，火了朋友圈，需要脑补的镜头是，程大爷在看这部电影的时候，会把春节前商誉影响带来的上市公司业绩大爆雷事件影响与《流浪地球》巧妙结合，让两厢热点事情完美碰撞。以至于我一直在思考，究竟是程大爷论市植入了《流浪地球》，还是《流浪地球》在程大爷的财经时评中，又被热评与宣传。

　　我对"网红"一词一直心有敌意，但程大爷的网红身份已不可避免，也改变了我对网红的定义。一直欠程大爷一场粉丝见面会，只是怕人气爆棚，掀开了哪个会场的屋顶，事实上，从每一期粉丝留言来看，者足见程大爷拥趸们的热情与执着。

　　作为一名金融老兵，程大爷被监管"盯上"了，拥有众多监管人士粉丝，是一件有趣的事情。科创板即将推出，程大爷"试点注册制将让A股变成最熟悉的陌生人，三大悬念随之而来，过去有效的投资方法未必仍有效"的观点被交易所一众大员们"盯上"并高度点赞。保持对市场的热度和观察，并提出行之有效的观点建议，更是"金融网红老兵"的价值。

只看程大爷论市，而没有与程大爷的面对面交流，对我来说，是一件极遗憾的事情。与程大爷交流，作为新闻从业人，会给我新闻营养，让我了解金融行业最热点；作为一名小小投资者，会给我投资心得，说不定让我有了财务自由的机会；作为程大爷的超级拥趸，会从程大爷那得到生活感悟，让人生多些执着厚重和有趣，这就是我心目中的程大爷，这样的程大爷论市，周末陪伴就够了。

券商中国主编　李桂芳